AI를 활용한
코칭 스킬
업그레이드

AI를 활용한 코칭 스킬 업그레이드

최환진 · 이형준 · 전해수 공저

UPGRADE COACHING SKILLS WITH AI

학지사비즈

머리말 1

세상은 AI로 빠르게 변화하고 있습니다. 인터넷이 처음 도입되었을 때 그리고 모바일 기술이 대중화되었을 때 세상은 그 변화의 물결에 따라 새롭게 재편되었습니다. 이제 생성형 AI, 특히 챗GPT와 같은 도구가 이러한 변화를 이끄는 새로운 엔진이 될 것이라고 많은 이가 이야기합니다.

코칭은 사람과 사람 사이의 관계에서 이루어지는 것이기에 AI와는 무관하다고 여기기 쉽습니다. 하지만 오히려 생성형 AI를 활용해 코칭을 더 효과적으로 배우고 실천할 방법을 찾아보는 것이 지금의 시대적 요구에 더 부합한다고 생각했습니다. 이 책을 만들게 된 이유입니다.

책의 독자로 어떤 분을 대상으로 해야 할지는 분명했습니다. 코칭을 배우는 것은 지난한 과정이라 궁금한 것이 있지만 전문 코치들에게 일일이 물어보기에는 어려운 분들, 코칭 교육을 받기는 했지만 더 깊이 있는 실력을 쌓고 싶으신 분들 그리고 코칭 현장에 나가기 전 더 체계적으로 준비하고 싶으신 분들을 위해 이 책을 썼습니다. 챗GPT를 활용하여 코칭을 배우는 분들이 스스로 코칭 능력을 업그레이드할 수 있도록 한 것입니다.

책은 여섯 개의 주요 파트로 구성되어 있습니다.

제1부에서는 코칭과 챗GPT에 대한 기본적인 이해를 돕기 위해 각각의 개념과 본질을 소개합니다. 제2부에서는 챗GPT를 효과적으로 사용하기 위한 설정과 준비 과정을 다룹니다.

제3부에서는 코치로서 성장하기 위해 필요한 기본적인 역량과 방향성을 제시하고, 제4부에서는 챗GPT를 심도 있게 활용하는 방법을 구체적으로 설명합니다.

제5부에서는 코칭 과정에서 자주 마주하는 어려운 상황에 챗GPT를 적

용한 사례를 다루며, 제6부에서는 앞으로 챗GPT와 같은 AI 기술이 어떻게 발전할지, 이를 코칭에 어떻게 활용하면 좋을지 미래를 전망합니다.

　이 책의 시작은 단순한 아이디어에서 출발했습니다. 인터널 코칭 전문가 과정에서 6개월간 코칭을 배운 이후, 각자의 장점을 기반으로 코칭을 더 깊이 체화할 수 있는 방법을 고민하게 되었고, 이러한 고민을 프로젝트로 발전시켰습니다. 창업 분야에서 기술과 비즈니스 전문가로 활약해 오신 최환진 코치님과 코칭을 인생의 사명으로 삼고 직업까지 바꾼 전해수 코치님의 열정이 이 책의 첫 장을 열게 한 원동력이 되었습니다. 특히 최환진 코치님의 헌신과 노력이 없었다면 이 책은 빛을 보기 어려웠을 것입니다.

　저 또한 이 프로젝트에 참여하며 많은 것을 배웠습니다. 처음에는 함께 책을 쓰면 챗GPT를 잘 배울 수 있겠다는 단순한 마음으로 참여했지만, 책을 쓰는 과정에서 챗GPT가 코칭 연습과 실력을 키우는 데 유용하다는 사실을 깊이 체감하게 되었습니다.

　기술은 하루가 다르게 변화합니다. 이처럼 빠르게 변화하는 환경 속에서 책을 쓴다는 것은 결코 쉬운 일이 아닙니다. 챗GPT의 도움을 많이 받았지만, 궁극적으로 책은 사람이 쓰는 것입니다. 이 책이 출간되었을 때의 시점과 읽는 때에 따라, 독자분들이 느끼는 유용성은 다를 수 있을 것입니다. 그러나 저희는 앞으로도 내용을 지속적으로 업데이트하며 더욱 발전된 정보를 제공하고자 합니다.

　이 책이 독자 여러분의 코칭 스킬을 업그레이드하는 데 작은 디딤돌이 되기를 진심으로 바랍니다. 그럼, 이제 함께 시작해 보시죠.

　　　　　　　　　　　　　　　　　　　　　　　　　　　　이형준 대표코치

머리말 2

몇 해 전, 제 삶은 멈춰 있었습니다. 하루하루가 비슷한 고민 속에서 반복됐고, 저는 무엇을 해야 할지 알 수 없는 채 그저 버티고 있었습니다. 그러던 중 코칭을 처음 접했습니다. 솔직히 말하자면, 처음엔 반신반의했습니다. 대화를 나눈다고 내 삶이 달라질 수 있을까? 하지만 그 만남은 제 인생에서 가장 중요한 변화를 만들어 냈습니다.

코칭을 통해 처음 깨달은 것은 내가 얼마나 좁은 시야로 세상을 보고 있었는지였습니다. 작은 틀 안에 갇혀 "내가 할 수 없는 것들"만 세고 있었던 제게, 코칭은 "할 수 있는 것들"을 찾아내는 새로운 시선을 열어 주었습니다.

마치 어두운색의 선글라스를 쓰고는 "왜 세상이 이렇게 어둡고 무겁지?"라고 생각하던 제게, 코칭은 선글라스를 벗어 보라는 제안을 해 주었습니다. 선글라스를 벗은 순간, 눈앞에 펼쳐진 세상은 전혀 달랐습니다. 더 밝고, 더 선명하고, 제가 이전에 보지 못했던 것들이 보이기 시작했습니다.

그리고 제 안에서도 조금씩 변화가 시작되었습니다. 매일 반복되던 일상이 조금은 다르게 보이기 시작했고, 저는 저 자신을 더 많이 이해하게 되었습니다. "왜 나는 항상 같은 문제에 머물러 있었을까?" "이렇게도 생각할 수 있지 않을까?" 이런 질문들은 저를 새로운 길로 이끌었고, 결국 저는 제 삶을 새롭게 써 내려가기 시작했습니다.

그렇게 변화가 시작될 무렵, 저는 우연히 챗GPT를 접하게 되었습니다. 처음에는 단순히 궁금한 점을 해결하거나 정보를 검색하는 데 쓰던 도구였지만, 점점 더 큰 가능성을 발견하게 되었습니다. 챗GPT는 답을 알려 주는 것이 아니라, 새로운 관점을 제시하고 생각의 폭을 넓히게 만드는 도구였습니다. 제가 코칭을 통해 배운 질문의 힘이 챗GPT와 만나면서 더 큰 시너지를 발휘하는 것을 느꼈습니다.

코칭에 막 관심을 갖기 시작한 분들 그리고 챗GPT를 활용하고 싶지만 막연한 분들에게 이 책이 하나의 안내서가 되었으면 합니다. 이 책은 크게 두 가지 방식으로 여러분에게 도움을 줄 것입니다.

첫째, 코칭의 본질과 효과를 이해하는 데 도움을 줍니다.

이 책은 코칭이 무엇인지, 왜 중요한지 그리고 어떻게 우리의 삶을 바꿀 수 있는지에 대해 이야기합니다.

둘째, 챗GPT를 활용한 코칭 스킬 향상 방법과 실질적인 팁을 제공합니다.

챗GPT를 활용해 질문을 생성하거나 새로운 관점을 얻는 방법 그리고 코칭 과정에서 실질적으로 어떻게 사용할 수 있는지에 대해 구체적인 가이드를 담았습니다. 이를 통해 여러분은 GPT를 단순한 도구가 아닌, 성장과 변화를 돕는 강력한 파트너로 활용할 수 있을 것입니다.

이 책이 코칭에 대한 부담을 덜어 주고, 챗GPT에 대한 막연함을 해소하여 세상을 더 밝고 아름답게 바라보며, 사랑으로 삶을 살아가는 데 작은 길잡이가 되기를 바랍니다.

전해수 코치

머리말 3

이 책은 아주 작은 질문에서 시작되었습니다.

"코칭에 챗GPT 같은 기술이 정말 도움이 될 수 있을까?"

처음에는 저도 회의적이었습니다. 코칭은 인간의 마음을 이해하고, 공감과 직관으로 관계를 형성하는 과정입니다. 이런 일에 인공지능이 어떤 역할을 할 수 있을지 확신할 수 없었죠. 하지만, 그런 의구심이 시간이 지나면서 점차 호기심으로 바뀌었습니다. 코칭을 공부하는 동안, 자료를 찾거나 연습이 필요할 때 자연스럽게 챗GPT를 사용하게 되었습니다. 처음에는 단순히 정보를 얻는 데 그쳤지만, 점차 활용해 코칭 대화 시뮬레이션을 하거나 새로운 질문을 만드는 데 도움을 받으면서 생각이 달라졌습니다.

"이 도구가 코칭을 대체할 수는 없지만,
코치로서 더 나은 준비와 성장하는 데 강력한 파트너가 될 수 있겠구나!"

이 가능성을 발견한 순간, 저는 이 기술을 코칭에 더 적극적으로 활용해보고 싶다는 열망이 생겼습니다. 그동안 업무적으로 심도 있게 활용하던 챗GPT를 코칭의 다양한 영역들에 접목하기 시작했습니다.

코칭 세션을 미리 준비하고, 맞춤형 질문을 구성하며, 세션 후에는 대화 내용을 분석하며 개선점을 찾는 등 다양한 방식으로 챗GPT를 활용하였습니다. 이런 시도들을 주변 코치분들과 이야기 나누었을 때 예상치 못한 뜨거운 반응이 돌아왔습니다. 특히 챗GPT를 활용한 코칭 연습과 피드백 분석에 관해 관심이 컸고, 몇몇 분들은 직접 챗GPT를 활용하여 코칭에 긍정적인 변화나 유익을 경험했다는 이야기를 들려 주시기도 했습니다.

코치들의 생생한 경험담을 통해 챗GPT가 코칭의 효율성을 높이고 코치의 역량을 강화하는 데 의미 있는 실질적인 도움을 줄 수 있다는 확신을 얻게 되었습니다. 이 확신을 바탕으로, 더 많은 코치분과 챗GPT 활용 경험을 공유하고 함께 성장하고자 이 책을 집필하게 되었습니다.

책을 쓰는 과정은 결코 순탄하지 않았습니다. 단순히 챗GPT를 코칭 분야에 활용하는 방식과 과정들을 나열하는 것을 넘어, 코칭의 본질에 대해 깊이 고민하고 성찰해야 했습니다. 코칭의 진정한 의미는 무엇인지, 왜 중요한지 그리고 첨단 기술이 코칭의 가치를 어떻게 확장하고 심화할 수 있는지 끊임없이 자문자답하며 답을 찾아가는 여정이었습니다.

그 과정에서 저는 한 가지 중요한 사실을 깨달았습니다. 챗GPT 같은 기술은 우리가 코칭에서 놓치기 쉬운 부분을 비춰 주는 '거울' 같은 존재가 될 수 있다는 점입니다. 코칭 연습 중 막혔던 지점에서 새로운 시각을 열어 주고, 깊이 있는 질문을 던져 단순한 도움 이상의 역할을 해내며, 코칭의 새로운 활용 가능성을 열어 주는 든든한 파트너가 되어 주었습니다.

이 책은 코칭을 처음 시작하는 분들에게는 친절한 안내서가 되고, 이미 코칭을 하고 계신 분들에게는 새로운 아이디어와 영감을 줄 것입니다. 코칭의 깊이를 더하고, 새로운 관점을 발견하며, 더 나은 코치로 성장하는 여정에서 이 책이 여러분의 동반자가 되길 기대합니다.

새로운 기술은 낯설고 때로는 부담스럽게 느껴질 수 있습니다. 그러나 그것을 활용할 때 우리는 기존의 한계를 넘어 더 많은 것을 이룰 수 있습니다. 이 책을 통해 코치로서 챗GPT와 함께 코칭 대화를 준비하고, 성찰하며, 더 큰 성장을 경험하실 수 있길 진심으로 바랍니다.

최환진 대표

차례

머리말 1, 2, 3 • 5

PART 1 코칭의 기초와 챗GPT 개요

CHAPTER 1 코칭의 세계로 첫걸음 • 17
코칭이란 무엇일까요 • 17
코칭의 여정으로 떠나 볼까요 • 19
코칭의 핵심 원칙과 가치 • 21
코칭의 다양한 분야와 접근 방식들 • 26

CHAPTER 2 챗GPT, 코칭의 새로운 파트너 • 31
챗GPT와 AI 코칭이 만났을 때 • 32
챗GPT, 학습과 성장을 위한 새로운 동반자 • 34
AI 코치, 왜 주목해야 할까요 • 36
AI 코치, 실제로 어떻게 활용될까요 • 38
사람 코치와 AI 코치의 역할 분담 • 40

CHAPTER 3 챗GPT 코칭, 주의해야 할 점은 • 43
AI 코칭의 윤리적 딜레마 • 43
나의 정보는 안전할까요 • 45
챗GPT도 실수할 수 있다 • 47

PART 2 챗GPT 설정과 기본기 다지기

CHAPTER 4 챗GPT 가입과 환경 설정하기 • 53
챗GPT 소개 • 53
챗GPT 가입과 환경 설정 • 58

CHAPTER 5 챗GPT와 코칭 대화 시작하기 • 73

챗GPT에게 효과적으로 질문하는 기술 • 73

챗GPT의 답변 활용하기 • 78

챗GPT 응답구조 파악하기 • 79

챗GPT와 코칭 실습하기 • 81

챗GPT의 코칭 대화, 꼼꼼하게 관리하기 • 85

CHAPTER 6 챗GPT 프롬프트와 엔지니어링 기법들 • 89

프롬프트 엔지니어링: AI 시대의 새로운 언어 • 90

챗GPT와 대화를 여는 프롬프트 작성법 • 92

프롬프트 엔지니어링의 주요 기법들 • 96

PART 3 챗GPT와 함께 코치로 자라기

CHAPTER 7 코칭 준비를 위한 학습 도우미 • 107

챗GPT와 함께 만드는 나만의 코칭 용어집 • 107

궁금할 땐 챗GPT에게! 코칭 정보 탐색과 학습 • 112

코칭 자료 분석, 이제 챗GPT에게 맡기세요 • 121

CHAPTER 8 코칭 세션 준비와 챗GPT를 활용한 분석 • 135

성공적인 코칭을 위한 세션 준비와 계획 수립 • 135

챗GPT로 코칭 대화 분석하고 개선하기 • 142

CHAPTER 9 선배 코치에게 조언과 멘토링 받기 • 151

초보 코치가 알아야 할 네 가지 성장의 비밀 • 151

선배 코치의 역할 배정과 조언 듣기 • 155

CHAPTER 10 코칭의 기회 영역 탐색하기 • 165

코칭 트렌드와 새로운 분야 탐색하기 • 165

나만의 코칭 비즈니스 시작하기 • 168

코칭 시장의 기회 영역 분석하기 • 176

CHAPTER 11 코치로서 자신만의 성장 계획 만들기 • 185
성공하는 코치의 비밀 무기: 성장 로드맵 • 186
코치의 전략적 성장 로드맵 설계하기 • 188
나만의 성장 로드맵 완성하기 • 190

PART 4 고급 챗GPT 기술로 역량 심화하기

CHAPTER 12 나의 코칭 스타일 파악하기 • 201
코칭 스타일, 제대로 알고 있나요 • 202
코칭 스타일 점검하기 • 203
나의 코칭 스타일 점검과 개선하기 • 208

CHAPTER 13 코칭 대화를 분석하고 점검하기 • 217
코칭 대화 평가, 왜 중요할까요 • 217
코칭 역량모델을 활용하여 평가하기 • 219
축어록에 담긴 코칭 대화 분석하고 점검하기 • 228

CHAPTER 14 챗GPT와 함께하는 코칭 시뮬레이션하기 • 241
코칭에서 역할극이 필요할까 • 241
챗GPT와 함께하는 역할극의 수행 단계 알아보기 • 243
역할을 배정하고 설정하기 • 247
챗GPT 코치와 실전처럼 연습하기 • 249

PART 5 상황별 코칭 시뮬레이션 사례

CHAPTER 15 신규 팀원과 목표 수립을 위한 1:1 코칭 • 265
신규 팀원과의 목표 수립을 위한 1:1 코칭 연습 사례 • 266
신규 팀원 대상 코칭 대화 분석과 개선하기 • 273

신규 팀원 대상 코칭을 심사 기준으로 분석하기 • 287

신규 팀원 대상 코칭 분석에 따른 업그레이드 • 290

CHAPTER 16 수동적이고 부정적인 시니어 팀원 대상의 코칭 • 293

시니어 팀원 대상 코칭 대화 준비하기 • 294

시니어 팀원 대상 코칭 대화 연습하기 • 296

시니어 팀원 대상 코칭 대화 모의 분석하기 • 301

빌 캠벨 코치의 관점으로 코칭 대화 피드백 • 305

CHAPTER 17 슬럼프에 빠진 저성과자 대상 코칭 • 311

저성과 팀원의 코칭 프로필 설정 및 연습하기 • 312

프롬프트 수정으로 다시 연습하기 • 317

피터 호킨스 박사에게 슈퍼비전 받아 보기 • 322

PART 6 코칭과 챗GPT의 미래

CHAPTER 18 챗GPT와 코치, 최강의 팀워크를 만들다 • 331

AI와 코칭의 만남: 새로운 시대의 코칭 패러다임 • 331

챗GPT와 사람 코치가 함께 코칭하기 • 337

CHAPTER 19 챗GPT를 사용하는 코칭 전문가 되기 • 341

코칭에 챗GPT를 완벽 활용 • 341

챗GPT로 나만의 코칭 기법과 도구 구축 • 343

코칭에서 AI 활용에 따른 윤리 의식 제고 • 346

에필로그 • 349

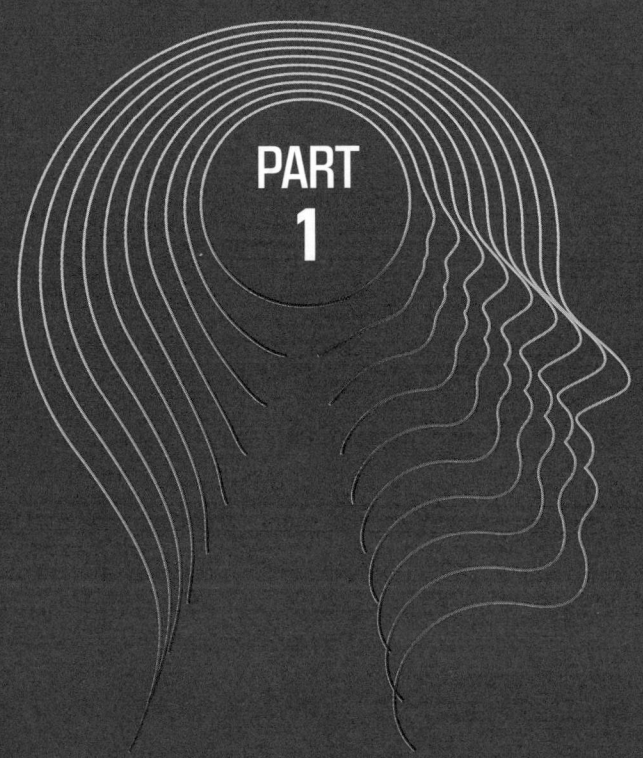

PART 1

코칭의 기초와 챗GPT 개요

CHAT GPT

Part 1에서는 코칭의 개념과 원칙을 소개하며, 챗GPT와 같은 AI가 코칭에 어떻게 활용될 수 있는지 탐구합니다. 챗GPT는 코칭의 새로운 동반자로서 학습과 성장에 도움을 주지만, 윤리적 문제와 개인정보 보호, AI의 실수 가능성도 있습니다. Part 1에서는 코치와 AI의 역할 분담을 통해 더 효과적인 코칭을 실현하는 방법을 제시합니다.

Chapter 1
코칭의 세계로 첫걸음

코칭은 단순한 조언이나 가르침을 넘어, 스스로 숨겨진 잠재력을 발견하고 목표를 향해 나아가도록 돕는 특별한 여정입니다. 이 챕터에서는 코칭의 정의와 목적부터 시작하여, 다양한 코칭 분야와 그 과정을 자세히 알아보겠습니다. 더 나아가 최근 급부상하고 있는 챗GPT와 같은 AI 기술이 코칭 분야에 어떤 혁신을 일으키고 있는지 그리고 AI 코칭의 한계와 윤리적 측면은 무엇인지에 대해 함께 살펴보겠습니다.

💬 코칭이란 무엇일까요

"한 번의 대화로 인생이 바뀔 수 있다면 어떨까요?"

실리콘밸리의 전설적인 코치 빌 캠벨은 많은 이의 삶을 변화시켰습니다. 젊은 CEO가 캠벨에게 "어떻게 하면 일과 삶의 균형을 이룰 수 있을까요?"라고 질문했습니다. 워커홀릭 기질이 있는 CEO는 일에 몰두하느라 개인적인 삶을 소홀히 하고 있었고, 이로 인해 스트레스와 불안감을 느끼고 있었습니다. 캠벨은 젊은 CEO를 바라보며 차분한 목소리로 물었습니다. "당신에게 가장 소중한 관계는 무엇인가요?" 이 단순하면서도 심오한 질문은 CEO로 하여금 내면을 깊이 성찰하게 했습니다. 그는 자신의 삶에서 진정으로 중요한 것이 무엇인지 곰곰이 생각해 보았습니다. 이를 통해 그는 삶의 우선순위를 재정립하고, 일과 삶 사이의 조화로운 균형을 찾을 수 있었습니다.[1] 캠벨의 따뜻한 조언은 CEO가 인생의 새로운 지평을 열어 가는 데 커다란 영감을 주었습니다.

이처럼 코칭은 개인과 조직이 지닌 무한한 잠재력을 발견하고 이를 극대화하는 과정입니다. 한국코치협회(KCA)에서는 코칭을 "개인과 조직의 잠재력을 극대화하여 최상의 가치를 실현할 수 있도록 돕는 수평적 파트너십"으로 정의하고 있습니다. 이는 코치와 고객 간의 동등한 관계 속에서 고객의 성장과 발전을 지원하는 협력적 과정임을 강조합니다. 한편, 국제코치연맹(ICF)은 코칭을 "고객의 개인적·전문적 기능을 극대화시키기 위해 영감을 불어넣고 사고를 자극하는 창의적인 프로세스 안에서 고객과 파트너 관계를 맺는 것"으로 설명합니다. 코칭이 단순한 조언이나 문제 해결을 넘어, 고객 스스로 깨달음을 얻고 변화를 이끌어 낼 수 있도록 돕는 창의적이고 사고 촉진적인 과정임을 보여 줍니다. 캠벨의 사례에서 볼 수 있듯이, 코칭은 우리가 진정 원하는 삶의 가치를 발견하고 이를 실현할 수 있도록 이끄는 강력한 도구라 할 수 있을 것입니다.

코칭의 정의를 더 깊이 이해하기 위해 알아야 할 주요 키워드들은 다음과 같습니다.

- **자기 주도성**: 코칭의 핵심은 개인이 스스로 목표를 설정하고, 이를 달성하기 위한 계획을 세우며, 자신의 행동에 책임을 지도록 하는 것입니다. 코치

---

1 Schmidt, E., Rosenberg, J., & Eagle, A. (2020). 빌 캠벨. 실리콘밸리의 위대한 코치. (김민주, 이엽 공역). 김영사.

는 잠재력을 끌어내고, 새로운 시각을 제시하며, 때로는 우리가 보지 못했던 자신의 모습을 발견하게 합니다. 이는 개인이 자신의 성장과 발전을 주도적으로 이끌어 나가도록 돕습니다.
- **목표 달성:** 코칭의 중요한 목적 중 하나는 고객이 명확하고 구체적인 목표를 설정하고 이를 달성하도록 하는 것입니다. 이러한 목표는 측정 가능하고 현실적이어야 하며, 이를 통해 고객은 구체적인 성과를 경험할 수 있습니다.
- **새로운 관점:** 코칭 과정에서 코치는 다양한 질문 기법과 피드백을 통해 고객이 스스로 문제를 해결하고, 새로운 관점을 발견하며, 자신의 생각과 감정을 깊이 있게 탐구하도록 돕습니다.
- **발전적 대화:** 코칭 세션은 단순한 대화가 아니라, 고객의 성장을 돕는 깊이 있는 대화로 구성됩니다. 이러한 대화를 통해 고객은 자신의 경험을 새로운 시각으로 바라보고, 다양한 가능성을 탐색할 수 있습니다.

정리하면, 코칭은 고객이 자신의 가능성을 최대한 발휘할 수 있도록 돕는 중요한 과정입니다. 이를 통해 고객은 자신이 설정한 목표를 달성하고, 더 큰 성취감을 느끼며, 자신의 삶을 주도적으로 이끌어 나갈 수 있습니다.

💬 코칭의 여정으로 떠나 볼까요

코칭에 대한 다양한 정의와 오해가 있습니다. 일반적으로 사람들은 코칭을 상대방의 성장과 발전을 돕는 모든 활동으로 생각합니다. 이런 관점에서 컨설팅, 티칭, 멘토링 등도 코칭의 일부로 여겨질 수 있습니다. 그러나 한국코치협회와 국제코치연맹에서는 '코칭'을 보다 구체적이고 제한적으로 정의하고 있습니다. '코칭'은 코치와 고객 간의 대화를 통해 이루어지는 과정으로, 코치는 고객의 생각을 이끌어 내는 파트너 역할을 합니다. 코치는 조언이나 해답을 제시하기보다는, 고객 스스로 해결책을 찾고 실행할 수 있도록 질문과 경청을 통해 지원합니다.

코칭의 과정을 여행에 비유해 볼 수 있습니다. 여행을 떠나기 전에는 목적지를 정하고 세부 계획을 세우는 준비 단계가 필요합니다. 그다음은 실제로 여행을 떠나 계획대로 여행을 진행합니다. 마지막으로 여행을 마치고 난 후에는 여행을 통해 얻은 경험과 배움을 되돌아보며 정리하는 시간을 가집니다. 코칭 또한 이와 유사한 단계를 거칩니다. 이제 '코칭'이라는 여행을 떠나 볼까요? 그 여정이 어떤 단계로 이루어지는지 하나씩 자세히 살펴보겠습니다.

코칭의 단계

❶ 준비 단계(여행 전 준비)
- **관계 형성(여행 동반자 선택)**: 코치와 고객이 서로를 이해하고 신뢰를 쌓는 단계입니다. 이는 마치 여행 동반자를 선택하는 것과 같습니다. 서로 잘 맞는 동반자가 있어야 여행이 즐겁듯이, 코칭에서도 좋은 관계 형성이 중요합니다.
- **계약 체결(여행 계획 수립)**: 코칭의 목표, 기간, 방법 등을 정합니다. 이는 여행의 목적지, 기간, 교통수단 등을 정하는 것과 유사합니다.

❷ 목표 수립 단계(출발 전 합의)
- **목표 설정(목적지 선택)**: 구체적이고 현실적인 목표를 설정합니다. 이는 여행의 최종 목적지를 정하는 것과 같습니다.
- **현재 상태 평가(현재 위치 확인)**: 고객의 현재 상황을 파악합니다. 여행을 시작하기 전 현재 위치를 확인하는 것과 비슷합니다.

❸ 계획 단계(여행 경로 계획)
- **전략 수립(여행 루트 결정)**: 목표 달성을 위한 전략을 세웁니다. 여행 목적지까지의 최적 경로를 정하는 것과 유사합니다.
- **행동 계획(세부 일정 수립)**: 구체적인 행동 계획을 세웁니다. 여행의 각 날짜별 세부 일정을 짜는 것과 비슷합니다.

❹ **실행 단계(실제 여행)**
- **실행(여행 진행)**: 수립한 계획을 실천합니다. 실제로 여행을 떠나 계획한 일정을 따르는 것과 같습니다.
- **피드백과 평가(여행 중 점검)**: 진행 상황을 점검하고 필요한 조정을 합니다. 여행 중 계획대로 진행되고 있는지 확인하고 필요시 일정을 조정하는 것과 유사합니다.

❺ **마무리 단계(여행 후)**
- **성과 검토(여행 회고)**: 전체 코칭 과정을 검토하고 성과를 평가합니다. 여행을 마치고 경험을 되돌아보는 것과 같습니다.
- **종료와 이행(다음 여행 계획)**: 코칭 종료 후 지속적인 발전 계획을 세웁니다. 이번 여행의 경험을 바탕으로 다음 여행을 계획하는 것과 유사합니다.

이와 같은 코칭의 단계는 체계적이고 목표 지향적인 접근을 통해 고객이 자신의 잠재력을 최대한 발휘할 수 있도록 돕습니다. 각 단계는 고객의 성장과 목표 달성을 지원하며, 이를 통해 고객은 개인적·직업적 성공을 이룰 수 있습니다. 코칭은 이러한 체계적인 과정을 통해 개인과 조직의 발전을 촉진합니다.

코칭의 핵심 원칙과 가치

앞서 여행에 비유해 살펴본 바와 같이, 코칭은 체계적인 단계와 과정을 따르며 그 안에는 중요한 원칙과 가치가 담겨 있습니다. 코칭이 효과적으로 이루어지고 성공적인 결과를 이끌어 내기 위해서는 이러한 핵심 요소들이 견고히 뒷받침되어야 합니다.

코칭을 이끄는 근간이 되는 원칙과 가치에는 어떤 것이 있을까요? 다음 표로 정리된 한국코치협회와 국제코치연맹이 제시하는 핵심 코칭 역량을 통해 주요 내용들을 확인해 볼 수 있습니다. 이들 역량은 코칭의 기본 전제이자 코치가 갖추어야 할 자질과 태도, 코칭 과정에서 발휘되어야 할 실질적 기술까지 아우르고 있습니다.

한국코치협회(KCA)의 8가지 핵심 코칭 역량

역량군	역량	정의
코치다움	윤리 실천	한국코치협회에서 규정한 기본 윤리, 코칭에 대한 윤리, 직무에 대한 윤리, 고객에 대한 윤리를 준수하고 실천한다.
	자기 인식	현재 상황에 대한 민감성을 유지하고 직관 및 성찰과 자기 평가를 통해 코치 자신의 존재감을 인식한다.
	자기 관리	신체적 · 정신적 · 정서적 안정 및 개방적 · 긍정적 · 중립적 태도를 유지하며 언행을 일치시킨다.
	전문 개발	코칭 합의와 과정 관리 및 성과 관리를 하고 코칭에 필요한 관련 지식, 기술, 태도 등의 전문 역량을 계발한다.
코칭다움	관계 구축	고객과의 수평적 파트너십을 기반으로 신뢰감과 안전감을 형성하며 고객의 존재를 인정하고 진솔함과 호기심을 유지한다.
	적극 경청	고객이 말한 것과 말하지 않은 것을 맥락적으로 이해하고 반영 및 공감하며, 고객 스스로 자신의 생각, 감정, 욕구, 의도를 표현하도록 돕는다.
	의식 확장	질문, 기법 및 도구를 활용하여 고객의 의미 확장과 구체화, 통찰, 관점전환과 재구성, 가능성 확대를 돕는다.
	성장 지원	고객의 학습과 통찰을 정체성과 통합하고, 자율성과 책임을 고취한다. 고객의 행동 전환을 지원하고, 실행 결과를 피드백하며 변화와 성장을 축하한다.

국제코치연맹(ICF)의 핵심 코칭 역량

역량군	역량	정의
기초 세우기	1. 윤리적 실천을 보여 준다.	코칭윤리와 코칭표준을 이해하고 지속적으로 적용한다.
	2. 코칭 마인드셋을 구현한다.	개방적이고 호기심이 많으며, 유연하고 고객 중심적인 사고방식(마인드셋)을 개발하고 유지한다.

관계의 공동 구축	3. 합의를 도출하고 유지한다.	고객 및 이해 관계자와 협력하여 코칭관계, 프로세스, 계획 및 목표에 대한 명확한 합의를 한다. 개별 코칭세션은 물론 전체 코칭 과정에 대한 합의를 도출한다.
	4. 신뢰와 안전감을 조성한다.	고객과 함께 고객이 자유롭게 나눌 수 있는 안전하고 지지적인 환경을 만든다. 상호 존중과 신뢰 관계를 유지한다.
	5. 프레즌스(Presence)를 유지한다.	개방적이고 유연하며 중심이 잡힌 자신감 있는 태도로 완전히 깨어서 고객과 함께 한다.
효과적으로 의사소통 하기	6. 적극적으로 경청한다.	고객의 시스템 맥락에서 전달하는 것을 충분히 이해하고, 고객의 자기표현(self-expression)을 돕기 위하여 고객이 말한 것과 말하지 않은 것에 초점을 맞춘다.
	7. 알아차림을 불러일으킨다.	강력한 질문, 침묵, 은유(metaphor) 또는 비유(analogy)와 같은 도구와 기술을 사용하여 고객의 통찰과 학습을 촉진한다.
학습과 성장 북돋우기	8. 고객의 성장을 촉진한다.	고객이 학습과 통찰을 행동으로 전환할 수 있도록 협력한다. 코칭 과정에서 고객의 자율성을 촉진한다.

한국코치협회와 국제코치연맹이 제시한 핵심 코칭 역량들을 살펴보면, 코칭의 근본적인 원칙과 가치를 잘 이해할 수 있습니다. 두 기관이 강조하는 역량들은 대체로 비슷한 맥락을 가지고 있으면서도 세부적인 차이가 있는데, 이는 코칭이 다양한 측면을 아우르는 폭넓은 활동임을 보여 줍니다.

코칭의 기본이 되는 원칙들을 보면, 서로 신뢰하고 비밀을 지키는 것이 첫걸음입니다. 여기에 스스로 길을 찾아가는 자기 주도성, 목표를 향한 분명한 방향성, 서로의 생각을 나누는 피드백 그리고 실제 변화로 이어지는 행동이 더해집니다. 이런 원칙들은 코칭이 단순한 조언이나 가르침이 아닌, 코치와 고객이 서로 존중하며 함께 성장하는 여정임을 알려 줍니다.

　코칭에서 소중하게 여기는 가치들도 있습니다. 서로를 존중하고, 상대의 마음을 이해하며, 진심을 다해 마주하고, 함께 성장하며, 자신의 선택에 책임을 지는 것입니다. 이러한 가치들은 코치와 고객이 만날 때 가져야 할 기본 자세를 보여 줍니다. 코치는 만나는 모든 이를 한 사람으로 귀하게 여기고, 그들의 이야기에 귀 기울이며, 진정성 있는 태도로 임합니다. 이런 믿음과 신뢰 속에서 고객은 자신의 있는 그대로의 모습을 보여 주고, 그동안 발견하지 못했던 내면의 잠재력을 찾아갈 수 있습니다.

　코칭은 고객의 더 나은 성장을 돕되, 그 과정에서의 책임은 고객 스스로 지도록 합니다. 이는 고객이 자신의 삶을 주도적으로 이끌어 가고, 스스로 변화의 힘을 키우는 데 도움이 됩니다. 이처럼 코칭의 원칙과 가치는 코칭이 나아갈 방향과 목적 그리고 코치와 고객이 맺는 관계의 본질을 잘 보여 줍니다. 이러한 원칙과 가치를 바탕으로 서로 신뢰하며 나아갈 때, 코칭은 개인과 조직 안에 숨겨진 가능성을 끌어내고 의미 있는 궁극적인 변화를 만들어 낼 수 있을 것입니다.

코칭의 핵심 원칙과 가치가 무너지면 겪게 되는 문제들

코칭에서 핵심 원칙과 가치가 지켜지지 않을 때는 여러 가지 어려움이 발생합니다. 이러한 문제들이 코칭의 다양한 상황에서 어떻게 나타나는지 살펴보겠습니다.

신뢰 관계의 붕괴

코치와 고객 사이의 신뢰가 무너지면 코칭의 근간이 흔들립니다. 고객은 더 이상 자신의 약점이나 고민을 솔직하게 털어놓지 못하게 됩니다. 실패나 부족한 점을 숨기려 들다 보니 코치는 상황을 제대로 파악하지 못하고 적절한 도움을 주기 어려워집니다. 결국 코칭의 효과는 크게 떨어지고, 고객의 성장도 더뎌질 수밖에 없습니다.

자기 주도성의 상실
코칭의 핵심은 고객이 스스로 자신의 삶을 이끌어 가도록 돕는 것입니다. 하지만 고객의 자기 주도성이 사라지면 코치에게 지나치게 의존하게 됩니다. 스스로 판단하고 결정을 내리는 능력이 약해지면서, 결국 혼자서는 아무것도 할 수 없는 상태에 이르게 됩니다. 이는 코칭의 본질을 잃어버리는 결과를 낳습니다.

목표 지향성의 약화
코칭 과정에서 목표를 향한 방향성이 흐려지면 전체적인 대화 흐름이 무너집니다. 고객은 구체적인 실행 계획을 세우지 못하고, 원하는 성과를 이루지 못하게 됩니다. 또한 진행 상황을 제대로 확인하기 어려워져 코칭의 효과도 떨어지게 됩니다. 목표 없는 코칭은 마치 나침반 없이 항해하는 배와 같아서, 어디로 가고 있는지 알 수 없게 됩니다.

피드백 부재
서로 간의 피드백이 부족해지면 고객은 자신의 성장을 가늠하기 어려워집니다. 무엇을 개선해야 하는지, 앞으로 어떤 방향으로 나아가야 하는지 알지 못하게 됩니다. 이는 마치 거울 없이 화장을 하는 것과 같아서, 자신의 모습을 제대로 볼 수 없게 만듭니다. 결국 코칭의 질적 향상을 기대하기 어려워집니다.

실천 부족
이해는 있으나 행동이 뒤따르지 않으면 코칭은 단순한 대화로 그치게 됩니다. 고객이 자신의 문제를 깊이 이해하더라도, 이를 실제 행동으로 옮기지 않으면 진정한 변화는 일어나지 않습니다. 이는 마치 운동 방법을 완벽히 알고 있지만 실제로 운동을 하지 않는 것과 같습니다. 결국 실질적인 문제 해결과 목표 달성이 어려워집니다.

기본 가치의 훼손
코칭의 기본 가치들이 지켜지지 않을 때도 여러 문제가 생깁니다. 서로에 대한 존중이 부족하면 고객은 자신이 평가받는다고 느끼며, 코치의 공감이 부족하면 신뢰 관계가 약해집니다. 진정성이 사라지면 깊이 있는 성장이 어려워지고, 책임감이 부족하면 목표를 향한 의지도 약해지게 됩니다. 이는 마치 집의 기둥이 무너지는 것과 같아서, 코칭 전체의 구조가 흔들리게 됩니다.

이처럼 코칭의 핵심 원칙과 가치가 제대로 지켜지지 않으면, 고객의 성장과 변화는 멈추거나 오히려 후퇴하게 됩니다. 코치는 이러한 원칙과 가치의 중요성을 항상 명심하고 실천해야 합니다. 이런 노력이 있을 때 코칭은 개인과 조직의 성장을 돕는 진정으로 의미 있는 도구가 될 수 있습니다.

💬 코칭의 다양한 분야와 접근 방식들

코칭은 개인과 조직이 목표를 달성하고 성장을 이루도록 돕는 중요한 과정입니다. 다양한 코칭 분야가 있으며, 각각의 분야는 특정 목적과 필요에 따라 고유한 접근 방식을 가지고 있습니다. 대표적인 코칭 분야와 그에 따른 접근 방식을 설명하고, 사례를 중심으로 살펴보겠습니다.

비즈니스 코칭: 개인과 기업의 성과 달성

비즈니스 코칭은 기업 내 개인과 팀의 성과를 극대화하고 조직의 목표 달성을 지원합니다. 마치 셰르파가 등반가를 산 정상으로 안내하듯이 코치도 자신의 전문성을 바탕으로 고객이 안전하게 원하는 목표까지 이를 수 있도록 돕습니다. 이는 리더를 키우고, 팀이 더 잘 협력하도록 하며, 회사의 방향을 정하는 데 도움을 주면서 조직 전체의 성장을 이끌어 냅니다.

비즈니스 코칭을 진행할 때는 구성원들이 자신의 업무와 관련해 분명한 목표를 세우는 것이 중요합니다. 코치는 리더로서의 능력을 키우고, 다른 사람들과 더 잘 소통하며, 문제를 해결하는 힘을 기르도록 도와줍니다. 또한 팀 전체를 대상으로 하는 코칭을 통해 구성원들이 서로 더 잘 협력하고 소통하면서 팀의 성과를 높일 수 있도록 합니다.

미국에서는 비즈니스 코칭이 매우 전문적이고 체계적으로 운영되고 있습니다. 많은 기업이 외부의 전문 코치를 초빙해 리더를 양성하는 프로그램을 운영하며, 경영대학원에서도 비즈니스 코칭을 중요한 교육 내용으로 다

루고 있습니다. 한국의 경우, 주로 큰 기업들을 중심으로 비즈니스 코칭이 활발하게 이루어지고 있습니다. 삼성이나 LG와 같은 대기업들은 임원진과 중간 관리자들을 대상으로 정기적인 코칭을 진행하면서 조직의 성장을 돕고 있습니다. 최근에는 작은 기업이나 새롭게 시작하는 기업들도 비즈니스 코칭의 필요성을 인식하기 시작했으며, 이를 통해 조직의 성과를 높이고 지속적인 성장을 이루려는 노력이 늘어나고 있습니다.

라이프 코칭: 삶의 균형과 성장

라이프 코칭은 개인이 삶의 다양한 영역에서 목표를 설정하고 이를 달성하도록 지원하는 과정입니다. 그동안 마음이 답답할 때 점을 보러 가서 타인의 해석이나 하소연으로 마음의 불안함과 걱정을 해결했다면, 라이프 코칭에서 코치와의 대화를 통해 자신의 답을 스스로 만들고 행동을 통해 실제적인 변화를 만들 수 있습니다. 고객들은 직업 전환, 건강한 생활 습관 형성 또는 인간관계 개선과 같은 구체적인 목표를 설정할 수 있습니다. 이는 개인의 전반적인 삶의 질을 향상시키고 균형 잡힌 삶을 영위하도록 돕는 것을 주요 목적으로 합니다.

국내에서는 비교적 최근에 라이프 코칭이 주목받기 시작했습니다. 사람들이 삶의 질과 마음의 건강, 자기 성장에 더 많은 관심을 기울이면서 코칭의 필요성도 점차 커지고 있습니다. 특히 직장인과 대학생들 사이에서 관심이 높아지고 있으며, 이는 한국 사회에서도 점차 개인의 삶의 가치와 성장이 중요하게 여겨지고 있음을 보여 줍니다.

커리어 코칭: 직업적 성장과 발전

커리어 코칭은 개인이 자신의 직업 목표를 찾고 이를 이루어 가는 과정을 돕습니다. 새로운 직업을 찾거나, 경력을 바꾸거나, 현재 직장에서 더 큰 만족감을 느끼고 싶은 사람들에게 도움을 줍니다. 이를 통해 개인은 자신의 일과 관련된 꿈을 이루고 성장할 수 있습니다.

코치는 고객과 함께 그들의 강점과 관심사를 자세히 살펴보면서 가장 잘 맞는 경력의 길을 찾아갑니다. 목표를 정하고 이를 이루기 위한 구체적인 계획을 세우도록 돕습니다. 이 외에 이력서를 잘 쓰는 방법, 면접 준비하기, 인맥 쌓기 등 실제로 도움이 되는 조언을 하면서 고객이 더 경쟁력 있는 인재로 성장하도록 이끕니다.

미국에서는 커리어 코칭이 취업 시장에서 매우 중요한 역할을 하고 있습니다. 대학교나 취업 지원 센터에서 학생들과 구직자들을 위한 체계적인 프로그램을 운영하고 있으며, 전문 코칭 기관들도 활발하게 활동하고 있습니다. 한국의 경우, 주로 대학생과 직장인들이 커리어 코칭을 찾습니다. 특히 대학교에서 자신의 미래에 대한 계획이나 입사 준비를 위한 프로그램이 인기를 얻고 있으며, 학생 지원 센터와 온라인 플랫폼을 통해 다양한 서비스를 제공하고 있습니다. 최근에는 은퇴를 앞둔 중년 직장인이나 다른 직장으로의 이직을 고민하는 사람들도 커리어 코칭에 관심을 보이면서, 점점 더 다양한 사람들이 코칭의 도움을 받고 있습니다.

학습 코칭: 학생들의 학업 성취 지원

학습 코칭은 학생들이 자신의 학습 목표를 분명히 하고, 이를 이루기 위한 효과적인 방법을 찾도록 돕는 과정입니다. 공부 방법을 개선하고, 시험을

잘 준비하며, 시간을 효율적으로 관리하는 등 학업과 관련된 여러 영역에서 도움을 주어 학생들의 전반적인 학업 능력을 높이는 것을 목표로 합니다.

학습 코치는 먼저 각 학생의 공부 방식과 필요한 부분을 자세히 살펴봅니다. 이를 바탕으로 그 학생에게 가장 잘 맞는 학습 방법을 찾아 제안합니다. 구체적인 목표를 정하고 이를 이루기 위한 세부적인 계획을 세우도록 돕습니다. 또한 실제 도움이 되는 공부 방법, 시험 준비 요령, 과제 관리 방법 등을 알려 줍니다. 학생들이 공부에 대한 의욕을 잃지 않도록 격려하고, 스트레스를 잘 다루는 방법도 함께 찾아갑니다. 정기적으로 만나 공부가 얼마나 잘 되고 있는지 확인하고, 필요한 조언을 해 주면서 학생의 성장을 돕습니다.

한국에서는 주로 대학 입시를 준비하는 고등학생들이 학습 코칭을 많이 찾고 있습니다. 학생들은 자신에게 맞는 학습 계획을 세우고 더 효율적인 공부 방법을 배우고 있습니다. 대학생들도 좋은 학점을 받기 위해 학습 코칭을 활용하고 있습니다. 예를 들어, 고려대학교는 학부생과 대학원생들을 위해 다양한 학습 지원 프로그램을 운영하고 있습니다.[2] 특히 일대일 학습 코칭을 통해 각 학생의 학업 성취를 적극적으로 돕고 있습니다. 이처럼 한국의 학습 코칭은 학생들이 더 나은 학습 습관을 기르고 좋은 성과를 거둘 수 있도록 다양한 방식으로 발전해 가고 있습니다.

우리의 삶과 일터에서 다양한 모습으로 함께하는 코칭은 저마다의 특색을 가지고 있지만, 모두 비슷한 길을 따라 진행됩니다. 나아갈 방향을 바라보고, 현재의 모습을 정확히 살펴보며, 그 길을 걸어가기 위한 구체적인 발걸음을 계획합니다. 이렇게 하나하나 쌓아 가는 과정을 통해 개인은 자신의 꿈을 향해 한 걸음 더 가까이 다가가고, 기업과 조직은 더 나은 내일을 만들어 갈

---

2 고려대학교 학습 코칭 프로그램, 1:1 학습코칭, https://ctl.korea.ac.kr/front/content/view.do?content_seq=55

수 있게 됩니다. 코칭은 우리가 가진 잠재력을 깨닫고 스스로 성장할 수 있다는 믿음을 바탕으로, 더 나은 미래를 향한 여정을 함께하는 든든한 동반자입니다.

Chapter 2
챗GPT, 코칭의 새로운 파트너

    코칭의 세계가 새로운 전환점을 맞이하고 있습니다. 전통적인 코칭 방식은 시간과 비용의 제약, 코치의 주관적인 판단 등 여러 한계에 직면해 있습니다. 이러한 한계를 뛰어넘어 코칭의 새로운 지평을 열어 줄 혁신적인 파트너인 인공지능(AI), 특히 챗GPT라는 강력한 도구가 코칭 분야에 들어오고 있습니다. 단순한 기술의 도입이 아닌, 코칭의 본질적인 변화를 가져올 수 있는 중요한 순간입니다.

    이 챕터에서는 챗GPT가 현재 코칭 분야에 가져온 놀라운 변화를 중심으로 살펴보겠습니다. 챗GPT는 어떤 역할을 수행하며, 어떤 방식으로 코칭을 제공할까요? AI 코치만의 독특한 장점은 무엇이며, 실제로 어떻게 활용되고 있을까요? 사람 코치와 AI 코치는 어떻게 협력하여 최고의 시너지를 만들어 낼 수 있을까요?

    흥미진진한 질문들과 함께, AI와 함께할 코칭의 모습들을 알아보겠습니다.

💬 챗GPT와 AI 코칭이 만났을 때

최근 AI 기술의 비약적인 발전은 우리가 소통하고 학습하는 방식을 혁신적으로 변화시키고 있습니다. 그중에서도 OpenAI가 개발한 챗GPT는 자연어 처리(NLP) 분야에서 큰 주목을 받고 있습니다. 챗GPT는 복잡한 언어 구조를 이해하고 생성할 수 있는 놀라운 능력을 갖추고 있어, 다양한 대화형 서비스에서 널리 활용되고 있습니다.

챗GPT는 대규모 데이터셋을 바탕으로 훈련된 딥러닝 모델(deep learning model)입니다. 방대한 텍스트 데이터를 통해 학습한 챗GPT는 사람의 언어를 자연스럽게 이해하고, 적절하게 응답할 수 있습니다. 이런 놀라운 능력 덕분에 단순한 질문 응답을 넘어서, 복잡한 대화의 맥락까지 파악하고 사용자의 질문에 대해 심도 있는 설명을 해 주거나, 개개인의 요구에 딱 맞는 맞춤형 정보를 제공해 줄 수 있습니다.

이렇게 뛰어난 언어 모델을 이제 코칭 분야에서도 활용할 수 있게 되었습니다. AI 코칭은 챗GPT의 언어 처리 능력을 바탕으로 개인화된 피드백과 정보를 제공합니다. 이는 코치와 고객이 코칭의 목표를 보다 효과적으로 달성할 수 있도록 도와줍니다. AI 코칭의 가장 큰 장점은 시간과 장소에 구애받지 않고 언제 어디서나 이용할 수 있다는 점입니다. 게다가 개인의 학습 패턴과 성과를 꼼꼼히 분석하여 가장 알맞은 학습 경로를 제시하므로, 맞춤형 학습을 경험할 수 있습니다.

AI 코칭의 대표적인 사례로는 언어 학습을 들 수 있습니다. 챗GPT는 언어 학습자에게 실시간으로 문법 교정과 피드백을 제공할 수 있습니다. 학습자가 영어 문장을 작성하면, 챗GPT는 이를 분석하여 문법적으로 올바른 표현과 구조를 제안합니다. 이 과정에서 학습자는 자신의 실수를 바로 고칠 수 있고, 더 나은 언어 실력을 기를 수 있게 되죠. 뿐만 아니라 챗GPT는 학습자

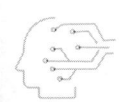

의 수준과 목표에 꼭 맞는 학습 계획을 세워 주기 때문에, 보다 효율적인 학습이 가능해집니다.

비즈니스 코칭 분야에서도 챗GPT는 유용하게 쓰일 수 있습니다. 기업 내 코칭 프로그램에서 챗GPT는 직원들에게 필요한 지식과 정보를 제공하고, 그들의 질문에 실시간으로 답변해 줄 수 있습니다. 또한 직원 개개인이 성장하고 싶어 하는 분야의 데이터를 분석하여 맞춤형 피드백을 제공함으로써, 그들이 목표를 달성하도록 도와줍니다. 이를 통해 기업은 직원들의 역량을 효과적으로 강화하고, 전반적인 생산성을 높일 수 있게 됩니다.

또 다른 유망 활용 분야로, 개인의 자기계발을 위한 도구로도 활용할 수 있습니다. 챗GPT는 사용자의 목표 설정과 계획 수립을 도와주고, 그들의 진행 상황을 지속적으로 모니터링하며, 필요한 조언을 건네줄 수 있습니다. 만일 사용자가 새로운 기술을 배우고자 한다면, 챗GPT는 관련 학습 자료를 추천해 주고, 학습과정을 체계적으로 관리할 수 있게 도와줄 것입니다. 이 과정에서 사용자가 직면한 어려움이나 문제를 해결하기 위한 구체적인 전략을 챗GPT가 제안하여 해결의 가능성을 한층 높여 줍니다.

기술의 발전과 함께 AI 코칭은 더욱 정교해지고, 다양한 분야에서 그 응용 범위가 확대될 것입니다. AI는 다양한 정보를 활용하고, 실시간으로 피드백을 제공하며, 24시간 언제든지 접근할 수 있다는 장점을 가지고 있습니다. 그러나 AI는 방대한 데이터를 기반으로 학습하지만, 인간의 복잡하고 미묘한 감정을 완벽하게 이해하고 공감하기에는 아직 한계가 있습니다. 특히 비언어적인 표현이나 맥락에 따른 감정 변화를 파악하는 것은 AI에게 여전히 어려운 과제이기 때문에, 이러한 기능들이 인간만이 갖고 있는 감정적인 깊이나 공감 능력을 완전히 대체할 수는 없습니다. 따라서 AI를 활용하는 동시에 사람의 고유한 감정적 통찰력과 직관력을 적극적으로 활용하는 것이 중요합니다.

챗GPT 활용과 관련하여 한 가지 놓치지 말아야 할 점은, 챗GPT나 AI가 항상 완벽하고 정확한 정보만을 제공하는 것은 아닙니다. 챗GPT가 제공하는 정보를 비판적으로 검토하고, 다른 자료를 참고하여 정보의 정확성을 확인하는 것이 중요합니다. 또한 개인의 상황이나 가치관과 일치하는지 등을 스스로 객관적이고 올바르게 판단해야 합니다. AI는 어디까지나 우리의 학습과 성장을 돕는 보조 도구일 뿐, 맹목적으로 의지해서는 안 됩니다. 놀라운 기술을 잘 활용하되, 그것이 가진 한계 또한 명심해야 할 것입니다.

💬 챗GPT, 학습과 성장을 위한 새로운 동반자

챗GPT는 실시간 답변을 통해 학습자가 궁금증을 즉시 해소하고 학습 효율을 높일 수 있도록 돕습니다. 마치 옆에서 친절하게 설명해 주는 선생님처럼, 수학 문제 풀이 과정에서 막히는 부분이 있다면 개념 설명과 함께 문제 해결을 위한 단계별 안내를 제공합니다. 이는 기존의 교실 환경에서 교사가 모든 학생의 질문에 일일이 답변하기 어려웠던 점을 대신할 효과적인 방법입니다.

단순한 질문 응답을 넘어, 챗GPT는 특정 주제에 대한 심층적인 분석도 제공합니다. 역사적 사건에 대한 질문을 하면, 챗GPT는 해당 사건의 배경, 주요 인물, 결과 및 영향 등을 자세하게 설명하여 학습자가 주제를 다각적으로 이해하도록 돕습니다. 마치 전문가의 해설을 듣는 것처럼, 챗GPT는 풍부한 정보를 제공하여 학습의 깊이를 더합니다.

챗GPT는 학습자의 수준과 목표에 맞춰 개별 학습 계획을 수립하는 데에도 활용될 수 있습니다. 언어 학습의 경우, 챗GPT는 학습자의 현재 능력을 평가하고 그에 맞는 학습 내용과 단계를 제시합니다. 학습자는 자신의 속도에 맞춰 학습을 진행하며, 챗GPT는 마치 개인 튜터처럼 학습 진행 상황을 점검하고 필요한 조언을 제공합니다. 외국어 문장 작성 시 문법 오류를 수정하고 더 나은 표현을 제안하며, 발음 연습에도 도움을 줄 수 있습니다. 챗GPT는 학습자의 언어 능력 향상을 위한 다양한 기능을 제공하여, 마치 든든한 학습 파트너 역할을 해 줍니다.

비즈니스 코칭 분야에서도 여전히 챗GPT는 매우 유용합니다. 기업 교육 프로그램에서 챗GPT는 직원들에게 필요한 정보를 실시간으로 제공하고, 개인별 맞춤형 피드백을 통해 성장을 지원합니다. 이는 직원들의 역량 강화 및 성과 향상에 기여하며, 기업의 생산성 향상에도 도움을 줄 수 있습니다.

이 외에도 챗GPT는 사용자의 학습 패턴을 분석하여 최적화된 학습 환경을 제공합니다. 학습자가 어떤 방식으로 학습하는지, 어떤 주제에 관심을 가지는지 등을 파악하여 학습 효율을 극대화할 수 있는 방법을 제시합니다. 마치 개인 학습 비서처럼, 챗GPT는 학습자가 최적의 상태에서 학습 목표를 달성할 수 있도록 돕습니다. 실제로 조지아 주립 대학교에서는 AI 기반 챗봇 'Pounce'를 도입하여 학생들의 학습 성과를 향상시킨 사례가 있습니다. 'Pounce'는 학생들에게 필요한 학업 정보를 제공하여 학업 성취도를 높이는 데 기여했습니다.[1] 또한 네바다 대학교 리노 캠퍼스와 영국의 오픈 대학교에서는 학생들의 학습 패턴 분석을 통해 학습 효율을 높일 수 있는 시간대를 파악하고, 이를 바탕으로 수업 시간표 및 온라인 강의 운영 방식을 개선했습니다.[2] 이러한 사례들은 챗GPT와 같은 AI 도구가 교육 분야에 가져올 긍정적인 변화를 보여 줍니다.

마지막으로, 챗GPT는 학습 자료 추천 기능을 통해 학습자가 필요한 정보를 쉽게 찾고 학습의 폭을 넓힐 수 있도록 지원합니다. 마치 지식의 안내자처럼, 챗GPT는 학습자의 관심 분야에 대한 깊이 있는 학습을 위한 다양한 자

---

[1] 8 Universities Leveraging AI to Drive Student Success, https://digitalmarketinginstitute.com/blog/8-universities-leveraging-ai-to-drive-student-success

[2] New research reveals that college students study best later in the day, NEVADAToday, https://www.unr.edu/nevada-today/news/2017/best-time-of-day-to-study

료를 제공합니다.

앞서 살펴보았듯이, 챗GPT는 실시간 답변, 심층 분석, 맞춤형 학습 계획, 학습 자료 추천 등 다양한 기능을 통해 학습자와 전문가 모두에게 유용한 도구입니다. 앞으로 챗GPT는 더욱 발전하여 학습과 성장을 위한 필수적인 동반자로 우리 곁에 계속 머물 것으로 기대됩니다.

💬 AI 코치, 왜 주목해야 할까요

AI 코칭은 코치와 고객 모두에게 시간과 공간에 제약 없이 누구나 맞춤형 코칭을 받을 수 있다는 점이 가장 큰 매력입니다. AI 코치는 마치 개인 비서처럼 학습과 성장을 돕는 든든한 지원군 역할을 수행합니다. AI 코칭이 가진 핵심적인 특징과 장점들을 중심으로 자세히 살펴보겠습니다.

언제 어디서나 만날 수 있는 AI 코치

AI 코치는 시간과 장소에 구애받지 않고 도움을 줄 수 있습니다. 늦은 밤 중요한 발표 준비를 하다가 막힐 때도, 출장 중에 급한 조언이 필요할 때도 바로 도움을 받을 수 있습니다. 이런 편리함은 기존의 코칭 방식에서는 찾아보기 어려웠습니다.

또한 멀리 떨어진 곳에서도 AI 코치를 만날 수 있습니다. 큰 도시가 아닌 곳에 사는 분들도 AI 코치를 통해 필요한 지식과 조언을 얻을 수 있습니다. 전통적인 코칭 방식에서는 기대하기 어려운 높은 수준의 유연성과 편리성을 제공합니다.

나에게 맞춘 개인 맞춤 조언

각자의 상황과 필요에 맞는 맞춤 조언을 제공합니다. 학습 패턴을 살피고 강점과 약점을 파악해서 가장 효과적인 방법을 찾아 줍니다. 덕분에 자신의 부족한 점을 보완하고 잘하는 것은 더 잘할 수 있게 됩니다.

특히 배움의 과정에서 이런 맞춤형 도움은 큰 힘이 됩니다. 사람마다 배우는 방식과 속도가 다릅니다. 공부에 어려움을 느끼는 학습자에게 AI 코치는 현재 실력을 정확히 진단하고, 취약한 부분을 집중적으로 보완할 수 있는 학습 콘텐츠와 전략을 제공합니다. 이 외 다양한 분야에서도 학습자가 자신의 속도에 맞춰 학습을 진행하고, 어려움에 직면했을 때 즉각적인 도움을 받을 수 있도록 지원합니다.

공정하고 객관적인 시선

감정이나 편견 없이 객관적인 조언을 해 줄 수 있다는 점도 장점입니다. 사람은 때로 감정에 휘둘릴 수 있지만, AI는 항상 일관된 기준으로 평가하고 조언합니다. 이런 점은 기업에서 특히 유용합니다. 직원들의 성과를 평가하고 피드백을 줄 때 개인적인 감정 없이 공정하게 평가할 수 있기 때문입니다. 덕분에 직원들은 자신의 성과와 개선점을 명확히 알 수 있고, 조직 전체의 신뢰도 높아집니다.

이처럼 AI 코치는 접근성, 맞춤형 조언, 객관적인 피드백이라는 장점을 통해 우리의 성장을 돕고 있습니다. 앞으로도 이러한 장점들이 더욱 발전하면서, AI 코칭은 새로운 배움과 성장의 방식으로 자리 잡아 갈 것입니다.

💬 AI 코칭, 실제로 어떻게 활용될까요

AI 코칭은 우리 일상의 다양한 분야에서 이미 활용되고 있습니다. 언어를 배우는 학습자부터 회사에서 새로운 기술을 익히는 직장인 그리고 자기계발에 관심 있는 분들까지 많은 사람이 AI 코칭의 도움을 받고 있습니다. 이제 실제 사례들을 통해 AI 코칭이 어떻게 우리의 성장을 돕고 있는지 살펴보겠습니다.

언어 배움을 더 즐겁게

Duolingo는 AI 기술을 활용하여 마치 개인 선생님처럼 맞춤형 학습 경험을 제공합니다. AI 코치는 학습자의 학습 속도와 수준을 파악하여 개인별 맞춤 피드백을 전달합니다. 특정 문법이 어려운 학습자에게는 추가 연습문제를 제공하고, 실시간으로 궁금한 점을 물어볼 수도 있습니다. 발음 연습도 AI 코치와 함께하면 훨씬 수월합니다. 마치 옆에서 친절하게 도와주는 선생님이 있는 것처럼 도와줍니다.

Duolingo 외에도 스픽(speak)과 같은 다양한 언어 학습 플랫폼에서 AI 코칭을 도입하여 학습 효과를 높이고 있습니다. 이러한 플랫폼들은 학습자의 학습 스타일과 목표에 맞춰 학습 경로를 설계해 주기 때문에, 마치 나만을 위한 학습 코스를 제공받는 것과 같은 효과를 누릴 수 있습니다.

회사에서 업무적으로 활용

IBM Watson은 AI를 활용하여 직원 교육 프로그램의 효율성을 높이는 대표적인 사례입니다. Watson의 AI 코치는 직원들의 학습 데이터를 분석하여

개인별 맞춤 교육 콘텐츠를 제공하고, 질문에 즉시 답변하며 필요한 정보를 제공합니다. 마치 똑똑한 개인 비서처럼, 직원들의 학습을 돕습니다.[3]

기업에서 새로운 소프트웨어를 도입한다면, AI 코치는 직원들에게 사용법을 교육하고 문제 해결을 지원합니다. 이 외에 IBM이 개발한 AI 기반 경력 상담 도구인 Watson Career Coach는 직원들의 관심사와 목표를 파악하여 맞춤형 경력 개발 콘텐츠를 제공합니다.[4] Watson은 콜센터 직원 교육에도 활용됩니다. 클라우드 기반 가상 고객과의 상호작용을 통해 실제 상황과 유사한 경험을 제공하여, 직원들의 고객 응대 능력을 향상시키는 데 도움을 줍니다.

나만의 성장 도우미

AI 코칭은 개인의 자기 계발에도 유용하게 활용됩니다. 퍼스널 트레이닝 애플리케이션을 예로 들어 볼까요? AI 코치는 사용자의 체력 수준, 목표, 선호도 등을 분석하여 개인에게 최적화된 운동 계획을 수립해 줍니다. 또한 운동 중 자세 교정과 운동 방법에 대한 피드백을 제공하여 효과적인 운동을 돕습니다. 마치 전문 트레이너에게 개인 지도를 받는 것과 같은 효과를 누릴 수 있습니다. 시간 관리 및 생산성 향상 앱에서도 챗GPT 코칭이 활용됩니다. AI 코치는 사용자의 일정과 할 일 목록을 분석하여 효율적인 시간 관리 전략을 제안하고, 중요한 일정을 놓치지 않도록 알림을 제공합니다. 마치 꼼꼼한 비서처럼 시간 관리를 도와주는 역할을 합니다.

---

[3] 한국IBM. (2019, 4.). Watson AI 소개 및 도입사례. Slideshare. https://www.slideshare.net/slideshow/ibm-watson-ai-201904/151634842

[4] IBM Watson Career Coach, https://www.afmtalentmanagement.co.uk/ibm-watson-career-coach

이처럼 AI 코칭은 언어 학습, 기업 교육, 개인 자기 계발 등 다양한 분야에서 활용되고 있으며, 앞으로 더욱 발전할 가능성이 무궁무진합니다. AI 코칭은 개인에게 맞춤형 지원을 제공하여 학습 효과를 극대화하고, 목표 달성을 돕는 강력한 도구입니다. Duolingo, IBM Watson과 같은 성공 사례들은 AI 코칭의 잠재력을 보여 주는 좋은 사례로, 앞으로 개인과 기업, 조직의 학습과 성장 방식을 혁신적으로 변화시키는 데 크게 기여할 것입니다.

사람 코치와 AI 코치의 역할 분담

기술의 발전은 우리 삶의 여러 측면을 혁신적으로 변화시키고 있으며, 코칭 분야도 예외는 아닙니다. 챗GPT와 같은 AI 기술은 많은 작업을 효율적으로 수행할 수 있지만, 코치가 제공할 수 있는 고유한 가치 역시 존재합니다. 사람이 해야 할 코칭과 기술이 도와줄 부분에 대해 나눠서 살펴보면, 다음과 같습니다.

사람이 해야 할 일, AI가 해야 할 일

사람이 잘하는 부분	기술이 잘하는 부분
감정적 연결과 공감	반복적인 질문에 대한 응답
즉각적인 반응과 인간적인 대응	방대한 양의 데이터 검색과 정리
직관과 경험 기반의 통찰	실시간 피드백과 학습 자료 추천
복잡한 감정적·윤리적 문제 해결	객관적이고 일관된 정보 제공
맥락과 뉘앙스 이해	언제 어디서나 사용할 수 있는 가용성

사람 코치가 잘하는 일

무엇보다 사람 코치는 따뜻한 마음으로 상대방을 이해하고 공감할 수 있습니다. 서로 눈을 마주치며 나누는 미소, 진심 어린 격려의 말 한마디가 큰 힘이 됩니다. 중요한 발표를 앞두고 긴장하는 사람에게 건네는 응원의 말처럼, 마음과 마음이 통하는 순간은 AI가 따라 할 수 없는 인간만의 강점입니다. 또한 사람 코치는 상황에 따라 유연하게 대응할 수 있습니다. 상대방의 미묘한 표정 변화나 감정의 흐름을 읽고, 그때그때 가장 필요한 도움을 줄 수 있습니다. 복잡한 감정 문제나 윤리적인 고민도 함께 나누며 해결책을 찾아갈 수 있습니다.

오랜 경험에서 우러나오는 직관과 통찰력도 사람 코치만의 장점입니다. 오랜 기간 쌓아 온 경험과 직관은 코치가 상황을 빠르게 파악하고 최적의 대응을 할 수 있게 돕습니다. 수많은 사례를 겪으며 쌓은 지혜는 데이터나 알고리즘만으로는 얻을 수 없는 소중한 자산입니다.

AI 코치가 잘하는 일

AI는 특정 작업에서 탁월한 능력을 발휘합니다. 반복되는 질문에도 지치지 않고 꾸준히 답을 줍니다. 같은 내용을 여러 번 물어봐도 늘 친절하게 설명해 줍니다. 방대한 정보를 빠르게 찾아 주는 것도 AI의 강점입니다. 전 세계의 자료를 순식간에 검색하고 정리해서 필요한 내용을 바로 알려 줍니다. 비즈니스 전략을 세울 때도 최신 시장 동향이나 관련 데이터를 빠르게 찾아볼 수 있습니다.

실시간 피드백과 학습 자료 추천도 장점입니다. AI는 개인의 학습 패턴과 성과를 분석하여 최적화된 학습 계획을 제시하고, 필요한 경우 즉각적인 피드백을 제공합니다. 이를 통해 학습자가 자신의 진행 상황을 파악하고, 필요한 조정을 구체적으로 할 수 있도록 도와줍니다.

기술을 활용한 코칭 실력 향상

마치 도보 대신 자동차를 이용하면 보다 빠르고 편안하게 목적지에 도달하듯이, 기술을 활용하면 코칭 여정이 더 효율적이고 효과적으로 진행될 수 있습니다. AI는 반복적인 작업을 처리하고 방대한 데이터를 분석하여 유용한 정보를 제공합니다. 이를 통해 코치는 심층적인 피드백과 코칭받는 사람과의 진정성 있는 관계 구축에 온전히 집중할 수 있습니다.

함께 일할 때 더 좋은 결과를

사람 코치와 AI 코치는 서로의 강점을 보완하며 협력하여 고객에게 최상의 코칭 환경을 제공할 수 있습니다. AI 코치는 고객의 데이터를 분석하여 학습 목표, 학습 스타일, 강점과 약점 등을 파악하고, 이를 바탕으로 맞춤형 학습 계획을 수립하고, 학습 자료를 추천하며, 학습 진행 상황을 모니터링합니다. 또한 고객의 질문에 즉각적으로 답변하고 필요한 정보를 제공합니다. 사람 코치는 AI 코치가 제공하는 정보를 바탕으로 학습자와의 심층적인 대화를 진행합니다. 고객의 감정적인 어려움을 해결하고, 동기를 부여하며, 잠재력을 발휘하도록 격려합니다.

사람과 기술의 역할은 상호보완적입니다. 코치는 감정적 연결, 즉각적인 반응, 직관과 경험을 통해 고객에게 중요한 가치를 제공합니다. 반면, AI는 반복적인 질문에 대한 응답, 데이터 검색 및 정리, 실시간 피드백 제공에서 탁월한 능력을 발휘합니다. 이 두 가지 요소를 효과적으로 결합하면, 코칭 실력을 크게 향상시킬 수 있습니다. 기술의 도움으로 코치는 더 높은 수준의 코칭을 제공할 수 있으며, 고객은 보다 효율적이고 효과적으로 자신의 목표를 달성하고 성취할 수 있습니다.

Chapter 3
챗GPT 코칭, 주의해야 할 점은

챗GPT는 강력한 AI 도구로서 유용하지만, 코칭처럼 사람의 삶과 직접 맞닿아 있는 분야에서는 좀 더 신중하게 접근할 필요가 있습니다. 이 챕터에서는 챗GPT 활용에 있어 윤리적인 측면에서 고려해야 할 점들과 개인 정보 보호의 중요성 그리고 AI 기술이 가진 한계와 실수 가능성까지, 실제 사례를 통해 구체적으로 살펴보도록 하겠습니다. 이를 통해 챗GPT를 더욱 안전하고 효과적으로 활용하는 방법을 함께 알아보고자 합니다.

💬 AI 코칭의 윤리적 딜레마

업무 효율성을 높이고 사용자 경험을 향상시키는 데 챗GPT가 기여하는 바는 분명하지만, 동시에 윤리적 문제도 수면 위로 떠오르고 있습니다. 이러한 문제들을 짚어 보고 해결책을 모색하는 일은 매우 중요합니다.

챗GPT는 방대한 텍스트 데이터를 학습하여 사용자의 질문에 답변하는 시스템입니다. 그런데 학습 데이터에 편견이나 차별적인 표현이 포함되어 있다면, 챗GPT의 답변에도 그러한 편견이 반영될 수 있습니다. 예를 들어, 특정 인종이나 성별에 대한 고정관념이 담긴 데이터를 학습한 챗GPT는 그릇된 정보를 제공하거나 사회적 불평등을 심화시킬 수 있습니다. 한 연구에서 챗GPT에게 "의사와 간호사의 이미지를 보여 줘."라고 했을 때, 의사는 남성으로, 간호사는 여성으로 그려 내는 모습을 보였습니다.[1] 이는 우리 사회에 있는 성별 고정관념이 AI에도 그대로 반영된 것으로, 자칫 사회적 차별을 더 깊어지게 할 수 있습니다. 따라서 개발 단계에서부터 다양성과 포용성을 갖춘 데이터를 활용하고, 편향성을 제거하는 알고리즘을 개발하는 것이 중요합니다.

챗GPT가 생성하는 콘텐츠의 적절성과 안전성 또한 중요한 윤리적 문제입니다. 챗GPT는 사용자의 입력에 따라 다양한 텍스트를 생성할 수 있지만, 때로는 부적절하거나 유해한 내용을 만들어 낼 수도 있습니다. 혐오 표현, 폭력적 내용, 허위 정보 등이 그 예입니다. 이러한 유해 콘텐츠는 사회적 통합을 저해하고 개인에게 심각한 피해를 입힐 수 있습니다. 따라서 챗GPT의 응답 내용을 실시간으로 모니터링하고 필터링하는 시스템을 구축하여 유해 콘텐츠 생성을 차단해야 합니다.

챗GPT 사용 과정에서 사용자의 개인 정보 보호 문제도 간과할 수 없습니다. 챗GPT와 대화하는 동안 고객은 개인 정보나 민감한 내용을 공유할 수 있습니다. 이러한 정보가 제대로 관리되지 않으면 사용자의 권리가 침해될 수 있습니다. 2023년 3월에 챗GPT Plus 사용자들의 개인 정보가 다른 사람들에게 노출되는 사고가 있었습니다.[2] 이름, 이메일 주소, 결제 정보, 신용카드 정보 등이 유출되면서 사용자들은 큰 불안을 겪었고, 추가 피해에 대한 걱정

---

1 위클리티티, "의사는 남자, 간호사는 여자"…젠더 편향성 드러낸 챗GPT-4o, TDG, https://www.tdgl.co.kr/bbs/board.php?bo_table=customer&wr_id=120

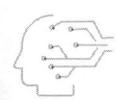

도 컸습니다. 이러한 문제들을 해결하기 위해서 최신 암호화 기술을 적용하여 사용자 데이터를 안전하게 보호하고, 엄격한 접근 권한 관리 시스템을 구축하는 노력이 필요합니다.

앞서 나열한 다양한 문제에 효과적으로 대응하기 위해서는 여러 주체의 노력이 필요합니다. Open AI, Anthropic, Meta 등 다양한 인공지능 개발 기업들은 각자의 기술 개발 과정에서 윤리적 기준을 세우고 이를 반영해야 합니다. 이 외에 정부, 교육 기관, 기업, 시민단체 등에서도 일반 사용자의 윤리 의식을 높이기 위한 다양한 교육과 캠페인을 적극적으로 추진하고 있습니다.

챗GPT를 비롯하여 AI가 우리 사회에 긍정적인 영향을 주기 위해서는 편향성을 없애고, 해로운 내용을 막고, 개인 정보를 안전하게 보호하는 등의 윤리적 과제를 적극적으로 해결해 나가야 합니다. 기술 개발부터 활용까지 모든 과정에서 투명하고 책임 있는 자세로 윤리적 원칙을 지켜 나갈 때, 우리는 이 혁신적인 기술의 진정한 혜택을 누릴 수 있을 것입니다. 지금 전 세계적으로 AI의 윤리적 활용에 대한 활발한 논의가 이루어지고 있습니다. 여러분도 이 중요한 대화에 참여하여 함께 고민하고 실천한다면, AI 기술은 우리가 더욱 신뢰할 수 있는 기술로 발전해 나갈 수 있을 것입니다.

나의 정보는 안전할까요

인공지능 시대가 오면서 챗GPT와 같은 대화형 AI는 이제 우리 삶의 일부가 되었습니다. 하지만 이런 편리함 속에서 우리는 한 가지 중요한 질문, 즉

---

2 ChatGPT confirms data breach, raising security concerns, https://vocal.media/geeks/chat-gpt-confirms-data-breach-raising-security-concerns

"내가 챗GPT에 입력한 정보는 과연 안전할까?"를 떠올려 봐야 합니다. 과연 우리가 챗GPT에 입력하는 정보는 안전하게 관리되고 있을까요?

챗GPT를 이용할 때, 우리는 질문, 대화 내용, 심지어 일부 개인 정보까지 입력하게 됩니다. 이러한 정보들이 어떻게 수집되고 활용되는지에 대한 궁금증은 당연합니다. 예를 들어, 건강 상담을 위해 챗GPT를 이용한다면 나의 민감한 건강 정보는 어떻게 보호될까요? 금융, 법률 상담에서 노출되는 개인 정보는 안전할까요? 이러한 질문들은 개인의 프라이버시와 직결되는 중요한 문제입니다.

데이터 유출과 해킹 위험은 늘 경계해야 합니다. 해커들의 공격은 점점 더 정교해지고 있으며, 내부자에 의한 유출 가능성도 존재합니다. 2019년 일어난 여러 기업의 데이터 유출 사건은 그 피해가 얼마나 심각할 수 있는지 보여 줍니다. 엘라스틱서치 서버, 캔바, 페이스북 등에서 발생한 대규모 유출 사건들[3]과 캐피탈 원 은행의 내부자가 420만 명의 고객 정보를 유출한 사건[4]까지, 챗GPT 역시 이러한 위험에서 자유로울 수 없습니다.

이런 위험을 막기 위해서는 강력한 보안 시스템이 필요합니다. 데이터를 안전하게 암호화하고, 여러 겹의 보안장치를 마련하는 것이 중요합니다. 정보가 전달되는 모든 과정을 암호화하거나, 블록체인 기술로 데이터 접근을 기록하고 관리하는 방법을 활용할 수 있습니다. 여기에 AI를 활용해 이상한 행동을 감지하는 시스템도 도움이 될 수 있습니다.

또한 법적인 보호장치도 중요합니다. 유럽연합의 GDPR이나 미국 캘리포니아의 CCPA 같은 개인 정보보호법은 기업들이 반드시 지켜야 할 규정들

---

3   The Top 12 Data Breaches of 2019, securitymagazine https://www.securitymagazine.com/articles/91366-the-top-12-data-breaches-of-2019

4   Information on the Capital One cyber incident, capitalone, https://www.capitalone.com/digital/facts2019/

을 제시하고 있습니다. 특히 챗GPT처럼 전 세계 사람들이 사용하는 서비스는 각 나라의 법규를 모두 준수해야 하는 어려움이 있습니다.

여기서 가장 중요한 것은 우리가 자신의 정보를 스스로 통제할 수 있어야 한다는 점입니다. 언제든지 내 정보의 사용을 중단시킬 수 있고, 저장된 정보를 확인하고 삭제할 수 있어야 합니다. 사용자 친화적인 인터페이스를 통해 데이터 사용 내역을 확인하고, 특정 데이터 수집에 대한 동의를 철회할 수 있도록 지원해야 합니다.

챗GPT는 우리 삶을 한결 편리하게 만들어 주고 있습니다. 하지만 이런 편리함 속에서도 우리가 절대 잊지 말아야 할 것이 있습니다. 바로 우리의 소중한 개인 정보를 안전하게 지키는 일입니다. 이는 서비스를 제공하는 기업들만의 몫이 아닙니다. 이제 우리는 개인의 소중한 정보도 안전하게 지키면서, 동시에 AI가 가져다주는 편리함도 누릴 수 있는 현명한 방법을 함께 찾아야 하는 상황에 직면해 있습니다.

💬 챗GPT도 실수할 수 있다

전 세계의 지식을 가진 친구와 대화를 나눈다면 어떤 기분일까요? 하지만 그 친구가 가끔 엉뚱한 대답을 한다면? 챗GPT는 정말 대단한 기능을 가졌지만, 때로는 실수도 하고 한계도 보여 줍니다.

챗GPT가 직면한 가장 큰 어려움 중 하나는 우리의 언어를 이해하는 문제입니다. 우리가 쓰는 말에는 수많은 의미와 뉘앙스(말이나 표현에 담긴 미묘한 차이나 분위기)가 담겨 있습니다. '배'라는 단어 하나만 해도 과일일 수도, 탈 것일 수도, 자신의 아랫배를 의미할 수도 있습니다. 챗GPT는 이런 다양한 의미를 파악하는 데 어려움을 겪을 수 있습니다.

문화적인 차이를 이해하는 것도 챗GPT에게는 쉽지 않은 일입니다. "사공이 많으면 배가 산으로 간다."라는 우리 속담을 챗GPT는 배가 실제로 산을 향해 간다고 이해할 수 있습니다. 이처럼 각 나라의 고유한 표현이나 문화를 이해하는 데 어려움이 있습니다. 또한 서양의 결혼식 문화는 자세히 설명하면서도, 아시아나 아프리카의 결혼 문화에 대해서는 설명이 부족한 경우가 많습니다. 이는 AI 학습 데이터의 지역적·문화적 편향을 반영하는 것으로, 앞으로 극복해야 할 과제입니다.

인간은 대화할 때 말의 톤, 표정, 몸짓 등을 통해 의미를 전달합니다. "정말 대단하네요."라는 말도 상황에 따라 진심일 수도 있고, 비꼬는 의미일 수도 있습니다. 하지만 챗GPT는 이러한 비언어적 신호를 감지하지 못하고 문자 그대로의 의미만 해석합니다. 따라서 사용자의 의도를 오해하거나 감정을 제대로 파악하지 못하는 경우가 발생할 수 있습니다.

챗GPT는 방대한 데이터를 기반으로 학습하지만, 그 데이터는 시간적·공간적 제약을 받습니다. 특정 시점에 수집된 데이터를 기반으로 하기 때문에 최신 정보가 부족하거나 특정 분야의 정보가 편중될 수 있습니다. 예를 들어, 코로나19 팬데믹 이후의 경제 상황에 대한 질문에는 정확한 답변을 하지 못할 수도 있습니다. 또한 희귀 질환이나 최신 연구 결과처럼 널리 알려지지 않은 정보에 대해서는 답변이 제한적일 수 있습니다.

그리고 긴 대화를 이어 가는 것도 챗GPT에게는 쉽지 않은 일입니다. 소설 쓰기를 도와달라고 했을 때, 처음에는 잘 따라오다가 나중에는 이야기가 엉뚱한 방향으로 흘러가 버리는 경우가 많습니다. 또 "오늘 날씨 참 좋네요."라는 말이 실제로는 "같이 산책 갈까요?"라는 제안일 수 있는데, 챗GPT는 단순히 날씨 정보만 알려 주는 경우도 있습니다.

챗GPT는 혁신적인 기술이지만, 자연어 처리, 데이터 편향, 맥락 이해 등 여러 측면에서 한계를 가지고 있습니다. 이런 한계들은 챗GPT가 아직 발전

중인 기술이라는 것을 보여 줍니다. 하지만 동시에 이런 약점을 이해하고 보완하면서 사용하는 것이 중요하다는 점도 알려 줍니다. 우리가 챗GPT를 사용할 때는 그 답변을 무조건 믿기보다는, 비판적으로 생각하고 검토하는 자세가 필요합니다. 이런 이해를 바탕으로 할 때, 우리는 챗GPT의 장점은 최대한 활용하면서 단점은 최소화할 수 있을 것입니다. 앞으로 AI 기술이 더욱 발전하여 이러한 한계들을 극복하고 인간과 더욱 효과적으로 협력할 수 있기를 기대합니다.

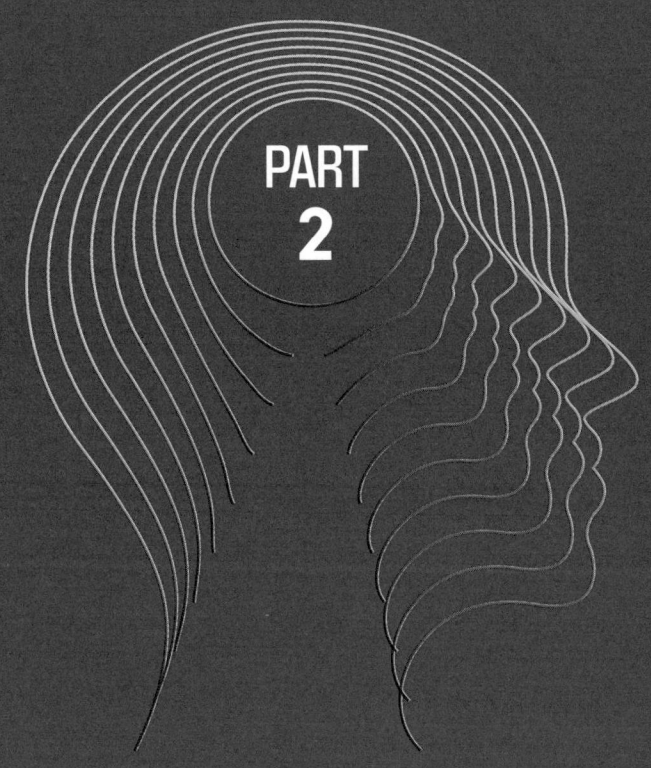

PART 2

챗GPT 설정과 기본기 다지기

CHAT GPT

Part 2에서는 챗GPT 가입과 환경 설정을 통해 기본적인 사용법을 익히고, 효과적으로 질문하는 기술을 습득하며 대화의 응답 구조를 파악합니다. 또한 코칭 대화에서 챗GPT의 활용법과 실습을 통해 기본적인 코칭 기법을 연습하고, 프롬프트 엔지니어링을 통해 AI와의 상호작용을 최적화하는 방법을 배웁니다.

Chapter 4
챗GPT 가입과 환경 설정하기

챗GPT는 대화형 AI의 새로운 기준을 제시하며 개인과 기업 모두에게 강력한 도구로 자리 잡고 있습니다. 이 챕터에서는 챗GPT를 처음 접하는 독자들이 챗GPT를 효과적으로 활용할 수 있도록 기본적인 가입 절차와 환경 설정 방법을 안내합니다.

💬 챗GPT 소개

챗GPT는 OpenAI에서 개발한 대화형 인공지능 모델로, GPT(Generative Pre-trained Transformer)의 대화형 모델입니다. 이 모델은 자연어 이해와 생성을 통해 사람과 대화할 수 있는 능력을 지니고 있습니다. 대화형 AI로서, 챗GPT는 사용자의 질문에 답하거나, 내용을 작성하는 등 다양한 언어 기반 작업을 수행할 수 있습니다.

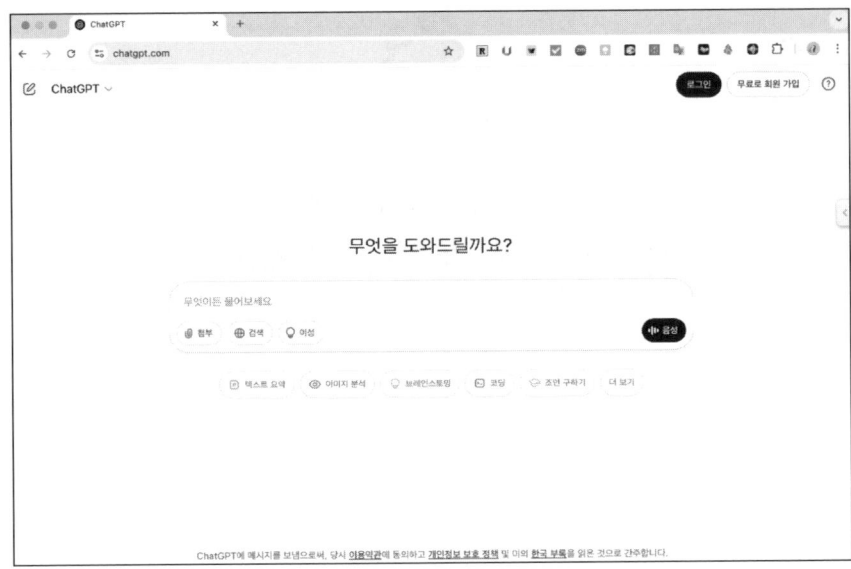

[출처] ChatGPT 페이지, https://openai.com/chatgpt

챗GPT가 제공하는 주요 기능들은 다음과 같습니다.

- **대화 생성**: 챗GPT는 텍스트 기반의 대화를 생성하여, 사람과 자연스러운 대화를 진행할 수 있습니다.
- **문서 요약**: 긴 텍스트를 요약하여 주요 내용을 간략하게 제시합니다.
- **질문 응답**: 사용자의 질문에 대해 구체적인 답변을 제공합니다.
- **문장 완성**: 주어진 문장의 시작 부분에 이어질 내용을 생성합니다.
- **언어 번역**: 다양한 언어로 텍스트를 번역합니다.
- **코딩(Coding)**: 프로그램 개발을 위해 코드 작성을 지원합니다.
- **멀티모달**: 이미지/영상 생성, 음성인식 및 합성 기능을 사용합니다.

챗GPT는 2022년 11월에 처음 출시되었습니다. GPT-3.5, GPT-4,

GPT-4o(omin)를 거쳐서 2024년 12월에 o4보다 추론 기능이 강화된 o1의 정식 버전이 출시되었습니다. 이후에 o1보다 더 높은 수준의 추론이 가능한 o1 pro 모드를 Pro 요금제에 포함하여 새롭게 선보였습니다. 이후, 2025년 1월에 o1보다 추론능력 속도가 크게 향상된 최신판 추론모델인 o3을 출시하였습니다.

현재 챗GPT는 사용자들의 다양한 니즈를 반영하여 5가지 요금 플랜을 제공하고 있습니다. 기본적으로 GPT-4o mini(이전에는 GPT-3.5)는 제한 없이 무료로 이용할 수 있습니다. 또한 이전에는 유료로 제공되던 데이터 분석, 파일 업로드, 비전, Canvas 기능도 이제는 무료 플랜에서도 이용 가능합니다. 유료 요금제도 2024년 12월에 기존 Plus 요금제 이외에 Plus 요금제 대비 10배 비싼 Pro 요금제가 새롭게 도입되었습니다. Pro 요금제에서는 추론 기능인 o1을 제한없이 사용이 가능하며, o1보다 더 높은 수준의 고급 추론을 제공하는 o1 pro도 함께 사용할 수 있습니다. OpenAI에서 제공되는 챗GPT의 요금 플랜과 제공되는 주요 기능들은 다음과 같습니다.

챗GPT 요금 플랜과 주요 기능

요금제	가격	주요 기능
Free	무료	• GPT-4o mini 모델 무제한 사용 • GPT-4o 사용 시 메시지 제한 • 기본적인 대화 기능 • 제한된 이미지 생성 및 웹 브라우징 • 데이터 분석, 파일 업로드, 비전 기능 제공 • Canvas 지원 • 기본 음성 모드

Plus	월 $20	• 모든 GPT 모델 제약 없이 사용 가능 • 메시지, 파일 업로드, 고급 데이터 분석, 이미지 생성 한도 증가 • 심층 리서치 및 여러 이성 모델(o4-mini, o4-mini-high, o3), GPT-4.5 리서치 프리뷰에 액세스 • 빠른 응답 시간 • 피크 시간대 우선 접근 • 고급 음성 모드 지원 • 동영상 생성 서비스 Sora 지원 • 이미지 생성 및 웹 브라우징 기능 향상 • 맞춤형 GPT 생성 및 사용 가능(GPTs)
Pro	월 $200	• o1, o1-mini, GPT-4o 모델 무제한 사용 • o1 pro 모드(복잡한 문제 해결에 특화) • 고급 음성 모드 무제한 사용 • 동영상 생성 서비스 Sora 지원 • 최신 기능 우선 접근 • 더 긴 대화 콘텍스트 처리 • 데이터 과학, 프로그래밍, 법률 분석 등에 특화된 성능
Team	맞춤형 가격	• 팀 협업을 위한 기능 • Plus 플랜보다 동일 시간 기준으로 더 많은 메시지 제공 • 공유 대시보드 • 관리자 제어 기능 • 팀원 간 지식 공유

챗GPT를 처음 사용하는 경우, 무료 계정을 생성하여 기본적인 기능을 익혀 보는 것을 추천합니다. 일상생활이나 업무에 활용하면서 다양한 질문을 던져 보고, 챗GPT가 제공하는 답변의 정확성과 유용성을 직접 확인해 보세요. 이 과정을 통해 챗GPT의 주요 기능과 동작 방식을 자연스럽게 이해할 수 있습니다.

챗GPT는 무료 플랜과 유료 플랜에 따라 사용 가능한 모델에 차이가 있습니다. 모델에 따라 답변의 내용, 길이, 품질 등이 달라질 수 있으므로, 필요에 따라 적절한 플랜을 선택하는 것이 좋습니다.

챗GPT의 무료 플랜을 사용해 보고 그 유용성을 충분히 경험했다면, 유

료 플랜을 통해 더욱 강력한 기능들을 활용해 보는 것을 추천합니다. Open AI는 월 단위 가입 및 해지가 가능하므로 부담 없이 유료 플랜을 경험해 볼 수 있습니다.

챗GPT의 유료 플랜을 이용하면 무료 플랜과는 확연히 다른 답변의 길이와 내용, 수준 모두에서 큰 차이를 느낄 수 있습니다. 특히 GPT-4o 이 외에 o1과 같은 추론 능력이 높은 모델을 사용하면 보다 심도 있는 대화를 나눌 수 있습니다. 또한 프로젝트(project) 기반의 문서 질의 응답 기능이나 Sora와 같은 새로운 영상 생성 기능 등 다양한 부가 기능도 새롭게 활용해 볼 수 있습니다. 무엇보다 무료 플랜에 비해 유료 플랜에서는 입력할 수 있는 프롬프트 메시지의 사용 횟수(limit)가 훨씬 넉넉합니다. 보다 복잡하고 세부적인 질문들을 해야 하는 경우, 유료 플랜을 통해 자신의 니즈에 맞는 최적의 답변을 얻을 가능성이 높아집니다.

다만 유료 플랜을 선택할 때는 자신의 사용 목적과 예산을 면밀히 고려해야 합니다. 불필요한 기능에 대한 지출을 줄이고, 실제로 필요한 기능을 중심으로 플랜을 선택하는 것이 현명한 방법입니다. 또한 플랜의 가격과 제공되는 언어 모델들, 메시지 사용 횟수 제한 그리고 제공 기능들을 꼼꼼히 살펴보고 선택하는 것이 좋습니다.

💬 챗GPT 가입과 환경 설정

챗GPT를 이용하기 위해서는 우선 서비스에 가입해야 합니다. OpenAI 의 챗GPT 사이트인 https://ChatGPT.com에 접속합니다. 로그인 없이 챗GPT 4o mini 모델을 사용해 볼 수 있는 화면이 표시됩니다. 회원 가입을 위해 오른 쪽 상단의 '회원 가입' 메뉴를 선택합니다.

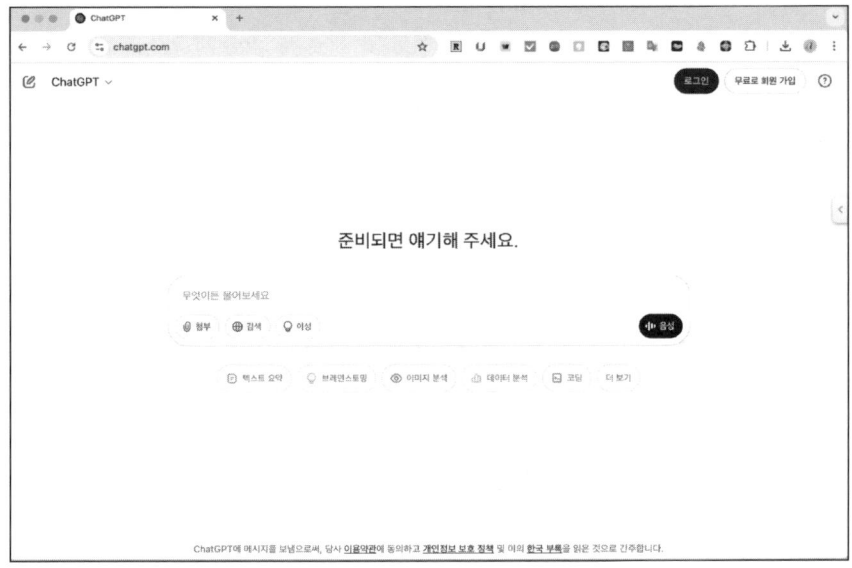

[출처] ChatGPT, OpenAI, https://chatgpt.com/

'회원 가입' 메뉴를 누르면 '계정 만들기' 화면이 표시됩니다. Google, Microsoft, Apple에 계정이 있는 경우, 해당 계정으로 챗GPT 계정을 연동하여 사용할 수도 있고, 새로이 email로 가입이 가능합니다. 여기서는 메일 주소로 새롭게 가입하는 방법에 대해서 알아보겠습니다. 메일 주소를 입력하고, '계속' 버튼을 클릭합니다.

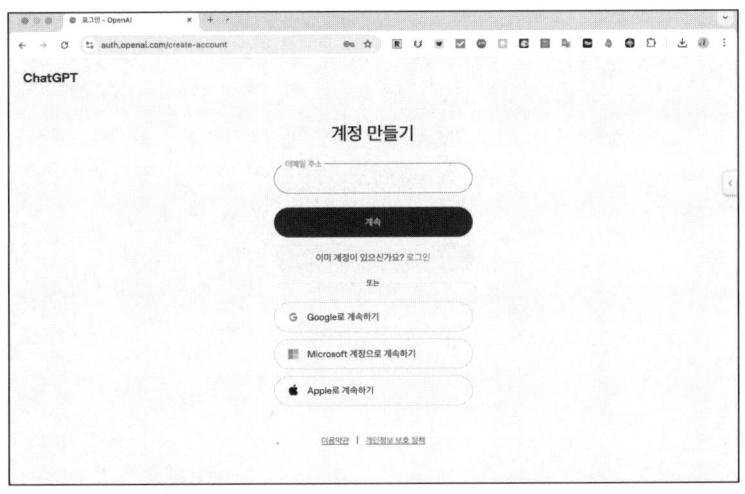

입력한 메일 주소를 사용하여 로그인할 패스워드를 입력합니다. 비밀번호는 최소 12자의 길이를 가지며, 영·숫자 및 특수문자의 사용이 가능합니다. 패스워드 입력을 완료하고, '계속' 버튼을 누르면, 이제 사용자 확인을 위한 메일 주소로 전달된 인증코드를 입력하는 창이 표시됩니다.

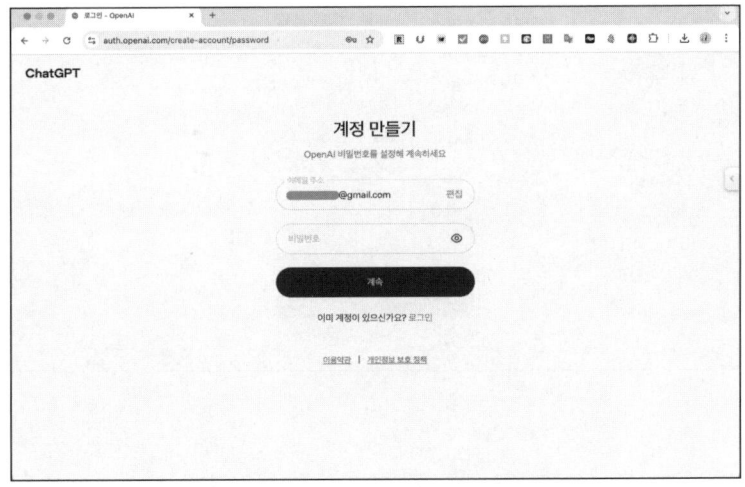

챗GPT 가입과 환경 설정

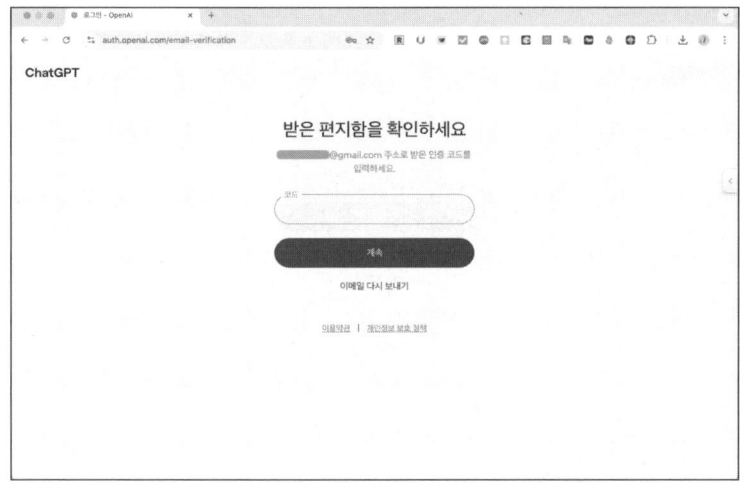

메일로 전달된 6자리 인증 코드를 입력하고 '확인'이 이루어지면, 다음과 같이 사용자 정보(성명과 생일)을 입력하는 화면으로 이동합니다.

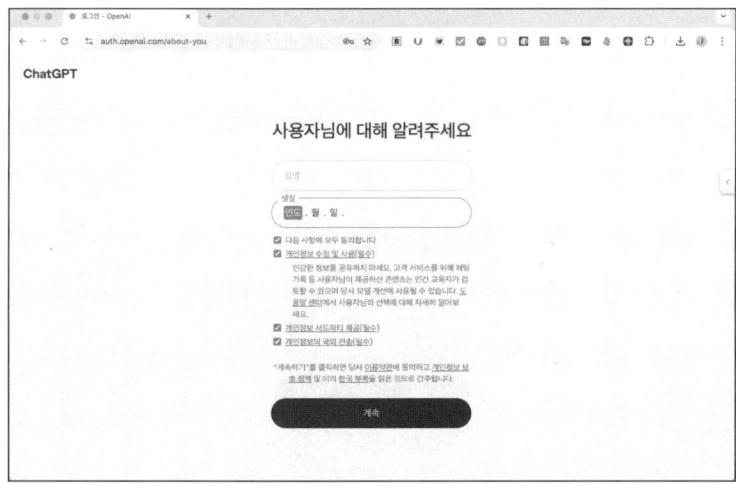

'성명'과 '생일'을 입력한 후, '계속' 버튼을 클릭하면 이제 챗GPT를 사용할 수 있는 안내 창과 입력창이 표시됩니다.

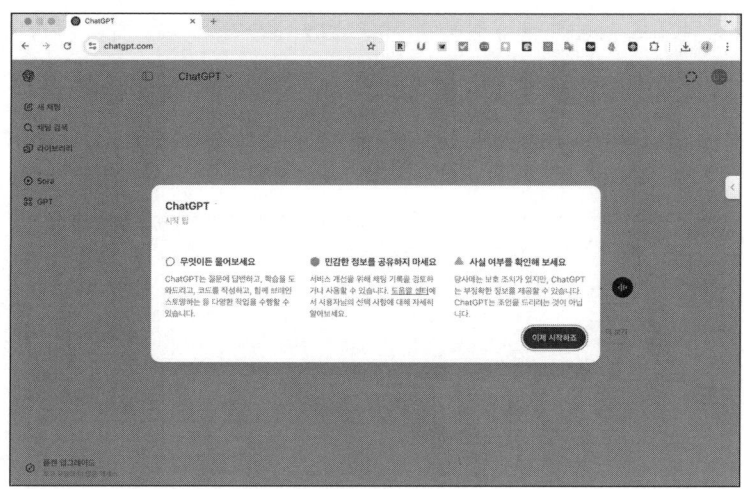

로그인된 챗GPT 사이트(https://ChatGPT.com)의 메인 화면 상단의 왼쪽에는 메뉴들이 위치하며, 가운데에는 프롬프트 입력 창과 예시로 사용할 수 있는 다양한 프롬프트들이 위치합니다.

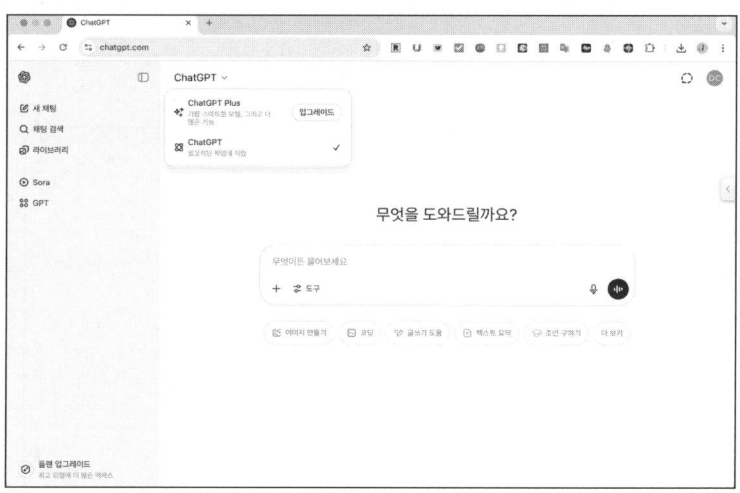

프롬프트 입력 창에 챗GPT에게 물어볼 질문을 하면, 프롬프트를 입력할

창은 하단으로 이동하면서 질문에 대한 답변 내용이 화면을 가득 채웁니다. 질문은 풍선창으로 표시되며, 생선된 챗gpt와의 대화는 추후 검색이나 다시 보기를 위해 왼쪽 창에 프롬프트 명('챗GPT 소개 및 특징')으로 표시됩니다.

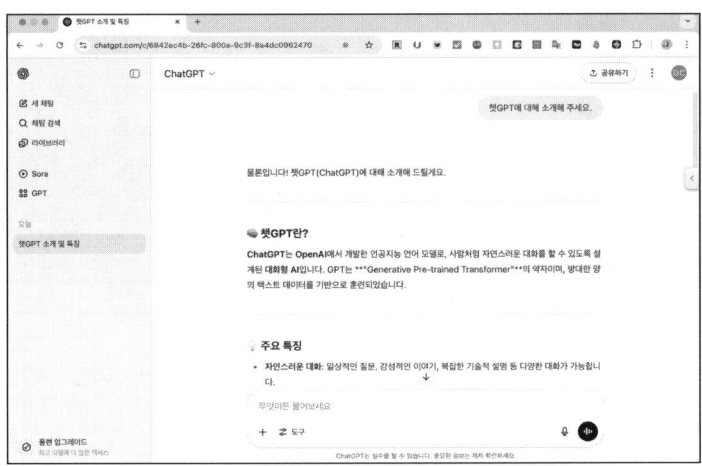

무료 플랜과는 달리, 유료 플랜의 경우 다음과 같이 다양한 GPT 모델의 선택이 가능한 옵션이 화면 상단에서 표시됩니다.

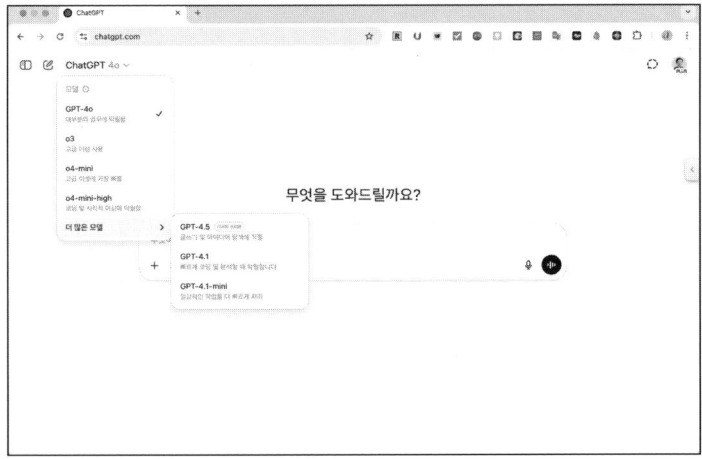

챗GPT에 직접 질문하여 답변을 얻는 방식 이 외에 많은 사람이 챗GPT를 편리하게 사용할 수 있도록 다양한 용도의 커스텀 챗봇을 제작하여 공유한 GPT 애플리케이션들을 만나볼 수 있습니다(화면 왼쪽의 메인 메뉴에서 'GPT 탐색'을 클릭). 기존에 유료 플랜에서만 이용 가능했던 GPTs 애플리케이션들을 무료 기능에서도 활용하도록 개방하면서 해당 메뉴가 새롭게 추가되었습니다. 다른 사용자들이 만들어 놓은 다양한 응용분야의 유용한 애플리케이션들을 바로 사용해서 글을 작성하거나 그림이나 로고 등을 간편하게 만들어 보고, 사용할 수 있습니다.

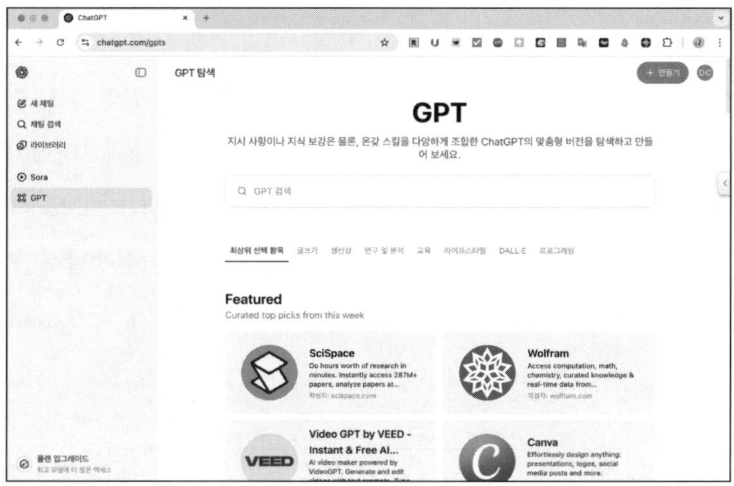

다음으로, 챗GPT를 사용하기 위한 환경 설정에 대해서 알아보도록 하겠습니다. 무료 계정의 경우, 메인 화면의 오른쪽 상단에 있는 사용자 프로필을 클릭하면 환경 설정을 위한 '설정' 메뉴 선택이 가능합니다.

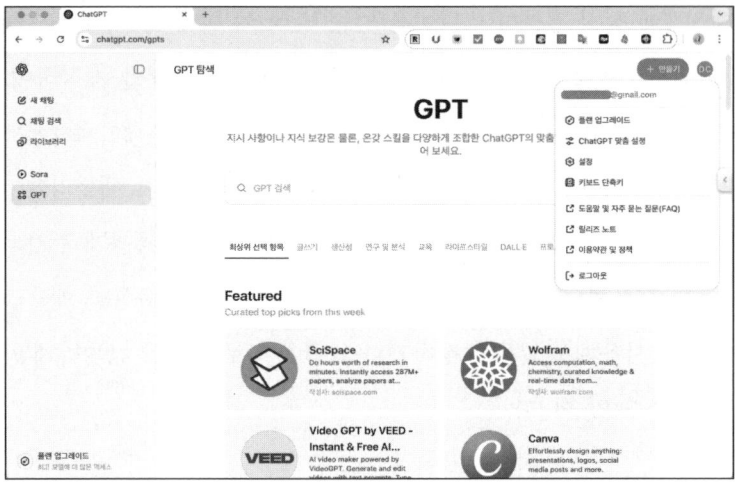

챗GPT의 환경 설정에서는 '일반' '알림' '개인맞춤설정' '말하기' '데이터 제어' '빌더 프로필' '연결된 앱' '보안 로그인' '보안'의 총 9가지 카테고리에 대해서 다양한 옵션 설정이 가능합니다. 각각의 카테고리에 대해서 살펴보도록 하겠습니다. '일반' 카테고리는 환경 설정 전반에 걸친 항목들을 설정할 수 있습니다. 언어설정, 채팅에서 나온 결과들을 압축파일로 저장하기, 삭제 등이 가능합니다.

'알림' 카테고리에서는 챗GPT의 작업 처리 시간이 길어질 때, 결과를 통지받는 방법을 설정할 수 있습니다. 또한 작업(task) 실행 내용 전달 방식도 함께 지정할 수 있습니다.

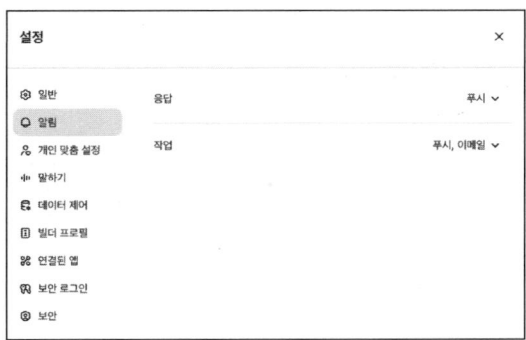

'개인 맞춤 설정' 카테고리에서 챗GPT가 사용자의 대화 내용들을 기반으로 세부 내용과 선호 사항을 파악하고 응답하는 '메모리(기억)' 기능을 관리할 수 있습니다. 챗GPT와 나눈 대화를 기억하고 이후 답변에 활용합니다. 맞춤형 지침(Custom Instruction: CI)과 함께 사용하면, 개인용 맞춤 답변을 받을 수 있어서 매우 유용합니다.

'말하기' 카테고리에서는 챗GPT에서 출력결과를 음성 합성으로 읽어주는 기능에서 사용할 음성을 선택할 수 있습니다. Ember의 목소리 이 외에 Cove, Juniper, Breeze 등의 목소리를 미리 들어 보고 선택 가능합니다. 목소리는 '재생' 버튼을 클릭하면 바로 확인할 수 있습니다.

다음으로, '데이터 제어' 카테고리에서는 챗GPT에서 그동안 대화를 했던 내용 전부를 내보낼 수 있습니다. 대화 내용을 외부에 공유한 경우, 공유 유지 여부를 관리할 수 있으며, GPT의 모델 개선을 위한 사용자가 입력한 프롬프트와 데이터의 사용 유무를 제어할 수 있습니다. 학습 데이터로 제공하고 싶지 않다면, '꺼짐'으로 설정하여 데이터 프라이버시를 보호할 수 있습니다.

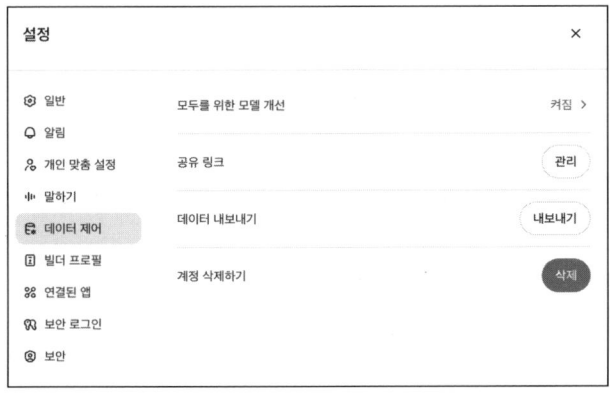

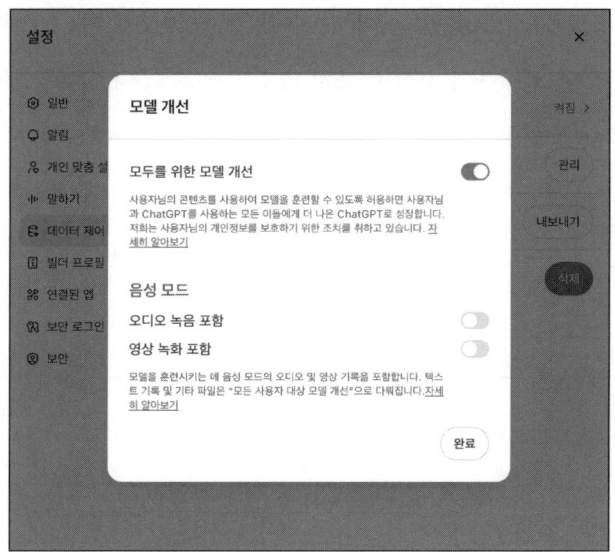

'빌더 프로필' 카테고리는 사용자의 정보 관리를 위한 영역으로, 소셜 네트워크(LinkedIn, Website, X)는 물론이고, 개발자의 경우라면 GitHub의 계정을 연결하여 관리할 수 있습니다.

'연결한 앱' 카테고리는 최근에 업데이트된 영역으로, 챗GPT에서 파일 업로드 시에 PC나 노트북에 저장된 로컬 파일의 업로드 이 외에 외부 클라우드 스토리지에 저장된 파일들을 손쉽게 업로드할 수 있도록 지원하고 있습니다. Google Drive 이 외에 Microsoft의 OneDrive(개인 및 학교)의 계정 연동을 통해 매번 클라우드에서 파일들을 로컬 컴퓨터에 내려받아서 다시 챗GPT에 업로드 하는 불편함을 해소할 수 있게 되었습니다.

'보안 로그인' 카테고리에서는 챗GPT를 사용하여 'Apple Intelligence' 연결 또는 Codex CLI와 같은 프로그래밍 에이전트 서비스에 안전하게 로그인할 수 있으며, 웹이나 앱 연결 시 관련 정보가 표시됩니다.

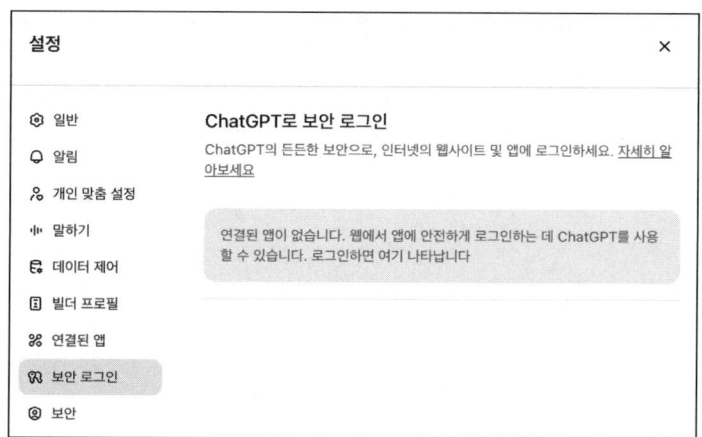

마지막으로, '보안' 카테고리는 챗GPT를 보다 안전하게 사용하는 데 필요한 항목들을 설정할 수 있는 매우 중요한 영역입니다. '다단계 인증'은 2차 인증(verification)으로 패스워드만으로는 계정 보호가 어려울 수 있어서 2차 인증을 통해 본인 이 외의 로그인을 제한하는 매우 중요하고 필요한 기능입니다.

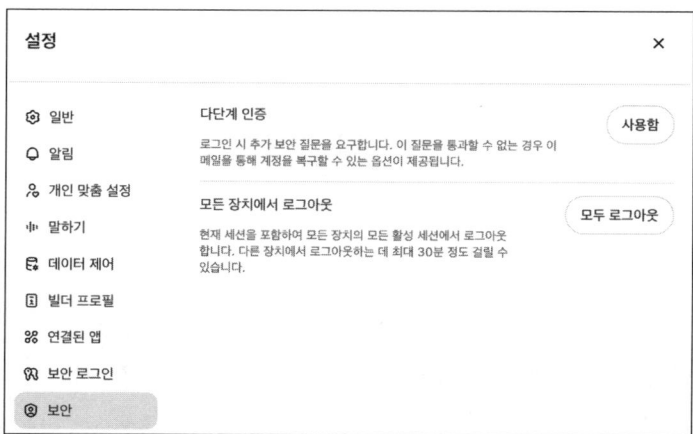

'다단계 인증'을 선택한 경우, 다음과 같이 계정 보안을 위한 QR 코드가 생성되며, 등록을 위한 Google의 Google Authenticator 애플리케이션을 모바

일이나 태블릿 등에서 먼저 설치한 후, 애플리케이션 구동을 통해 카메라로 QR 코드를 인식하면, 자동으로 2차 인증이 가능한 OTP 계정이 등록됩니다. 등록 후, Authenticator 어플을 구동하여 챗GPT 계정에 대한 OTP 값을 다음의 화면에 입력하면 챗GPT에서 '다단계 인증'을 사용할 수 있도록 설정됩니다.

정상적으로 '다단계 인증'이 설정되면, '보안' 카테고리에서 '사용됨'으로 표시됩니다. '다단계 인증'을 설명하면, 웹 브라우저나 기기에서의 로그인 시에 OTP를 물어보는 화면이 매번 표시됩니다. 로그인 시, OTP를 입력해야 하는 번거로움이 있지만, 보다 안전한 계정 사용을 위해서 2단계 인증을 설정하고 활용해 보시기를 권장합니다.

지금까지 챗GPT의 가입과 환경 설정 과정에 대해 알아보았습니다. 가입과 설정 과정은 비교적 간단하지만, 안전하고 효율적인 사용을 위해 몇 가지 중요한 설정이 필요합니다. 우선, 계정을 보호하기 위해 '다단계 인증'을 설정하는 것이 중요합니다. 이를 통해 계정을 외부 위협으로부터 더욱 안전하게 지킬 수 있습니다. 다음으로, 사용자의 데이터가 GPT의 학습에 활용될지 여부를 선택할 수 있는 '모두를 위한 모델 개선' 기능이 있습니다. 이 설정을 통해 데이터 사용에 대한 권한을 사용자가 직접 결정할 수 있습니다. 마지막으로, 챗GPT와의 대화 내용을 안전하게 보관하기 위한 '내보내기' 기능이 있습니다. 이 기능을 사용하면 대화 내용을 백업해 두고 필요할 때 다시 확인할 수 있습니다. 이처럼 주요 설정을 적절히 활용하면 챗GPT를 보다 안전하고 효율적으로 사용할 수 있습니다.

Chapter 5
챗GPT와 코칭 대화 시작하기

처음에는 챗GPT와 어떤 이야기를 나눠야 할지, 어떻게 질문해야 할지 막막할 수 있지만, 대화하는 방법을 익히면 챗GPT는 든든한 대화 상대가 되어 줍니다.

이제 챗GPT와 더 뜻깊은 대화를 나누는 방법을 살펴봅니다. 먼저 대화의 핵심인 '질문하기'를 배우고, 챗GPT가 전하는 메시지를 제대로 파악하는 방법을 알아봅니다. 또한 상황에 맞게 챗GPT의 역할을 정하고, 이런 소중한 대화를 잘 정리해 두는 방법까지 함께 알아봅니다. 처음 사람과 대화할 때처럼 챗GPT와의 시작도 어색할 수 있습니다. 하지만 이 챕터에서 소개하는 방법들을 하나씩 따라 해 보면, 어느새 챗GPT를 활용하는 것이 자연스러워지고 익숙해지실 것입니다.

💬 챗GPT에게 효과적으로 질문하는 기술

챗GPT와의 소통에서 우리가 어떤 질문을 던지는지가 매우 중요합니다. 마치 잘 정리된 도서관에서 원하는 책을 찾기 위해 정확한 검색어를 입력해야 하는 것처럼, 챗GPT에게도 효과적인 질문을 해야 원하는 답변을 얻을 수 있습니다. 적절한 질문은 챗GPT의 잠재력을 최대한 활용하여 풍부하고 정확한 정보를 얻는 열쇠입니다. 챗GPT에 효과적으로 올바르게 질문하기 위해 참고할 사항들과 질문할 때 유의할 점들을 살펴보면 다음과 같습니다.

효과적으로 챗GPT에게 질문하는 방법들

명확하고 구체적으로 질문하기

최대한 명확하고 구체적으로 질문하는 것이 중요합니다. 단순히 "인공지능에 대해 알려 줘."라고 묻는 것보다 "인공지능의 최신 발전 동향 중 언어처리 분야에서의 응용 사례 3가지를 설명해 줘."와 같이 구체적인 질문을 하는 것이 훨씬 효과적입니다. 코칭과 관련한 질문에서도 "코칭에 대해 알려 줘."보다는 "코칭의 주요 개념과 대표적인 대화 모델에 대해 정리해서 알려 주고, 코칭 대화와 일반 대화의 차이를 대화 사례를 들어서 알기 쉽게 설명해 줘."와 같이 구체적인 질문을 하는 것이 챗GPT로부터 더욱 정확하고 유용한 답변을 얻는 데 도움이 됩니다.

맥락 정보 제공하기

질문할 때, 배경, 현재 상황, 질문의 목적 등 맥락 정보를 함께 제공하는 것이 좋습니다. "나는 고등학생이고 대학 진학을 앞두고 있어. 인공지능 전공에 대해 알고 싶은데, 이 분야의 미래 전망과 필요한 기초 지식에 대해 설명해 줄 수 있니?"와 같이 맥락을 제공하면 챗GPT는 질문자의 상황에 맞는 답변을 제공할 수 있습니다. 직장 관련 질문에서도 "프레젠테이션 팁 좀 줘."보다는 "나는 50명의 경영진 앞에서 10분 동안 신제품 출시 계획을 발표해야 해. 청중의 관심을 끌고 핵심 메시지를 전달하기 위한 프레젠테이션 구조와 5가지 주

요 팁을 제공해 줄 수 있니?"와 같이 구체적인 상황을 설명하는 것이 더욱 효과적입니다.

질문의 목적과 기대 결과 명시하기

질문의 목적과 기대하는 결과를 명확하게 제시하는 것이 중요합니다. "인공지능에 대해 설명해 줘."보다는 "인공지능의 기본 개념을 초보자도 이해할 수 있게 5개의 핵심 포인트로 요약해 줘."와 같이 기대하는 결과를 명시하는 것이 좋습니다. 기술/프로그래밍 관련 질문에서도 "파이썬으로 뭘 할 수 있어?"보다는 "나는 파이썬 초보자야. 데이터 분석을 위해 파이썬을 배우고 싶은데, pandas 라이브러리를 이용해 CSV 파일을 읽고 기본적인 통계를 계산하는 간단한 스크립트 예제를 주석과 함께 제공해 줄 수 있니?"와 같이 구체적인 목적과 기대 결과를 명시하는 것이 더욱 효과적인 답변을 얻는 데 도움이 됩니다.

복잡한 질문은 단계별로 나누어 질문하기

복잡한 질문은 여러 개의 작은 질문으로 나누어 단계적으로 접근하는 것이 효과적입니다. 인공지능 프로젝트 계획에 대해 질문하고 싶다면, 먼저 "인공지능 프로젝트의 주요 단계는 무엇인가요?"라고 물어본 후, 각 단계에 대해 더 자세한 질문을 이어 가는 것이 좋습니다. 건강/의료 관련 질문에서도 "운동하는 방법 알려 줘."보다는 "나는 30대 초반의 직장인이고, 하루 8시간 이상 앉아서 일해. 허리 통증 예방과 전반적인 건강 증진을 위해 사무실에서 할 수 있는 5분짜리 간단한 스트레칭 루틴을 알려 줄 수 있니? 각 동작별로 주의 사항도 함께 설명해 줘."와 같이 단계적으로 접근하는 것이 좋습니다.

질문할 때 이런 점들은 참고하세요

지나치게 광범위하거나 모호한 질문하지 않기

"세상에 대해 알려 줘."와 같이 지나치게 광범위하거나 모호한 질문은 피하는 것이 좋습니다. 대신 "현재 지구가 직면한 주요 환경 문제 3가지와 그 해결책을 설명해 줘."와 같이 구체적인 질문을 하는 것이 챗GPT로부터 더 유용한 답변을 얻는 데 도움이 됩니다. 금융/투자 관련 질문에서도 "주식 투자 어떻게 해?"보다는 "나는 20대 후반의 직장인이고, 장기적인 자산 증식을 위해 주식 투자를 시작하려고 해. 초보자가 알아야 할 주식 투자의 기본 원칙 5가지와 위험 관리 방법 그리고 시작하기 좋은 ETF 3개를 추천해 줄 수 있니?"와 같이 구체적인 질문을 하는 것이 좋습니다.

편견이나 가정이 포함된 질문 지양하기

"왜 여성은 남성보다 리더십이 부족한가요?"와 같이 편견이나 가정이 포함된 질문은 지양해야 합니다. 대신 "남녀 간 리더십 스타일의 차이점과 그 원인에 대해 설명해 주세요."와 같이 중립적인 질문을 하는 것이 더 적절합니다. 윤리적이거나 민감한 주제에 대해 질문할 때는 특히 주의가 필요하며, "현재 AI 관련 정책에 대한 객관적인 분석과 그 잠재적 영향을 설명해 줄 수 있나요?"와 같이 중립적이고 객관적인 표현을 사용하는 것이 좋습니다.

효과적인 질문 작성 능력 향상

챗GPT와의 대화를 통해 앞으로 코칭 대화의 질을 높이고 싶다면 실제로 질문을 만들어 보고 답변을 살펴보는 연습이 필요합니다. 마치 코치가 고객과 대화하듯, 챗GPT와도 많은 대화를 나누다 보면 자연스럽게 더 의미 있는

질문을 할 수 있게 됩니다.

처음에는 일상적인 고민부터 시작해 보세요. 업무나 자기계발과 같은 가벼운 주제로 어떤 질문이 좋은 답변을 이끌어 내는지 살펴봅니다. 만일 시간 관리에 어려움을 겪고 있다면 "시간 관리 방법 알려 줘." 대신 "재택근무를 하면서 업무와 육아를 병행하고 있어. 일과 삶의 균형을 찾으면서 효율적으로 시간을 쓸 수 있는 방법을 조언해 줄래?"처럼 구체적으로 물어보면 좋습니다. 답변을 받은 후에는 챗GPT의 답변에 대해서 검토해 보는 시간을 가져 보세요. 어떤 조언이 실제로 도움이 되었는지, 어떤 부분이 더 필요했는지 생각해 보고 다음 대화에 반영하면 좋습니다.

답변이 현실적이지 않다면 "상황에 맞게 조금 더 구체적으로 설명해 줄래?"라고 부탁하거나, 이해가 어렵다면 "쉬운 예시를 들어 설명해 줄 수 있어?"라고 물어보면서 기대하는 답변을 얻기 위한 다양한 질문의 내용과 방식을 시도해 봅니다. 이렇게 대화를 나누다 보면 자연스럽게 자신만의 챗GPT와의 코칭 대화 방식을 만들어 갈 수 있게 됩니다. 현재 상황, 구체적인 고민, 원하는 변화의 모습 등을 포함해 질문하면 더 깊이 있는 대화를 이어 갈 수 있습니다.

챗GPT를 활용할 때 또 다른 유용한 방법이 있습니다. 원하는 답변을 얻기 위해 챗GPT에게 먼저 적절한 질문 방식을 요청해 보는 것입니다. 예를 들어, '자투리 시간 활용 방법'에 대해 알고 싶다면, 직접적으로 방법을 물어보는 대신 "10분 정도의 짧은 시간을 효과적으로 활용하기 위해 어떤 질문들을 하면 좋을까?"라고 같이 먼저 물어볼 수 있습니다. 이런 방식을 통해 더 구체적으로 질문하고, 실용적인 답변들을 얻을 수 있습니다.

입력 프롬프트:

"10분 정도 시간이 날 때 할 수 있는 자투리 시간 활용 방법"을 얻기 위해 챗GPT에게 물어

> 볼 좋은 질문들을 만들어 주세요. 명확하고 구체적인 답을 얻을 수 있는 질문이어야 합니다. 질문을 다양한 관점에서 3~5가지 만들어 주세요.

챗GPT 답변 출력 (챗GPT-4o):

> "10분의 짧은 시간 동안 생산성을 높이거나 개인적인 만족감을 얻을 수 있는 활동을 추천해 주세요. 실질적으로 바로 실행할 수 있는 방법으로 알려 주세요."
> "짧은 시간 동안 반복적으로 실행하여 나중에 큰 효과를 얻을 수 있는 간단한 습관이나 활동을 알려 주세요. 예를 들어, 새로운 스킬을 배우거나 집중력을 향상시키는 방법이 있으면 구체적으로 제안해 주세요."

이처럼 챗GPT와의 소통에서 효과적인 질문은 매우 중요한 역할을 합니다. 명확하고 구체적인 질문, 맥락 정보 제공, 목적과 기대 결과 명시, 복잡한 질문의 단계별 접근 등을 통해 챗GPT를 효과적으로 활용하고 원하는 정보를 얻을 수 있습니다. 지속적인 연습과 노력을 통해 챗GPT와의 대화에서 더욱 놀라운 응답과 시사점들을 얻을 수 있을 것입니다.

💬 챗GPT의 답변 활용하기

AI의 응답이 복잡하거나 모호하게 느껴질 때가 있습니다. 하지만 챗GPT의 답변에는 일정한 패턴과 규칙이 숨어 있습니다. 이를 꼼꼼히 파악한다면 훨씬 더 효과적으로 해석하고 활용할 수 있습니다.

예를 들어, 답변에서 먼저 핵심 키워드를 찾아내고, 그 주위로 세부 내용을 정리해 보거나 응답의 논리적 흐름을 따라가며 요점을 짚어 보는 것도 좋습니다. 이런 접근 방식은 답변의 의미를 분명히 이해하고, 필요한 정보를 체계적으로 정리하는 데 도움이 됩니다.

💬 챗GPT 응답구조 파악하기

챗GPT의 응답은 보통 질문에 대한 직접적인 답변으로 시작하여, 관련 설명과 사례, 추가 정보나 주의사항 등으로 이어집니다. 가령 "인공지능의 윤리적 문제점은 무엇인가요?"라는 질문에 대해, 챗GPT는 AI 윤리 문제의 중요성을 간략히 언급한 뒤 프라이버시 침해, 편향성, 책임 소재 등 주요 쟁점을 제시하고 상세히 설명합니다. 때로는 실제 사례를 들어 문제의 심각성을 부각하기도 하는데, 특정 검색 알고리즘에 의한 인종 차별적 결과나 데이터 수집 과정에서의 개인 정보 침해 사건 등이 그 예시가 될 수 있습니다. 그리고 마지막에 앞으로의 전망과 과제를 언급하며 마무리하는 경우가 많습니다. 이렇게 응답의 전반적인 구조와 흐름을 파악하면, 응답의 내용과 핵심을 이해하는 데 많은 도움이 됩니다.

핵심 정보 추출과 요약 방법

응답으로부터 핵심 정보를 추출하고 요약하는 능력이 챗GPT의 답변을 잘 활용하는 데 매우 효과적입니다. 각 문단의 첫 문장이나 마지막 문장에는 주로 중심 생각이 담겨 있으므로, 이를 통해 핵심 주제를 파악할 수 있습니다. 글 속에서 반복되거나 강조되는 단어와 표현, 번호 매겨진 목록 등도 중요한 포인트를 압축적으로 보여 주는 단서가 됩니다.

응답의 신뢰성 평가하기

챗GPT의 답변을 그대로 신뢰할 수 있을까요? 그대로 받아들이기보다는, 그 신뢰성과 정확성을 꼼꼼히 따져 보아야 합니다. 제시된 정보의 출처가 분명한지, 최신 자료인지 확인할 필요가 있습니다. 가급적 공신력 있는 기관이나 전문가의 의견과 비교해 보는 것도 도움이 됩니다. 만약 AI의 답변이 충분하지 않거나 애매모호하다면, 추가 질문을 통해 보완할 수 있습니다. "좀 더 구체적으로 설명해 주시겠어요?" "관련된 실제 사례를 들어 줄 수 있나요?" 등의 질문으로 부족한 부분을 메워 갑니다. 또한 "이 개념을 다른 영역에 적용한다면 어떤 결과가 나올까요?"와 같은 질문을 던져, 답변의 외연을 넓혀 나갈 수도 있습니다.

창의적 사고의 도구로 활용

AI가 제시한 아이디어에서 출발하여 연관된 새로운 생각을 떠올리거나, 기존의 개념과 결합하여 색다른 관점을 만들어 낼 수 있습니다. "만약 ~하다면 어떻게 될까?(What if~?)"라는 질문을 던지며 가능성을 열어 두는 것도 좋은 방법입니다. 더불어 챗GPT의 제안을 전혀 다른 각도에서 바라보는 역발상의 힘을 빌리는 것도 창의력을 자극하는 데 도움이 됩니다.

다른 도구와 자료와의 결합

챗GPT의 답변은 다른 도구나 자료와 접목할 때 더욱 빛을 발합니다. 예컨대, AI가 제안한 데이터 분석 방식을 실제 통계 프로그램에 적용해 보거나, AI의 아이디어를 동료들과 나누며 집단지성의 토대로 삼을 수 있습니다. 학술 자료 검색에 AI가 제시한 키워드를 활용하거나, 창작 활동의 영감으로 삼는 것도 생산적일 수 있습니다.

이렇게 챗GPT와 지혜롭게 협업할 때, 우리는 개인의 업무 효율성을 높이고, 팀의 창의성을 극대화할 수 있습니다. 더 나아가 사회가 직면한 복잡다

Chapter 5 챗GPT와 코칭 대화 시작하기

단한 문제들에 대한 혜안을 얻고, 새로운 가치를 창출할 수 있는 발판을 마련할 수 있게 됩니다.

💬 챗GPT와 코칭 실습하기

챗GPT와 함께하는 코칭 대화는 마치 숙련된 오케스트라 지휘자가 다양한 악기의 조화를 이끌어 내는 모습과도 같습니다. 대화의 각 요소가 유기적으로 연결되어 궁극적인 목표를 향해 자연스럽게 나아가도록 돕는 것이 핵심입니다. 챗GPT에게 "이제부터 당신은 회사에서 고민 많은 팀원 역할을 수행해 주세요."라는 프롬프트를 입력하는 것만으로도, 이후 대화에서 챗GPT는 코칭 대화의 고객 역할을 수행하게 됩니다. 챗GPT와의 원활한 코칭 대화를 지속하기 위해 고려할 점들을 살펴보면 다음과 같습니다.

목표 설정: 명확하고 구체적으로

대화를 시작할 때 가장 중요한 것은 명확하고 구체적인 목표를 세우는 것입니다. 코칭 대화의 시작은 "오늘 이 코칭 대화를 통해 무엇을 얻고 싶으신가요?" 같은 질문으로 시작할 수 있습니다. 마치 등산을 시작하기 전에 목표 지점을 정하는 것과 같습니다. 이때 SMART 목표 설정 기법을 활용하면 더욱 효과적입니다. SMART는 구체적(Specific), 측정 가능한(Measurable), 달성 가능한(Achievable), 관련성 있는(Relevant), 시간 제한이 있는(Time-bound)의 줄임말입니다. 이 기준에 맞추어 목표를 정하면 더욱 분명하고 실천 가능한 목표를 세울 수 있습니다.

"의사소통 능력을 향상시키고 싶어요."라는 막연한 고객의 목표보다는 "고객과의 프레젠테이션에서 떨지 않고 발표하고, 지금보다 자신감 10% 정도 더 갖는 것"과 같이 구체화하는 것이 좋습니다. 이렇게 세운 목표는 대화의 나침반 역할을 하여, 핵심에서 벗어나지 않도록 도와줍니다.

효과적인 후속 질문: 통찰력을 이끌어 내기

목표가 설정되면, 깊이 있는 대화를 이어 가기 위한 적절한 후속 질문이 필요합니다. 질문을 선택할 때는 대화의 맥락과 상대방의 현재 상태를 고려하는 것이 중요합니다. 마치 탐험가가 지도를 보며 다음 목적지를 결정하는 것과 같습니다. 고객이 감정적으로 동요하고 있다면 공감과 지지를 우선하는 질문이 적합하고, 문제 해결을 모색하고 있다면 구체적이고 실행 가능한 답변을 이끌어 낼 질문을 선택하는 것이 좋습니다. 다음은 효과적인 후속 질문의 몇 가지 예시입니다.

- **개방형 질문:** "그 상황에 대해 좀 더 자세히 말씀해 주시겠어요?"
- **감정을 살피는 질문:** "그때 어떤 기분이 드셨나요?"
- **가정적 질문:** "만약 그런 일이 다시 생긴다면 어떻게 대처하고 싶으신가요?"
- **척도 질문:** "지금 자신감을 1부터 10까지 점수로 표현한다면 어느 정도인가요?"
- **미래 지향적 질문:** "1년 뒤 당신의 이상적인 모습은 어떤 모습인가요?"

이러한 질문들은 대화에 깊이를 더해 주고, 코칭 대상자가 자신을 더 잘 이해하도록 도와줍니다. 예를 들어, 직장에서 갈등 상황을 겪은 고객에게 "처음 어떤 반응을 보이셨나요?"라고 물어 감정을 탐색하고, "비슷한 일이 또 발생한다면 어떻게 다르게 대응하고 싶으신가요?"라는 질문으로 새로운 해결책을 모색하도록 이끌 수 있습니다.

유연한 대화 전환: 즉흥성을 살리기

대화 중 새로운 깨달음이 떠오르거나 중요한 화제가 생각나면, 대화의 방향을 유연하게 바꿀 줄 알아야 합니다. 이는 마치 즉흥 재즈 연주자가 멜로디를 자연스럽게 변주하는 것과 비슷합니다. "방금 하신 말씀 중에 흥미로운 부분이 있는데요, 이 점에 대해 좀 더 이야기를 나눠 보면 어떨까요?"라고 말하며 고객이 필요한 주제를 탐색하도록 할 수 있습니다.

물론 내용을 바꿀 때는 갑작스러움으로 대화의 흐름이 끊기지 않도록 주의해야 합니다. 화제를 전환하는 이유를 간단히 설명하고, 코칭 대상자의 동의를 구하는 것이 좋습니다. 마치 여행 중에 계획에 없던 멋진 풍경을 발견했을 때, 동행자에게 "저기 멋진 곳이 있는데, 잠시 들러 볼까요?"라고 묻는 것과 같습니다.

감정 다루기: 공감과 지원

AI는 실제 감정을 느끼지는 못하지만, 고객의 감정을 알아차리고 적절히 반응하는 것이 중요합니다. "그런 상황에서 많이 힘드셨겠어요. 그때 느끼신 감정에 대해 좀 더 말씀해 주시겠어요?"라고 질문하며 고객의 감정을 탐색할 수 있습니다.

승진 기회를 놓친 팀원의 역할을 가정하고 코칭 연습을 할 때, "그런 상황에서 실망감을 느끼는 것은 자연스러운 반응이에요. 그때의 기분에 대해 조금 더 설명해 주시겠어요?"라며 감정을 수용하고 공감하는 모습을 챗GPT에게도 보여 줄 수 있습니다. 이는 상대의 감정을 있는 그대로 인정하고, 함께 나누겠다는 코치의 진심 어린 태도를 전달하는 방법입니다. 마치 가까운 친구가 어려운 일을 겪을 때 따뜻한 위로를 건네는 것과 같은 방식으로, 상대방에게 심리적 안정감을 줄 수 있습니다.

하지만 깊은 감정적 문제나 트라우마를 다룰 때는 전문 상담사와 상담하는 것이 더 적절합니다. 만일 고객이 잦은 불면증이나 심각한 우울감을 호소하며 일상생활에 큰 지장을 받는 경우, AI 코칭으로 연습을 할 수는 있지만, 확실히 다루기는 어려울 수 있습니다. 이때는 정신과 의사나 전문 상담사의 도움을 받도록 해야 합니다.

대화 마무리: 요약과 실행 요청

대화를 끝맺을 때는 핵심 내용을 정리하는 것이 좋습니다. 이는 여행을 마치고 돌아와 여행의 가장 인상 깊었던 순간들을 되새기는 것과 같습니다. "오늘 대화에서 가장 유익한 점은 무엇인가요?" "앞으로 어떤 구체적인 행동을 취하고 싶으신가요?"와 같은 질문으로 대화의 결실을 맺을 수 있습니다.

더 나아가 실천을 요청하는 것도 효과적입니다. "오늘 우리가 이야기한 시간 관리 전략 중에서 다음 주까지 실천해 볼 수 있는 한 가지를 골라 보는 게 어떨까요?"라고 제안하여 행동으로 이어지도록 질문할 수 있습니다. 마치 씨앗을 심는 것처럼, 대화에서 얻은 깨달음을 행동으로 옮겨야 비로소 열매를 맺을 수 있게 됩니다.

챗GPT는 사람 코치와는 달리 개인적인 경험이나 직관은 없지만, 방대한 데이터를 바탕으로 객관적인 관점과 일관된 대화 구조를 제공할 수 있다는 점에서 강점을 지닙니다. 이러한 특성은 코칭 세션을 더욱 효과적이고 풍부하게 만들어 줄 수 있습니다. 그러나 기술적 도구의 한계를 인식하고, 필요한 순간에는 사람 코치의 개입이 필요하다는 점 또한 중요합니다.

코칭 대화에서 얻은 깨달음과 이를 바탕으로 한 실행 계획은 궁극적으로 고객이 자신의 삶에 적용해야 할 과제입니다. 하지만 챗GPT를 활용하면 체계적이고 효율적인 대화 관리가 가능해져, 코치와 고객 모두 코칭의 과정을 더욱 원활하고 가치 있는 경험으로 만들 수 있습니다.

챗GPT의 코칭 대화, 꼼꼼하게 관리하기

매일 쏟아지는 아이디어와 통찰이 가득한 챗GPT와의 대화는 마치 금광에서 원석을 캐내는 것과 같습니다. 하지만 이 원석들을 그대로 쌓아 두기만 한다면 그 가치를 제대로 활용할 수 없게 됩니다. 챗GPT 대화 내용을 효과적으로 저장하고 관리하는 것은 단순한 기록 보관을 넘어, 나만의 지식 보물창고를 만드는 일입니다. 체계적인 정리, 효율적인 검색 그리고 안전한 보관을 통해 챗GPT와의 대화에서 얻은 귀중한 정보들을 저장하고 관리하는 방법에 대해 알아보겠습니다.

첫걸음, 대화 내용 정리

먼저, 대화 내용을 문서화하고 구조화하는 것이 중요합니다. 각 대화 세션마다 고유한 제목을 부여하고, 날짜와 주제별로 컴퓨터나 Dropbox나 구글 드라이브에 폴더를 만들고 문서로 정리하면 마치 도서관에서 책을 찾듯이 원하는 정보를 쉽게 찾을 수 있습니다. Notion이나 Obsidian과 같은 노트 애플리케이션을 사용해서 저장하고 관리하는 일도 가능합니다.

예를 들어, 새로운 마케팅 아이디어에 대한 질문과 답변을 챗GPT와 여러 차례 나누었다면, 모든 내용을 복사한 후 새로운 노트 애플리케이션의 파일을 열어 'YYYY_MM_DD_마케팅전략_브레인스토밍'의 파일명(날짜와 제목 포함)으로 문서를 저장할 수 있습니다. 추후 활용을 위해서 문서 맨 위쪽 대화 시작 부분에 간단한 내용 요약이나 챗GPT와의 대화 목적을 기록해 두는 것이 좋습니다.

태그와 키워드로 정보 검색

효과적인 태그 및 키워드 시스템은 정보 검색의 효율성을 높여 줍니다. 각 대화에 관련된 키워드를 3~5개 정도 선정하여 저장 문서의 상단이나 메타 데이터에 기록해 둡니다. 마케팅 전략에 관한 대화라면 '#마케팅' '#브랜딩' '#소셜미디어' 등의 태그를 추가할 수 있습니다. 이때 일관된 태그 체계를 유지하는 것이 중요합니다. 필요하다면 태그 사전을 만들어 관리하는 것도 좋은 방법입니다. 마치 서점에서 책을 분류하듯, 태그를 통해 원하는 정보를 빠르게 찾을 수 있습니다.

안전하게 백업하고 보관

대화 히스토리의 백업과 보안 유지도 잊지 말아야 합니다. 정기적으로 모든 대화 내용을 외부 저장 장치나 클라우드 서비스에 백업합니다. 이때 암호화 기술을 사용하여 민감한 정보를 보호하는 것이 좋습니다. 다양한 백업 도구와 클라우드 서비스 중에서 보안성, 사용 편의성, 비용 등을 고려하고 선택합니다.

정보 검색과 활용

저장된 대화 내용을 효율적으로 검색하고 재활용하는 것은 정보 관리의

궁극적인 목표입니다. 이를 위해 전문 검색 도구를 활용하는 것이 좋습니다. 클라우드 스토리지 서비스, Obsidian이나 Notion과 같은 노트 애플리케이션은 강력한 전체 텍스트 검색 기능을 제공합니다. 키워드나 문구로 빠르게 원하는 정보를 찾을 수 있습니다. 마치 인터넷 검색처럼, 필요한 정보를 쉽고 빠르게 찾아낼 수 있습니다. 더 나아가 중요한 대화 내용을 요약하여 별도의 '지식 베이스' 문서를 만드는 것도 좋은 방법입니다. 자주 참조하는 정보, 중요한 통찰 등을 정리해 놓으면 필요할 때마다 꺼내 볼 수 있는 나만의 지식 사전이 구축됩니다.

챗GPT와의 대화를 통해 얻은 다양한 지식과 통찰을 체계적으로 저장하고 관리하는 것은 개인적·직업적 성장에 큰 도움이 될 것입니다. 프롬프트와 응답을 효과적으로 정리하고, 안전하게 보관하며, 효율적으로 검색하는 자신만의 지식 체계를 만들고 갖추는 일은 AI 시대에 또 다른 핵심 경쟁력이 될 것입니다.

Chapter 6

챗GPT 프롬프트와 엔지니어링 기법들

챗GPT를 단순히 활용하는 것과 그 잠재력을 극대화하는 것 사이에는 큰 차이가 있습니다. 그 차이를 만드는 핵심은 바로 '프롬프트(prompt)'입니다. '프롬프트'는 챗GPT와의 대화에서 첫 단추를 끼우는 역할을 하며, 원하는 결과를 이끌어 내기 위한 명령이자 지침이 됩니다. 프롬프트를 어떻게 작성하느냐에 따라 챗GPT의 활용도가 크게 달라질 수 있습니다.

이 챕터에서는 프롬프트를 설계하고 활용하는 기술인 '프롬프트 엔지니어링'의 기본 개념과 필요에 대한 이해를 돕고, 효과적인 프롬프트를 작성하는 방법과 그 유형, 주요 기법과 실제 활용 방안을 구체적으로 살펴봅니다. 이를 통해 챗GPT를 보다 능동적이고 창의적으로 활용할 수 있는 다양한 방법을 익히고, 구체적인 상황에서 원하는 결과를 효과적으로 얻는 데 필요한 실질적인 기술과 작성 방안들을 배워 봅시다.

💬 프롬프트 엔지니어링: AI 시대의 새로운 언어

외국어를 배우듯 '인공지능과 대화하는 방법'을 배우는 일은 현재 우리가 직면한 새로운 도전이자 기회입니다. '프롬프트 엔지니어링'은 바로 이 대화의 기술을 다루는 분야로, AI 시대의 핵심 역량으로 부상하고 있습니다. 우리는 이제 AI와 소통하는 새로운 언어와 대화 방식을 익혀야 하는 시대에 살고 있습니다.

'프롬프트 엔지니어링'이란 인공지능 모델, 특히 언어 모델과 효과적으로 상호작용하기 위해 입력(프롬프트)을 설계하고 최적화하는 과정을 말합니다. 여기서 '프롬프트'란 AI 모델에 주어지는 지시나 질문을, '엔지니어링'은 이를 체계적으로 설계하고 개선하는 과정을 뜻합니다. 마치 숙련된 요리사가 재료의 특성을 이해하고 최상의 맛을 이끌어 내듯, 프롬프트 엔지니어는 AI 모델의 특성을 파악하고 그 잠재력을 최대한 이끌어 내는 역할을 합니다. 2022년 챗GPT의 출시는 프롬프트 엔지니어링에 대한 대중의 관심을 폭발적으로 증가시키며 그 중요성을 더욱 부각했습니다.

프롬프트 엔지니어링의 활용

프롬프트 엔지니어링은 교육, 창작, 비즈니스, 연구 등 다양한 분야에서 활용되고 있습니다. 교육 분야에서는 개인 맞춤형 학습 경험을 제공하고, 창작 분야에서는 새로운 아이디어를 생성하는 데 도움을 줍니다. 비즈니스 분야에서는 고객 서비스 개선과 데이터 분석에 활용되며, 연구 분야에서는 복잡한 문제 해결을 위한 도구로 사용됩니다.

- Duolingo: 프롬프트 엔지니어링을 활용하여 언어 학습 콘텐츠를 개선하고

있습니다. Duolingo의 커리큘럼 전문가와 디자이너들은 AI 생성 콘텐츠를 활용하여 재미있고 효과적인 수업을 만들고 있습니다.[1]

- **GitHub:** Copilot은 프롬프트 엔지니어링을 통해 개발자의 코딩 속도를 향상시키고 있습니다. 연구에 따르면, GitHub Copilot을 사용하는 개발자들은 최대 55% 더 빠르게 코딩할 수 있으며, 더 생산적이고 만족스러운 작업을 할 수 있다고 보고되었습니다.[2]
- **JP Morgan Chase:** 프롬프트 엔지니어링 훈련을 신입 직원 온보딩 과정에 통합했습니다. 이를 통해 직원들이 첫날부터 고급 AI 시스템과 효과적으로 상호작용하고 활용할 수 있는 기술을 갖추도록 하고 있습니다.[3]

AI 기술의 발전과 함께 프롬프트 엔지니어링의 중요성은 더욱 커질 것으로 예상됩니다. 멀티모달 AI의 등장으로 텍스트뿐만 아니라 이미지, 음성, 영상 등 다양한 형태의 입력을 처리할 수 있게 되면서 프롬프트 엔지니어링의 영역도 더욱 확장되고 있습니다.

프롬프트 엔지니어링은 단순한 기술이 아닌, AI 시대의 새로운 언어이자 대화방식이라고 볼 수 있습니다. 이는 인간과 AI 사이의 효과적인 소통을 가능하게 하며, AI의 잠재력을 최대한 이끌어 내는 열쇠입니다. 우리 모두가 올바르게 프롬프트 엔지니어링을 배우고 활용할 때, AI의 진정한 잠재력을 실현하고 더 나은 미래를 만들어 갈 수 있을 것입니다.

---

1   Introducing Duolingo Max, a learning experience powered by GPT-4, https://blog.duolingo.com/duolingo-max/
2   Maximize developer velocity with AI, https://resources.github.com/copilot-for-business/
3   JPMorgan accelerates AI adoption with focused prompt engineering training, https://www.okoone.com/spark/industry-insights/jpmorgan-accelerates-ai-adoption-with-focused-prompt-engineering-training/

💬 챗GPT와 대화를 여는 프롬프트 작성법

인공지능과의 대화는 마치 마법 주문을 외우는 것과 같습니다. 올바른 단어와 구조로 이루어진 프롬프트는 AI의 잠재력을 끌어내는 마법의 열쇠가 됩니다. 반면에 부적절한 프롬프트는 원하지 않는 결과나 혼란을 불러올 수 있습니다. 마법사가 주문을 외우듯, 챗GPT와 효과적으로 소통하기 위해서는 프롬프트 작성 기술을 익혀야 합니다. 챗GPT와의 대화를 위한 효과적인 프롬프트 작성법에 대해 알아보겠습니다.

명확하고 구체적인 지시문

챗GPT는 사람처럼 모호한 표현을 이해하지 못합니다. 따라서 명확하고 구체적인 지시문을 작성하는 것이 중요합니다. "좋은 글쓰기에 대해 알려 줘."라는 모호한 요청보다는 "1,500단어 분량의 설득력 있는 에세이를 작성하기 위한 5가지 핵심 전략을 설명해 줘."와 같이 구체적으로 요청하는 것이 훨씬 효과적입니다.

컨텍스트와 배경 정보 제공

챗GPT는 우리가 당연하게 생각하는 맥락을 이해하지 못할 수 있습니다. 마치 다른 문화에서 온 사람과 대화할 때처럼, 챗GPT에게도 충분한 배경 정보를 제공해야 오해 없이 소통할 수 있습니다. 특히 전문적인 분야일수록 컨텍스트 제공은 더욱 중요해집니다.

챗GPT에게 "인공지능의 미래에 대해 알려 줘."라고 막연하게 질문하는 것은, 마치 거대한 도서관에 들어가서 사서에게 "책 좀 추천해 주세요."라고 말하는 것과 같습니다. 너무 광범위해서 어떤 책을 추천해야 할지 사서도 난감할 것입니다. 하지만 "인공지능 기술 발전이 향후 10년 동안 의료 산업에 미칠 영향에 대해 설명해 줘. 특히 질병 진단, 신약 개발, 개인 맞춤형 치료 분야를 중심으로 논해 줘".라고 질문하면, 챗GPT는 마치 전문 의학 도서관 사서처럼 질병 진단, 신약 개발, 개인 맞춤형 치료 분야의 책들을 콕 집어서 보여 줄 수 있습니다.

단계별 접근 방식 활용

복잡한 작업을 챗GPT에게 요청할 때는 단계별 접근 방식이 효과적입니다. 마치 복잡한 요리를 만들 때 레시피를 단계별로 따라가는 것처럼, 챗GPT에게도 여러 단계로 나누어진 명확한 지시를 제공해야 합니다. 하나의 긴 프롬프트로 복잡한 요청을 하는 대신, 작업을 여러 단계로 나누어 순차적으로 지시하면 더 나은 결과를 얻을 수 있습니다.

주식시장의 트렌드를 파악하고 전략을 수립하는 데 있어, 다음과 같이 3단계로 구체적인 질문을 제시하고 각 단계에서 질문의 초점을 명확히 설정하여 기대하는 답변을 받을 수 있습니다.

1) "2024년 한국 주식 시장의 주요 트렌드를 5가지 이상 분석해 줘."
2) "각 트렌드에 영향을 미친 국내외 요인을 구체적으로 설명해 줘."
3) "이러한 트렌드를 바탕으로 2025년 주식 시장을 전망하고, 투자 전략을 제시해 줘."

이처럼 단계별로 질문을 나누어 제시하면, 챗GPT는 각 단계에 집중하여 더욱 정확하고 심층적인 답변을 제공할 수 있습니다.

예시와 제약 조건 제시

챗GPT에게 원하는 결과물의 예시를 제공하거나 특정 제약 조건을 설정하면 더욱 정확한 결과를 얻을 수 있습니다. 마치 그림을 그려 달라고 할 때, 원하는 스타일의 그림을 보여 주거나, 사용할 색상을 지정해 주는 것과 같습니다.

마케팅 캠페인 아이디어를 요청하면서, "마케팅 캠페인 아이디어를 3가지 제시해 줘. 각 아이디어는 독창적이고, 실행 가능해야 하며, 예산은 1억 원을 넘지 않아야 한다."와 같이 아이디어가 갖춰야 할 조건들을 제시합니다. 이러한 제약 조건은 챗GPT가 무분별하게 아이디어를 생성하는 것을 방지하고, 사용자가 원하는 조건에 맞는 아이디어만을 제시하는 데 효과적입니다.

롤플레잉 기법 활용

특정 역할이나 전문가의 입장에서 챗GPT에게 답변을 요청하면 해당 분야에 특화된 응답을 얻을 수 있습니다. 마치 연극 배우에게 역할을 부여하듯, 챗GPT에게도 특정 역할을 부여하여 전문적인 답변을 얻어 낼 수 있습니다.

- **역사학자:** "역사학자 입장에서 조선 시대 세종대왕의 업적 중 가장 중요한 것을 3가지 선택하고, 그 이유를 설명해 줘."
- **영화 평론가:** "영화평론가로서 최근 개봉한 영화 〈○○○〉에 대한 리뷰를 작성해 줘. 연출, 연기, 스토리, OST 등을 종합적으로 평가하고, 10점 만점에 점수를 매겨 줘."
- **심리상담사:** "심리상담사로서 직장에서 스트레스를 많이 받는 사람들에게 도움이 되는 조언을 5가지 이상 제시해 줘."

롤플레잉 기법을 활용하면, 사용자가 원하는 정보를 더욱 효과적으로 얻는 데 도움을 줄 뿐만 아니라, 챗GPT와의 상호작용을 더욱 풍부하고 흥미롭게 만들어 줍니다.

평가 기준 및 출력 형식 명시

프롬프트에 평가 기준이나 원하는 출력 형식을 포함시키는 것은 챗GPT가 생성하는 콘텐츠의 품질과 형식을 관리하는 데 효과적입니다. 마치 작곡가가 악보에 음표와 박자를 표시하듯, 챗GPT에게도 원하는 출력 형식을 명확하게 지정해야 합니다.

- **평가 기준 명시:** "대학교 신입생을 위한 학업 계획 가이드라인을 제시해 줘. 가이드라인은 명확하고, 실질적이며, 동기를 부여할 수 있어야 해."
- **출력 형식 명시:** "다음 주제에 대한 에세이를 작성해 줘(주제). 에세이는 서론, 본론, 결론으로 구성하고, 각 부분의 분량은 비슷하게 유지해 줘. 참고문헌 목록을 첨부하고, APA(American Psychological Association) 스타일을 따라 줘."

이처럼 평가 기준이나 출력 형식을 명시하면, 챗GPT는 사용자의 요구사항에 맞는 답변을 생성하여 원하는 결과물을 얻는 데 도움이 됩니다.

피드백 루프를 통한 프롬프트 개선

첫 번째 응답이 만족스럽지 않다면, 프롬프트를 수정하고 개선하는 과정을 반복하여 더 나은 결과를 얻을 수 있습니다. 다음과 같이 순차적인 프롬프

트를 통해 보다 명확한 응답을 얻을 수 있습니다.

- **초기 프롬프트**: "최근 발표된 인공지능의 윤리적 영향에 관한 논문을 요약해 주세요."
- **피드백 프롬프트**: "이 요약을 고등학생도 이해할 수 있게 더 쉬운 언어로 다시 설명해 주세요."
- **추가 피드백 프롬프트**: "좋습니다. 이제 이 내용에 실생활 예시를 2~3개 추가해 주세요."

효과적이고 올바른 프롬프트 작성은 AI와의 상호작용을 최적화하는 핵심 기술입니다. 명확성, 구체성, 컨텍스트 제공, 단계별 접근, 예시와 제약 조건 활용, 롤플레잉, 평가 기준 포함 그리고 지속적인 개선 과정을 통해 우리는 AI의 잠재력을 최대한 끌어낼 수 있습니다. 처음에는 다소 어색할 수 있지만, 연습을 통해 점차 프롬프트 작성 실력이 향상되면 AI를 더욱 효과적으로 활용하고 원하는 더 나은 결과를 얻을 수 있을 것입니다.

💬 프롬프트 엔지니어링의 주요 기법들

챗GPT와 같은 대형 언어 모델의 활용이 늘어나면서, 이들과 어떻게 '대화'해야 하는지가 중요한 스킬로 부상하고 있습니다. 제로샷 프롬프팅부터 시작해 퓨샷, CoT(생각의 사슬), 셀프 컨시스턴시 그리고 메타 프롬프팅에 이르기까지 다양한 프롬프팅 기법들이 사용되고 있습니다. 이 가운데에서 대표적인 3가지 프롬프트 엔지니어링 기법의 개념과 원리, 적용 방법에 대해 알아보겠습니다. 주요 기법들의 핵심 개념과 특장점을 요약하면 다음 표와 같습니다.

주요 프롬프트 엔지니어링 기법의 개념과 원리, 적용 방법

프롬프트 기법	개념	장점	단점	적용 사례
제로샷(Zero-shot) 프롬프팅	• AI가 사전 학습이나 예시 없이 새로운 작업을 처리하는 방식 • 모델이 기존 학습된 지식을 활용해 새로운 작업에 대해 유추하고 답변을 생성	• 추가 학습 없이 다양한 작업 즉각 처리 가능 • 모델의 광범위한 지식과 창의력 활용 • 간단한 문제에 빠르고 유연하게 대응 가능	• 전문적이거나 최신 정보가 필요한 작업에서 정확도 저하 • 복잡한 추론이나 다단계 작업 처리에 어려움 • 고도의 지식이 필요한 분야에서는 성능 저하	• 텍스트 분류 • 감정 분석 • 번역, 요약 • 창의적 글쓰기 • 코드 생성 • 단순한 수학 문제 해결
퓨샷(Few-shot) 프롬프팅	• AI에게 몇 가지 예시를 제공하여 새로운 작업을 유사하게 수행하도록 유도하는 방식 • 적은 양의 데이터로도 패턴을 학습하고 이를 적용하여 작업 수행	• 적은 데이터로도 효과적 학습 가능 • 다양한 작업에 대해 높은 유연성 • 데이터가 부족한 분야에서 활용 가능 • 쉽게 예시 기반으로 작업 유도 가능	• 예시 선택이 결과에 큰 영향을 미침 • 부적절한 예시는 성능 저하 초래 • 복잡하거나 전문적인 작업에서는 성능이 충분하지 않을 수 있음	• 의료 기록 분석 • 감성 분석 • 희귀 질병 진단 • 고객 리뷰 분석 • 법률 문서 해석 • 교육용 콘텐츠 생성
CoT(Chain-of-Thought) 프롬프팅	• 복잡한 문제를 단계별로 접근하며, AI가 추론 과정을 논리적으로 설명하도록 유도 • 작업을 더 작은 하위 작업으로 나누어 처리하는 방식	• AI의 추론 과정을 명확히 드러내 문제 해결에 도움 • 복잡한 문제에 대한 논리적 사고 강화 • 다양한 관점에서 문제를 해결 • 결과 검증에 유리	• 단순한 문제에서는 불필요한 복잡성을 추가할 수 있음 • AI의 추론 과정이 인간의 논리와 항상 일치하지 않음 • 민감한 데이터 처리 시 주의 필요	• 수학 문제 해결 • 과학 실험 설계 • 복잡한 진단 분석 • 시장 분석 및 전략 수립 • 재무 예측 • 논리적 데이터 분석

셀프 컨시스턴시 (Self-consistency) 프롬프팅	• AI가 다양한 추론 경로를 생성하고, 가장 일관된 결과를 선택하여 신뢰도 높은 답변을 도출하는 방식 • 다양한 추론을 통해 결과 간의 일관성을 높임	• 여러 경로의 결과를 비교하여 가장 신뢰할 수 있는 답 도출 • 더 정교하고 일관된 결과 제공 • 앙상블 방식처럼 다양한 결과를 분석해 신뢰성 증가	• 계산 비용이 높아질 수 있음 • 추론 경로가 동일한 편향을 가질 경우 잘못된 결론 도달 위험 • 다수의 결과 분석에 시간이 소요될 수 있음	• 이메일 분류 • 복잡한 문제 해결 • 챗봇 성능 개선 • 고객 서비스 응대 • 다양한 접근법을 통한 복잡한 문제 해결 • 교육 분야 적용
메타 프롬프팅 (Meta-prompting)	• AI가 최적의 프롬프트를 생성하도록 도와주는 '프롬프트를 위한 프롬프트' 설계 • 프롬프트 최적화 과정을 자동화하여 성능을 극대화하는 기법	• 프롬프트 성능을 극대화하여 더욱 정확한 결과 도출 • 자동화된 최적화로 다양한 문제에 적용 가능 • 다양한 상황에 맞는 프롬프트 생성 가능	• 과도한 최적화 시 편향성 증가 위험 • 높은 컴퓨팅 자원 소모 • 윤리적 문제 및 공정성 유지 필요 • 최적화 과정에서 시간이 많이 소요될 수 있음	• 맞춤형 학습 설계 • 복잡한 프로젝트 관리 • AI 성능 향상 • 자동화된 최적화 및 처리 • 비즈니스 커뮤니케이션

제로샷(Zero-shot) 프롬프트

이미 챗GPT에게 날씨를 물어보거나 간단한 계산을 요청해 본 경험이 있으실 겁니다. 마치 처음 만난 사람에게 복잡한 업무를 설명하고 즉시 실행하도록 요청하는 것과 같습니다.

'제로샷 프롬프트'는 AI 모델이 사전 학습 없이도 새로운 작업을 수행할 수 있도록 하는 기술입니다. 이는 마치 사람이 기존 지식과 경험을 바탕으로

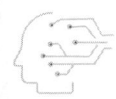

새로운 상황에 유연하게 대처하는 것과 유사합니다. 이러한 능력은 대규모 언어 모델(LLM)의 발전 덕분에 가능해졌습니다. 대규모 언어 모델은 수많은 정보를 담은 신경망으로, 인터넷의 방대한 텍스트 자료를 통해 다양한 주제에 대한 이해력과 표현력을 갖추고 있습니다.

제로샷 프롬프트는 일상생활의 여러 영역에서 활용될 수 있습니다. 글의 분류, 감정 분석, 번역, 요약과 같은 기본적인 작업부터 창의적인 글쓰기, 프로그래밍 코드 작성, 수학 문제 해결까지 그 범위가 넓습니다. 예를 들어, "이 문장의 감정을 분석해 주세요: 오늘은 정말 행복한 날입니다."라는 요청을 하면, 인공지능은 특별한 준비 없이도 이 문장이 담고 있는 긍정적인 감정을 파악할 수 있습니다. 기업 환경에서는 고객 의견 분석, 시장 동향 예측, 제품 설명 작성 등 다양한 업무에 활용할 수 있습니다.

제로샷 프롬프트 예시
- "다음 문장의 감정을 분석해 주세요: '영화가 환상적이었고, 다시 보고 싶어요!'"
- "다음 문장을 스페인어로 번역해 주세요: '나는 코딩을 배우고 있어요.'"
- "클라우드 컴퓨팅이 소규모 기업에 어떤 도움을 주나요?"

그러나 제로샷 프롬프트는 한계가 있습니다. 매우 전문적이거나 최신 정보가 필요한 작업에서는 정확도가 떨어질 수 있습니다. "최근 발견된 희귀 질병의 치료법을 설명해 주세요."라는 요청은 인공지능의 학습 데이터에 포함되지 않은 정보이므로 정확한 답변을 기대하기 어렵습니다. 또한 복잡한 논리나 여러 단계의 문제 해결이 필요한 경우에도 성능이 저하될 수 있습니다.

제로샷 프롬프트를 활용할 때는 명확하고 구체적인 지시를 내리고, 결과를 비판적으로 평가하며, 필요한 경우 추가 질문을 통해 더 나은 답변을 얻을 수 있습니다.

퓨샷 프롬프트

'퓨샷 학습(Few-Shot Learning)'은 인공지능 모델에게 몇 개의 예시만 제공하여 새로운 작업을 수행하는 학습 방법입니다. 사람이 새로운 언어를 배울 때 기본 문장으로 시작하듯, 인공지능도 몇 가지 예시를 통해 패턴을 파악하고 유사한 작업을 수행할 수 있습니다. 이는 예시 없이 작업을 수행하는 '제로샷 학습'과 모든 예시로 학습하는 '풀샷 학습'의 장점을 결합한 방식입니다.

'퓨샷 학습'에서 가장 중요한 것은 바로 예시의 선택과 구성입니다. 마치 맛있는 요리를 만들기 위해 좋은 재료를 선택하고 적절히 조합해야 하는 것처럼, 퓨샷 학습에서도 적절한 예시를 선택하고 잘 구성해야 효과적인 학습이 이루어집니다. 효과적인 예시 선택을 위해 다양한 유형의 예시를 포함하여 모델이 폭넓은 패턴을 학습할 수 있게 해야 하며, 각 예시는 목표 작업을 명확히 보여 주고, 쉬운 예시부터 시작하여 점차 복잡한 예시들을 제시해 나아가는 것이 바람직합니다.

인공지능 모델의 유연성을 높여 준다는 점에서 퓨샷 프롬프트의 장점은 분명합니다. 같은 모델로 다양한 작업을 수행할 수 있게 되어 하나의 인공지능 시스템으로 여러 가지 문제를 해결할 수 있습니다. 이는 자연어 처리 분야에서 특히 유용하며, 하나의 모델로 번역, 요약, 감정 분석 등 다양한 작업을 수행할 수 있습니다. 그러나 한계도 분명합니다. 예시 선택에 따라 결과가 크게 달라질 수 있으며 부적절한 예시는 모델의 성능을 저하시킵니다. 특히 전문성이 요구되는 법률 문서 해석이나 복잡한 수학 증명과 같은 작업에서는 퓨샷 프롬프트만으로는 좋은 성능을 내기가 어렵습니다.

🔷 올바른 예시와 적절하지 않은 예시

유형	올바른 예시	적절하지 않은 예시	비교 설명
감정 분석	입력: "영화가 재미있었어요!" 출력: 긍정 입력: "서비스가 형편없었어요." 출력: 부정 입력: "날씨가 흐리네요." 출력: 중립	입력: "좋아요." 출력: 긍정 입력: "싫어요." 출력: 부정	성공적인 예시는 다양한 문장 구조와 감정을 포함하고 있습니다. 적절하지 않은 예시는 너무 단순하고 다양성이 부족합니다.
문장 생성	입력: "고양이" 출력: 고양이는 우아한 동물입니다. 입력: "바다" 출력: 바다는 넓고 깊습니다.	입력: "동물" 출력: 동물 입력: "자연" 출력: 자연	성공적인 예시는 입력 단어를 사용해 완전한 문장을 생성합니다. 적절하지 않은 예시는 단순히 입력을 반복할 뿐입니다.
번역 (영어 → 한국어)	입력: "Hello, how are you?" 출력: 안녕하세요, 어떻게 지내세요? 입력: "I love pizza." 출력: "저는 피자를 좋아해요."	입력: "Good" 출력: 좋은 입력: "Bad" 출력: 나쁜	성공적인 예시는 다양한 문장 구조를 포함하고 있습니다. 적절하지 않은 예시는 단순한 단어 대 단어 번역에 그치고 있습니다.

이런 한계에도 불구하고, 몇 가지 예시만으로도 AI에게 새로운 작업을 가르칠 수 있어 퓨샷 프롬프트는 AI를 더욱 유연하고 적응력 있게 만들도록 도와줍니다. 실제로 교육에서 의료, 비즈니스 분석에 이르기까지, 퓨샷 프롬프트는 AI의 응용 범위를 크게 확장시키고 있습니다.

CoT(Chain-of-Thought) 프롬프트

우리가 어려운 수학 문제를 풀 때처럼, 인공지능도 문제 해결 과정을 단계별로 보여 줄 수 있다면 얼마나 좋을까요? 이러한 아이디어에서 출발한 것이 'CoT 프롬프트'입니다. CoT는 'Chain-of-Thought', 즉 '생각의 연결 고리'라는 뜻으로, 인공지능이 답을 찾아가는 과정을 마치 사람처럼 단계별로 보여 주는 기술입니다. 인간은 복잡한 문제에 직면했을 때, 즉시 답을 내놓기보다는 여러 단계를 거쳐 논리적으로 사고합니다. CoT 프롬프팅은 이러한 인간의 사고방식을 인공지능에 적용한 것입니다. 인공지능이 단순히 결과만 제시하는 것이 아니라, 그 결과에 도달하기까지 어떤 과정을 거쳤는지 보여 주어 답변의 신뢰도를 높일 수 있습니다.

CoT 프롬프트를 효과적으로 활용하려면 단계적 전략이 필요합니다. 먼저, 복잡한 문제를 작은 하위 문제로 나누어 단계별로 해결하는 것이 좋습니다. 마치 퍼즐을 맞추듯, 작은 조각들을 하나씩 맞춰 나가면서 전체 그림을 완성하는 방식입니다. 또한 각 단계에서 인공지능에게 중간 결과를 요약하도록 요청하여 문제 해결 과정을 명확하게 파악할 수 있도록 합니다. 필요하다면 인공지능에게 다양한 관점에서 문제를 바라보도록 유도하여 더욱 창의적인 해결 방안을 찾을 수도 있습니다. 예를 들어, 과일을 구입하고, 얼마를 지불해야 할지에 관한 문제를 CoT로 해결하는 수행 과정을 알아보도록 하겠습니다.

입력 프롬프트:

다음의 입력에 대해서 CoT(Chain-of-Thought) 방식으로 답변해 주세요.
"한 가게에서 사과 3개의 가격이 5,000원입니다. 배 1개의 가격은 사과 1개 가격의 2배입니다. 사과 2개와 배 3개를 샀다면 총 얼마를 지불해야 할까요?"

챗GPT 답변 출력:

네, 단계별로 차근차근 풀어 보겠습니다.

1. 먼저 사과 1개의 가격을 계산해 보겠습니다.
* 사과 3개 = 5,000원
* 따라서 사과 1개 = 5,000원 ÷ 3 = 1,667원 (반올림)

2. 배 1개의 가격을 계산해 보겠습니다.
* 배 1개 = 사과 1개 가격의 2배
* 배 1개 = 1,667원 × 2 = 3,334원

3. 구매한 물품의 총 가격을 계산해 보겠습니다.
* 사과 2개 가격 = 1,667원 × 2 = 3,334원
* 배 3개 가격 = 3,334원 × 3 = 10,002원
* 총 금액 = 사과 2개 가격 + 배 3개 가격
* 총 금액 = 3,334원 + 10,002원 = 13,336원

따라서 지불해야 할 총 금액은 13,336원입니다.

 이처럼 CoT 프롬프팅을 이용하면 인공지능은 문제 해결 과정을 단계별로 명확하게 보여 줄 수 있습니다. 의사가 환자의 증상을 진단할 때, CoT 프롬프트를 활용하면 인공지능은 환자의 의료 기록, 검사 결과 등을 단계별로 분석하여 더욱 정확한 진단을 내릴 수 있습니다. 과학적 연구에서도 복잡한 실험을 설계할 때 CoT 프롬프트를 통해 각 단계의 논리와 방법론을 검증할 수 있습니다. 이처럼 CoT 프롬프트는 사용자가 인공지능의 추론 과정을 이해하고 검증하는 데 도움을 주며, 오류 발생 시 어느 단계에서 문제가 발생했는지 쉽게 파악할 수 있도록 돕습니다.

 하지만 CoT 프롬프팅에도 한계는 있습니다. 단순한 문제에는 오히려 불필요한 복잡성을 더할 수 있습니다. 인공지능의 추론 과정이 항상 인간의 논리와 일치하는 것은 아닙니다. 따라서 그 결과를 맹신하기보다는 비판적으로

검토하는 태도가 중요합니다. 아울러 민감한 정보를 다룰 때에는 더욱 더 세심한 주의가 요구됩니다.

앞서 살펴보았듯이, CoT 프롬프팅은 인공지능의 문제 해결 능력을 한 단계 더 발전시키는 혁신적인 기술입니다. 인공지능이 단순히 정보를 처리하는 기계에서 벗어나 인간처럼 사고하고 추론하는 지능적인 존재로 발전할 수 있는 가능성을 보여 주었으며, 앞으로 다양한 분야에서 더 큰 도움을 줄 수 있기를 기대합니다.

지금까지 챗GPT와 효과적으로 소통하기 위한 다양한 프롬프트 작성 기법들을 살펴보았습니다. 마치 사람과 대화하듯, 인공지능과도 효과적으로 질문하고 답변을 이끌어 내는 기술이 점점 더 중요해지고 있습니다. 제로샷, 퓨샷, CoT 등 각 기법의 특징과 장단점을 이해하고, 이를 상황에 맞게 활용한다면 인공지능과의 상호작용은 한층 더 풍부해지고 실질적인 성과로 이어질 수 있을 것입니다.

AI 시대를 맞아 코치에게 프롬프트 작성 기술은 단순한 도구를 넘어 코칭의 깊이와 효과를 한층 더 높이는 중요한 역량이 되고 있습니다. 이 기술은 단순히 AI를 활용하는 능력을 넘어, 고객과의 대화를 더욱 정교하고 의미 있게 만들어 줍니다. AI와 협력하여 고객에게 꼭 맞는 질문을 설계하고, 그들의 생각을 확장하며, 새로운 관점과 해결책을 발견하도록 돕는 데 필수적입니다. 기존 코칭 방식에 AI의 가능성을 더해 고객의 목표와 과제를 더욱 명확히 하고, 맞춤형 솔루션을 제안할 수 있습니다. 이를 통해 코치는 다양한 고객의 요구와 상황에 능동적으로 대응하며, 코칭의 범위를 넓히고 깊이를 더할 수 있게 됩니다. 앞으로 이러한 기술을 보유한 코치는 변화하는 코칭 환경 속에서도 고객에게 실질적이고 차별화된 가치를 제공하며, 자신만의 코칭 역량을 새롭게 확장할 수 있을 것입니다.

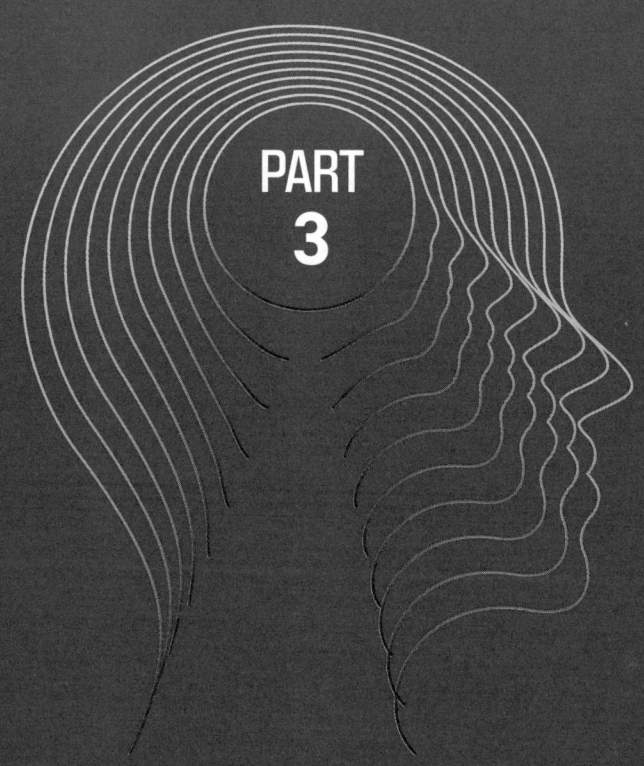

PART 3

챗GPT와 함께 코치로 자라기

CHAT GPT

Part 3에서는 챗GPT를 활용해 나만의 코칭 용어집을 만들고, 궁금할 때 코칭 정보를 효율적으로 탐색하며, 코칭 자료 분석을 맡겨 코칭 역량을 향상시킵니다. 성공적인 코칭 세션을 위해 준비와 계획을 수립하고, 챗GPT로 대화를 분석하여 개선합니다. 또한 선배 코치의 조언을 듣고, 새로운 코칭 기회를 탐색하며 자신만의 코칭 비즈니스를 시작하는 방법을 배웁니다.

Chapter 7
코칭 준비를 위한 학습 도우미

    코칭은 고객의 성장과 변화를 이끌어 내는 깊이 있는 여정으로, 고객에게 최선을 다하기 위해 코치는 끊임없이 노력해야 합니다. 새로운 지식을 배우고, 고객에게 알맞은 가치를 제공하기 위해 공부하고 경험을 쌓는 등 쉴 틈 없는 과정 속에서 때로는 지치기도 합니다.

    이 챕터에서는 챗GPT를 활용하여 코치의 코칭 역량을 강화하는 실질적인 방법을 배우고, AI와 협력하여 새로운 가능성을 여는 방법들을 중심으로 알아봅니다. 특히 챗GPT를 코칭에 접목하는 구체적인 실제 사례와 활용법을 통해 업무의 효율성을 높이고, 고객과의 코칭 대화를 더욱 풍부하게 만드는 새로운 방식을 발견하게 될 것입니다.

💬 챗GPT와 함께 만드는 나만의 코칭 용어집

    코칭의 세계에 처음 발을 들여놓으면 생소한 전문 용어들과 마주치게 됩니다. 'GROW 모델'이라는 말을 들었을 때, 이것이 어떤 의미를 담고 있으며, 코칭에서 어떻게 활용되는지 관심이 생길 수 있습니다. 잠깐 배우고 넘어가

더라도 수많은 용어의 정확한 의미를 모두 기억하기는 쉽지 않습니다. 이럴 때 나만의 용어집을 만들어 두면 큰 도움이 됩니다. 용어집은 단순히 단어의 뜻을 정리하는 것을 넘어, 코칭에 대한 이해를 높이고 전문성을 키우는 데 유용한 도구로 활용할 수 있습니다.

그동안에는 모르는 용어가 나올 때마다 검색하느라 공부나 코칭의 흐름이 자주 끊겼습니다. 이제는 챗GPT를 활용하여 이 과정을 훨씬 편리하게 바꿀 수 있습니다. 챗GPT의 음성 기능을 이용하는 방법은 간단합니다. 챗GPT 앱을 열고 마이크 아이콘을 누른 후, "GROW 모델이 무엇인가요?"라고 물어보면 즉시 음성으로 "GROW 모델은 목표 설정(Goal), 현실 확인(Reality), 대안 탐색(Options), 실행 의지 확립(Will)의 단계를 거치는 코칭 프레임워크입니다."라고 답변을 해 줍니다. 이렇게 얻은 정보를 바로 텍스트로 저장할 수 있어, 코칭의 핵심 개념을 쉽게 이해하고 기록할 수 있습니다.

챗GPT와의 대화 내용은 자동으로 대화 기록에 저장되지만, 이를 효과적으로 관리하려면 추가적인 노력이 필요합니다. 중요한 용어나 개념에 대한 설명은 복사하여 별도의 문서나 노트 앱에 정리하는 것이 좋습니다. 이때 날짜와 맥락을 함께 기록하면, 나중에 해당 용어를 찾을 때 더욱 유용합니다.

용어집 작성 프로세스를 체계화하면 더욱 효과적으로 학습할 수 있습니다. 먼저, 코칭 세션이나 학습 중에 접하는 새로운 용어나 개념을 기록합니다. 그런 다음, 각 용어에 대해 다음과 같은 항목으로 나누어 함께 정리합니다.

- 용어의 정의
- 실제 코칭에서의 활용 예시
- 관련된 다른 용어나 개념
- 출처나 참고 자료

이렇게 정리된 용어집은 주기적으로 검토하고 업데이트하는 것이 필요합니다. 새로운 내용을 추가하거나 오래된 정보를 수정하며 용어집을 관리하면 코칭 역량을 지속적으로 향상시키는 데 도움이 될 것입니다. 챗GPT를 사용하여 코칭에 관한 용어 정의를 묻고 내용을 출력하는 예시를 살펴보겠습니다.

입력 프롬프트:

다음 "용어"에 대해 "출력 지침"을 참고하여 제시된 "용어"에 대해 구체적이고 상세히 설명해 주세요.

[용어]
"코칭 프레즌스(coaching presence)"

[출력 지침]
- {용어}를 제목으로 맨 앞에 작성해 주세요.
- 주요 키워드는 볼드체로 표시해 주세요.

[출력문]
1) 용어 정의
- 용어의 의미와 내용에 대해서 설명합니다.
2) 실제 코칭에서의 적용 예시
- 제시된 용어의 코칭 현장에서의 활용이 이루어지는 상황과 내용 그리고 적용 시의 고려할 점들을 알려 주세요.
3) 관련된 다른 용어나 개념
- 해당 용어와 관련하여 추가적으로 알아 두면 도움이 될 다른 용어나 개념을 간략히 정리해 주세요.
4) 출처와 참고 자료
- 앞선 1) ~ 3)에서 작성한 내용들에 대한 출처와 참고할 자료들을 제시해 주세요.

챗GPT 답변 출력 (챗GPT-4o):

코칭 프레즌스

1. 용어 정의

코칭 프레즌스(coaching presence)는 코치가 코칭 세션 동안 고객과 깊이 연결되고 현재 순간에 완전히 몰입하는 상태를 의미합니다. 이는 코치가 자신의 개인적인 생각이나 판단을 배제하고 고객의 필요와 목표에 완전히 집중하는 것을 포함합니다. 코칭 프레즌스는 코치의 신뢰성, 직관력, 감정적 민감성 그리고 고객과의 진정한 소통을 촉진하는 중요한 요소로 작용합니다.

2. 실제 코칭에서의 적용 예시

적용 예시:

코칭 세션 중 고객이 자신의 어려움을 토로할 때, 코치는 고객의 말을 경청하고 비언어적 신호에 주의를 기울이며, 판단 없이 이해하고 공감하는 자세를 유지합니다.

고객이 목표를 설정하고 이를 달성하기 위한 계획을 논의할 때, 코치는 열린 질문을 통해 고객의 생각을 탐색하고, 이를 통해 고객이 스스로 해결책을 찾도록 돕습니다.

코칭 프레즌스를 유지하기 위해 코치는 명상, 심호흡, 집중 훈련 등을 통해 자신을 준비하고, 코칭 세션 동안 자신의 개인적인 생각이나 감정을 조절하여 고객에게 온전히 집중합니다.

3. 관련된 다른 용어나 개념

- 액티브 리스닝(active listening): 코치가 고객의 말을 주의 깊게 듣고 이해하려는 적극적인 경청 기술. 코칭 프레즌스의 중요한 요소 중 하나
- 마인드풀니스(mindfulness): 현재 순간에 집중하고 주의를 기울이는 상태. 코칭 프레즌스를 유지하기 위한 기법으로 사용됨
- 신뢰 구축(trust building): 코칭 관계에서 신뢰를 형성하는 과정. 코칭 프레즌스를 통해 고객과의 신뢰가 강화됨
- 공감(empathy): 고객의 감정과 관점을 이해하고 공유하는 능력. 코칭 프레즌스에서 중요한 역할을 함

4. 출처와 참고 자료

- ICF(International Coaching Federation)에서 제공하는 코칭 프레즌스 관련 자료: ICF Core Competencies
- Kimsey-House, H., Kimsey-House, K., Sandahl, P., & Whitworth, L. (2011). 『Co-Active

- coaching: Changing business, transforming lives. Davies-Black Publishing.
- Silsbee, D. (2008). 『The mindful coach: Seven roles for facilitating leader development』. Jossey-Bass.
- Silsbee, D. (2010). 『Presence-based coaching: Cultivating self-generative leaders through mind, body, and heart』. Wiley.

코칭 관련 용어를 정리할 때, 코칭 분야별 특징을 이해하는 것이 중요합니다. 라이프 코칭에서는 '가치 정렬' '마인드셋 전환'과 같은 용어가, 비즈니스 코칭에서는 '전략적 사고' '리더십 파이프라인' 등의 개념이 사용됩니다. 커리어 코칭에서는 '경력 전환' '역량 매핑' 등의 용어가 핵심입니다. 이처럼 분야별 주요 용어를 정리하면 다양한 코칭 상황에 유연하게 대응할 수 있습니다.

정리된 용어집은 실제 코칭에서 유용하게 활용됩니다. 스트레스 관리에 어려움을 겪는 고객에게는 '마인드풀니스'를 소개하며 현재 순간에 집중하고 판단 없이 관찰하는 연습을 통해 스트레스 상황에 균형 잡힌 반응을 할 수 있도록 도울 수 있습니다. 경력 전환을 고민하는 고객에게는 '경력 이동' 개념을 설명하며 새로운 시각을 제시할 수 있습니다. "경력 이동은 적응력 향상, 목표 재설정, 역량 강화를 의미합니다. 이 세 가지 측면에서 경력 발전 방향을 탐색해 보는 건 어떨까요?"와 같이 적절한 용어 사용은 코칭의 깊이와 효과를 높여 줍니다.

용어집을 만드는 과정에 몇 가지 어려움이 있을 수 있습니다. 먼저, 정보 과부하로 인해 중요한 용어와 덜 중요한 용어를 구분하기 어려울 수 있습니다. 이를 해결하기 위해, 실제 코칭 세션에서 자주 사용되거나 고객의 이해를 돕는 데 필수적인 용어를 우선적으로 정리해 봅니다. 또한 용어의 의미가 맥락에 따라 달라지는 문제도 존재합니다. 다양한 상황에서 용어가 어떻게 사용되는지를 예시와 함께 기록하면, 용어집을 더욱 실질적이고 활용 가능한 자료로 만들 수 있습니다. 그리고 용어집 작성 이후에는 지속적인 업데이트가 어려워질 수 있습니다. 이를 방지하려면 정기적으로 용어집을 검토하고 새롭게 배운 내용을 추가하는 습관을 기르는 것이 중요합니다. 이와 함께 다른 코치들과 용어집을 공유하거나 공동 작업을 통해 협력하는 것도 좋은 방법입니다. 온라인 협업 도구를 활용해 공동 용어집을 만들고, 정기적인 회의를 통해 새로운 용어나 개념에 대해 논의하면서 다양한 관점과 경험을 공유하면 용어집의 완성도를 높일 수 있습니다. 마지막으로, 저작권 문제에 주의해야 합니다. 책이나 온라인 자료에서 정의를 그대로 가져오는 대신, 자신만의 언어로 재해석하여 기록하는 것이 바람직합니다. 반드시 출처를 명시하고 공개가 필요한 경우 저작권자의 허가를 받는 것이 법적 문제를 예방하고 정보의 신뢰성을 강화하는 데 도움이 됩니다.

용어집 만들기를 통해 코칭 세션의 질을 높이고 자신감을 향상시키며, 지속적인 학습과 성장의 기반을 만들어 보세요. 시간이 지날수록 스스로 만든 용어집은 단순한 정보의 집합을 넘어 나만의 코칭 경험과 지혜가 담긴 소중한 자산이 될 것입니다.

💬 궁금할 땐 챗GPT에게! 코칭 정보 탐색과 학습

코칭에 입문하면서 관련 지식을 넓히고자 할 때, 어디서부터 시작해야 할지 막막하게 느껴지는 경우가 많습니다. 가장 손쉽게 할 수 있는 방법은 Google과 Naver 같은 검색 엔진을 활용해 '코칭 기본 원리'나 '효과적인 코칭 기법'과 같은 키워드로 정보를 탐색하는 일입니다. 이 과정에서 신뢰할 수 있는 출처의 정보를 선별하는 것이 중요합니다. 학술 논문, 전문 코칭 기관의 웹사이트, 인증된 코치들의 블로그는 신뢰도가 높은 자료로 기본적인 지식을 쌓는 데 유용합니다.

일단 검색을 통해 기본적인 정보를 수집했다면, 다음 단계는 챗GPT와 같은 AI 도구를 활용해 확보한 정보들을 체계적으로 구조화하고 더 깊이 이해하는 일입니다. 예를 들어, 챗GPT에게 "코칭의 주요 개념과 기술에 대한 마인드맵을 작성해 주세요."라고 요청하면, 핵심 개념을 체계적으로 정리한 결과를 얻을 수 있습니다. 이를 통해 단순한 정보 수집을 넘어, 코칭의 핵심 원리를 이해하고 이를 자신의 배움의 과정에 적용할 수 있습니다. 이처럼 챗GPT의 활용은 처음 코칭을 접하는 사람들에게 효과적인 학습 경로를 제공하며, 차근차근 코칭 역량을 확장하는 데 도움을 줍니다.

입력 프롬프트:

코칭의 주요 개념과 기술에 대한 마인드맵을 작성해 주세요.

코칭의 주요 개념과 기술에 대한 마인드맵을 작성해 주세요

아래는 **'코칭의 주요 개념과 기술'**에 대한 마인드맵을 텍스트로 구조화한 형태입니다. 이를 기반으로 실제 마인드맵 툴이나 도식화 프로그램에서 시각적으로 표현할 수 있습니다.

🧠 **코칭의 주요 개념과 기술 – 마인드맵 구조**

```scss
📍 코칭 (Coaching)
│
├── 1. 코칭의 핵심 개념
│     ├── 변화와 성장
│     ├── 잠재력 발현
│     ├── 자기인식(Self-awareness)
│     ├── 파트너십 (수평적 관계)
│     └── 솔루션 탐색보다 **고객의 발견** 강조
│
├── 2. 코칭 윤리와 태도
│     ├── 신뢰와 존중
│     ├── 비판단적 경청
│     ├── 비밀 유지
│     ├── 고객의 자율성 존중
│     └── 성장 중심 피드백
│
├── 3. 핵심 코칭 역량 (예: ICF 기준)
│     ├── 윤리적 실천과 코칭 마인드
│     ├── 신뢰 관계 구축
```

챗GPT는 텍스트 기반으로 응답을 제공하기 때문에, 시각적인 형태의 마인드맵을 직접적으로 생성하지는 못하지만, 마인드맵 도구에서 사용할 수 있는 OPML(Outline Processor Markup Language) 형식으로 내용을 변환하여 제공합니다. OPML은 마인드맵과 같은 계층적 구조를 저장하는 데 유용한 포맷으로, 이를 활용하면 Xmind, Freemind 같은 마인드맵 전문 소프트웨어에서 내용을 시각화할 수 있습니다. 이를 위해 우선 생성된 코칭에 대한 주요 주제들을 담은 마인드맵의 내용들을 챗GPT에게 OPML로 변환하도록 요청합니다.

입력 프롬프트:

> 마인드맵의 내용을 OPML 포맷 출력해 주세요.

> 위의 마인드맵의 내용을 OPML 포맷 출력해 주세요

물론입니다. 아래는 요청하신 **코칭의 주요 개념과 기술**에 대한 마인드맵 내용을 OPML 포맷으로 변환한 결과입니다. 이 파일은 대부분의 마인드맵 도구나 아웃라이너(예: Dynalist, Workflowy, Logseq, Obsidian)에서 불러올 수 있습니다.

```xml
<?xml version="1.0" encoding="UTF-8"?>
<opml version="2.0">
  <head>
    <title>코칭의 주요 개념과 기술</title>
  </head>
  <body>
    <outline text="코칭 (Coaching)">
      <outline text="1. 코칭의 핵심 개념">
        <outline text="변화와 성장"/>
        <outline text="잠재력 발현"/>
        <outline text="자기인식(Self-awareness)"/>
        <outline text="파트너십 (수평적 관계)"/>
        <outline text="솔루션 탐색보다 고객의 발견 강조"/>
      </outline>
      <outline text="2. 코칭 윤리와 태도">
        <outline text="신뢰와 존중"/>
        <outline text="비판단적 경청"/>
        <outline text="비밀 유지"/>
        <outline text="고객의 자율성 존중"/>
        <outline text="성장 중심 피드백"/>
      </outline>
      <outline text="3. 핵심 코칭 역량 (ICF 기준)">
        <outline text="윤리적 실천과 코칭 마인드"/>
        <outline text="신뢰 관계 구축"/>
```

Chapter 7 코칭 준비를 위한 학습 도우미

그림에서 볼 수 있듯이, OPML은 XML 마크업 언어를 사용하여 마인드맵의 내용을 텍스트 형태로 저장합니다. 이렇게 생성된 OPML 파일을 Xmind나 Freemind에서 활용하려면, 챗GPT에 파일 다운로드 링크 생성을 요청할 수 있습니다. 이 과정은 챗GPT가 요청받은 내용을 기반으로 파이썬 코드를 자동으로 생성하고, 해당 코드를 안전하게 실행하여 최종적으로 OPML 파일을 생성하는 방식으로 이루어집니다. 생성된 파일은 사용자가 직접 다운로드할 수 있도록 링크 형태로 제공됩니다.

입력 프롬프트:

> 변환된 OPML 포맷을 내려받을 수 있도록 링크를 생성해 주세요.

> 변환된 OPML포맷을 내려받을수있도록 링크를 생성해주세요.
>
> 분석함 ∨
> 아래 링크를 클릭하시면 OPML 파일을 다운로드하실 수 있습니다:
> 📎 coaching_concepts.opml 다운로드 [>_]

다운로드 링크를 클릭하면, 파일의 확장자가 'opml'로 붙은 파일을 다운로드받을 수 있습니다. 챗GPT 내부적으로 임시로 파일이 생성되므로 시간이 지나면 해당 링크를 통해 파일을 내려받을 수 없으니, 생성 즉시 내려받는 것이 좋습니다. 이제 내려받은 coaching_mind_map.opml 파일을 마인드맵 소프트웨어인 Xmind를 사용하여 읽고 마인드맵을 표시하면 다음과 같습니다.

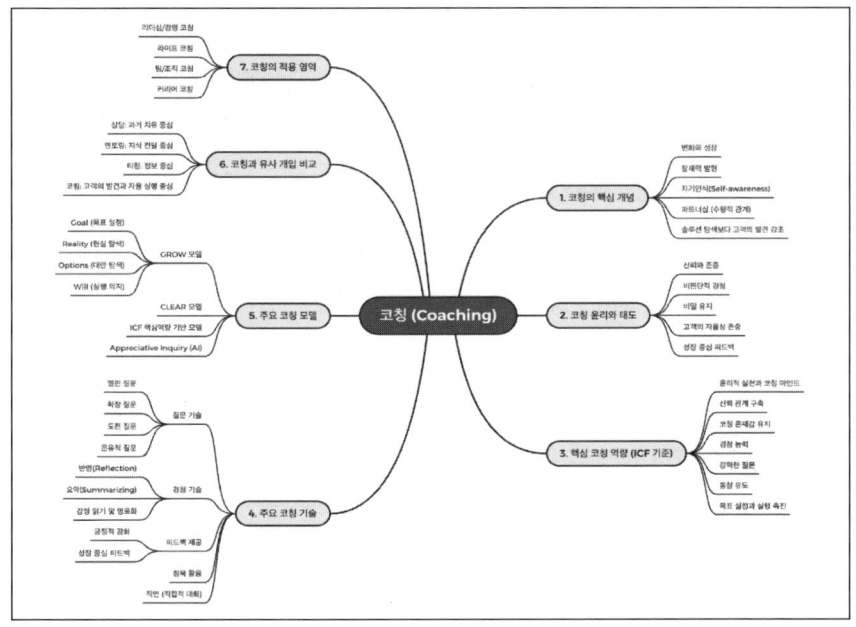

　　코칭과 관련된 주요 주제와 키워드를 한눈에 파악할 수 있으며, 마인드맵의 하위 가지를 따라가면서 관심 있는 주제나 더 알아보고 싶은 주제를 빠르게 확인할 수 있습니다. 각 주제에 대해 필요한 경우 더욱 자세히 탐구할 수도 있습니다. 예를 들어, "적극적 경청의 구체적인 기법에 대해 설명해 주세요."와 같은 질문을 하면 관련된 상세 정보를 얻을 수 있습니다. 다만, 챗GPT의 응답을 그대로 수용하기보다는 이를 출발점으로 삼아 추가적인 조사와 검증을 통해 정보를 보완하는 것이 바람직합니다.

입력 프롬프트:

적극적 경청의 구체적인 기법에 대해 설명해 주세요.

챗GPT 답변 출력 (챗GPT-4o):

적극적 경청은 상대방의 말을 진심으로 이해하고 공감하며 듣는 기술입니다. 이는 단순히 말하는 내용을 듣는 것을 넘어, 상대방의 감정과 의도를 이해하려는 노력을 포함합니다. 적극적 경청의 구체적인 기법에는 다음과 같은 것들이 있습니다.

1. 집중하기(Focusing)
대화 중에 다른 생각이나 행동을 하지 않고, 온전히 상대방에게 집중합니다. 눈을 맞추고 고개를 끄덕이는 등의 신체 언어로 상대방에게 집중하고 있음을 보여 줍니다.

2. 반영하기(Reflecting)
상대방이 말한 내용을 자신의 말로 요약하거나 반복하여 이해한 내용을 확인합니다. 예를 들어, "당신이 말한 것은 ~라는 뜻인가요?"와 같은 질문을 통해 확인합니다.

3. 명확화하기(Clarifying)
상대방의 말이 명확하지 않거나 이해가 되지 않을 때 추가적인 설명을 요청합니다. 예를 들어, "조금 더 자세히 설명해 주시겠어요?"와 같은 질문을 통해 명확하게 이해하려고 노력합니다.

4. 공감하기(Empathizing)
상대방의 감정에 공감하고, 그들의 감정을 인정해 줍니다. "당신이 그렇게 느끼는 것은 이해가 됩니다."와 같은 표현을 사용하여 감정을 인정합니다.

5. 비언어적 신호 사용(Using Nonverbal Cues)
고개를 끄덕이거나 미소 짓는 등의 비언어적 신호를 통해 상대방의 말을 경청하고 있음을 표현합니다. 이러한 신호는 상대방에게 당신이 적극적으로 듣고 있다는 신뢰를 줍니다.

6. 적절한 질문하기(Asking Appropriate Questions)
상대방의 말을 더 깊이 이해하기 위해 적절한 질문을 합니다. 개방형 질문을 사용하여 상대방이 더 많은 정보를 제공할 수 있도록 유도합니다. 예를 들어, "그 상황에서 어떻게 느끼셨나요?"와 같은 질문을 합니다.

7. 피드백 제공하기(Providing Feedback)
상대방의 말을 듣고 나서, 자신의 생각이나 의견을 제공하는 것이 중요합니다. 이때 피드백은 상대방의 말을 존중하고, 비판적이지 않게 전달해야 합니다.

8. 감정 읽기(Reading Emotions):
상대방의 표정, 목소리 톤, 몸짓 등을 통해 감정을 읽고, 그에 맞는 반응을 보입니다. 감정 읽기는 대화의 맥락을 이해하는 데 중요한 역할을 합니다.

9. 침묵의 활용(Using Silence):
대화 중에 적절한 침묵을 유지하여 상대방이 자신의 생각을 정리하고 더 깊이 이야기할 수 있도록 기회를 제공합니다.

이러한 기법들은 적극적 경청을 통해 상대방과의 소통을 원활하게 하고, 신뢰 관계를 형성하는 데 큰 도움을 줍니다.

앞서 설명한 하나의 주제와 연관된 전체적인 구조나 체계로부터 세부적인 학습 주제들을 찾는 방법 외에도, 단계적인 질문을 통해 알고자 하는 내용이나 주제를 구체화하고 탐색하는 작업도 챗GPT를 통해 수행해 볼 수 있습니다. 먼저, 중심 주제를 '코칭'으로 설정합니다. 이후 "코칭의 주요 구성 요소는 무엇인가요?"와 같은 질문을 통해 주요 범주를 도출합니다. 그런 다음, 각 범주에 대해 "이 범주의 세부 항목들을 나열해 주세요."라고 요청하여 하위 항목을 추가로 확인합니다. 이러한 단계적 세분화 과정을 거치면 코칭의 전체적인 구조를 체계적으로 파악할 수 있습니다.

입력 프롬프트:

코칭을 중심 주제로 마인드맵을 작성하고자 합니다. 다음의 하위 주제들에 대해서 세부 항목들을 나열해 주세요.
- 코칭의 주요 구성요소는 무엇인가요?
- 코칭에 사용되는 스킬들은 무엇이 있나요?

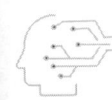

챗GPT 답변 출력 (챗GPT-4o):

코칭을 중심 주제로 한 마인드맵을 작성하기 위해 각 하위 주제와 그에 따른 세부 항목들을 나열해 보겠습니다.

1. 코칭의 주요 구성요소
1.1. 목표 설정
- SMART 목표
- 장기 목표
- 단기 목표
- 구체적이고 측정 가능한 목표

1.2. 관계 구축
- 신뢰 형성
- 존중과 공감
- 열린 소통
- 피드백 수용

1.3. 피드백
- 건설적 피드백
- 긍정적 피드백
- 피드백 루프
- 실시간 피드백 제공

1.4. 평가와 성찰
- 성과 평가
- 자기 성찰
- 행동 변화 모니터링
- 발전 계획 수립

1.5. 학습과 개발
- 역량 강화
- 스킬 개발
- 지속적인 학습
- 경력 개발

2. 코칭에 사용되는 스킬들
2.1. 경청 기술

- 공감적 경청
- 비언어적 경청

2.2. 질문 기술
- 개방형 질문
- 강력한 질문
- 명확화 질문

2.3. 피드백 기술
- 긍정적 피드백
- 건설적 피드백
- 구체적 피드백

2.4. 커뮤니케이션 기술
- 명확한 의사소통
- 감정 표현
- 신뢰 구축
- 갈등 해결

2.5. 동기 부여 기술
- 내적 동기 부여
- 외적 동기 부여
- 목표 설정과 달성

2.6. 문제 해결 기술
- 창의적 사고
- 비판적 사고
- 의사 결정 기술

2.7. 자기 관리 기술
- 시간 관리
- 스트레스 관리
- 자기 성찰
- 지속적인 개선

이 세부 항목들을 바탕으로 마인드맵을 작성하면 코칭의 다양한 요소와 기술을 체계적으로 정리할 수 있습니다.

중심 주제인 '코칭'을 기준으로, 1단계 하위 주제로 '코칭의 주요 구성 요소'와 '코칭에 사용되는 스킬들'을 설정한 후, 이를 세부적으로 2단계와 3단계로 세분화하여 마인드맵에 포함될 내용을 자동으로 생성하고 나열할 수 있습니다. 챗GPT를 활용하면 알고 싶은 주제나 내용을 더욱 구체화해 마인드맵을 작성할 수 있어 심층적인 학습에도 큰 도움이 됩니다.

코칭 관련 자료를 탐색하고 요약할 때 다양한 도구와 방법을 효과적으로 조합하여 활용하는 것이 좋습니다. 먼저, 네이버나 구글과 같은 검색 엔진과 퍼플렉서티(Perplexity), 젠스파크(Genspark), 펠로(Felo) 등과 같은 인공지능 기반 검색 서비스를 이용하여 기초 정보를 수집합니다. 그런 다음, 챗GPT를 활용하여 수집한 정보를 체계적으로 정리하거나 요약할 수 있으며, 필요시 학습 내용을 보다 심화할 수 있습니다.

이러한 종합적인 학습 접근 방식을 통해 단순히 정보를 수집하는 데 그치지 않고, 학습한 지식을 실제 코칭 상황에 적용하며 그 경험을 다시 학습 자원으로 활용하는 선순환을 만들어 갈 수 있습니다.

💬 코칭 자료 분석, 이제 챗GPT에게 맡기세요

코칭에 대한 관심이 높아지면서 온라인에서 관련 정보를 쉽게 접할 수 있게 되었습니다. 하지만 전문 용어나 복잡한 개념으로 인해 이해에 어려움을 느끼는 경우가 종종 있습니다. 이럴 때 챗GPT와 같은 인공지능의 도움을 받으면 사용자의 수준에 맞춰 내용을 쉽게 풀어 설명해 줍니다. 예를 들어, '코칭의 목표 설정 과정'을 설명할 때, 일상생활의 사례를 활용하여 "다이어트 목표를 설정할 때처럼 코칭에서도 명확한 목표 설정이 중요합니다."와 같이 비유를 통해 이해를 돕습니다.

인터넷에서 '코칭 리더십의 5가지 핵심 요소'라는 글을 발견했는데 내용이 어렵다면, 챗GPT에 쉬운 설명을 요청할 수 있습니다. "이 글을 좀 더 쉽게 이해할 수 있도록 설명해 주세요. 예시를 들어 주면 더 좋겠습니다."와 같이 입력하면 챗GPT가 사용자의 수준에 맞춰 내용을 풀어서 설명해 줍니다.

긴 글을 읽을 때 요약 기능은 매우 효과적입니다. 방대한 내용을 처음부터 끝까지 읽는 것보다 요약을 통해 주요 내용을 파악하는 것이 효율적입니다. "이 논문은 코칭이 조직 내 커뮤니케이션 향상에 미치는 영향을 분석하며, 코칭을 받은 직원들의 업무 효율성이 20% 증가했다는 결과를 제시합니다."와 같이 요약해 주면 전체 내용을 빠르게 파악할 수 있습니다.

챗GPT에 웹 검색 기능이 추가되면서 이제 웹 페이지나 블로그 검색 및 본문 내용에 대한 질문에 답변을 얻을 수 있게 되었습니다. 하지만 아직 영상이나 음성 같은 다양한 미디어 콘텐츠는 바로 지원되지 않아 이러한 콘텐츠를 사용하려면 Lilys(https://lilys.ai)와 같은 다른 생성형 AI 서비스를 이용해야 합니다. Lilys는 미디어 자료 및 데이터 요약, 정리 기능을 포함하여 다양하고 편리한 기능을 제공합니다.

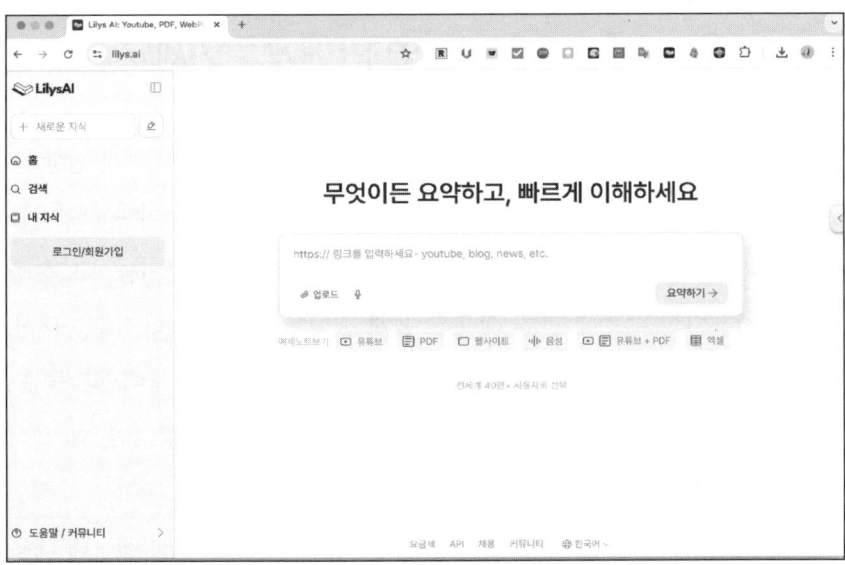

그림 속 화면에 표시된 메뉴에서 알 수 있듯이 유튜브 영상이나 웹사이트의 URL을 입력하는 것만으로 해당 웹사이트나 유튜브 영상의 자막 등을 빠르고 간편하여 요약 정리하여 표시해 줍니다.

[출처] The Coaching Mindset, https://wp.nyu.edu/coaching/mindset/

그림 속 영어로 된 코칭 마인드셋에 대한 원문 글의 URL을 Lilys에 입력하여 요약 정리하면 다음과 같습니다.

목차가 맨 위에 표시되며, 한글로 번역되어 원문 글의 구조에 따라 주요 내용들을 요약/정리하여 표시합니다. Lilys는 최신 업데이트를 통해 챗GPT-4를 도입하여 더욱 빠르고 정확한 요약/정리 기능을 제공합니다. 무엇보다 요약된 내용들의 원문을 한국어 번역글과 함께 빠르게 확인할 수 있는 기능은 매우 편리하고 유용합니다.

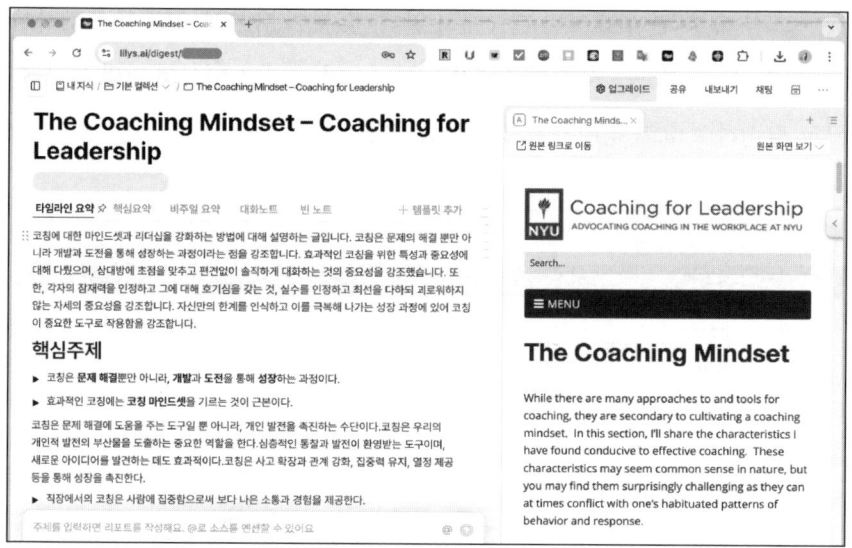

　　이처럼 Lilys의 유튜브 요약 기능을 이용하면 전체 내용의 요약뿐만 아니라 영상의 주요 부분을 세분화해 목록으로 정리해 줍니다. 특히 해당 영상의 원문과 영상 링크를 함께 제공하여 필요한 내용을 다시 확인하거나 영상을 재시청하기에 매우 편리합니다.

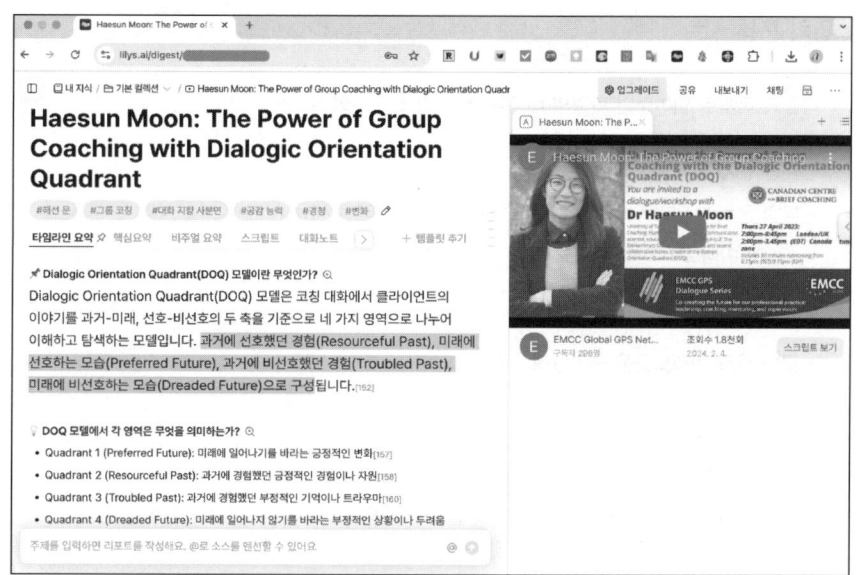

[출처] Haesun Moon: The Power of Group Coaching with Dialogic Orientation Quadrant, https://www.youtube.com/watch?v=MIQxogYl3fA

웹사이트와 유튜브 영상의 요약과 정리를 위해 Lilys와 같은 전문 AI 서비스를 활용하는 방법 외에도, 챗GPT를 직접 활용하여 요약이나 정리 내용을 확인하고 필요한 경우 추가적인 질문을 통해 구체적인 정보나 데이터를 얻는 방식도 가능합니다. 챗GPT는 파일 업로드(File Upload) 기능을 지원합니다. 이 기능을 통해 PDF나 Word 파일을 업로드하여 해당 파일의 내용을 요약 및 정리하거나 질문을 통해 추가적인 정보를 확인할 수 있습니다.

한 예로 팀코칭에 관한 논문의 내용을 담은 PDF 파일을 인터넷에서 내려받고, 이를 로컬PC에서 선택 후, 다음의 프롬프트를 사용하여 챗GPT에 입력하고, 논문의 주요 내용에 대해 요약을 요청합니다.

입력 프롬프트:

다음의 목차로 읽어들인 파일의 내용을 정리 및 요약하여 주세요.

1. 내용 전체 요약
- 파일 전체에 대한 핵심 내용들을 중심으로 요약하여 주세요.
- 500자 이내로 작성해 주세요.

2. 주요 키워드
- 글의 주요 키워드들을 5개 알려 주세요.

3. 목차별 핵심 내용 정리
- 목차별로 5개의 핵심 주제들을 선별해 주세요.
- 핵심 주제별로 주요 내용을 목록으로 작성해 주세요.(3개).

4. 정리 및 요약
- 내용으로부터 배워야 할 시사점들을 정리해 주세요.

A Theory of Team Coaching[1] 파일의 내용 표시:

---

[1] A Theory of Team Coaching, https://www.researchgate.net/publication/253963423_A_Theory_of_Team_Coaching

126   Chapter 7 코칭 준비를 위한 학습 도우미

A THEORY OF TEAM COACHING

J. RICHARD HACKMAN
Harvard University

RUTH WAGEMAN
Dartmouth College

After briefly reviewing the existing literature on team coaching, we propose a new model with three distinguishing features. The model (1) focuses on the *functions* that coaching serves for a team, rather than on either specific leader behaviors or leadership styles, (2) identifies the specific *times* in the task performance process when coaching interventions are most likely to have their intended effects, and (3) explicates the *conditions* under which team-focused coaching is and is not likely to facilitate performance.

Coaches help people perform tasks. Coaching is pervasive throughout the life course, from childhood (e.g., a parent helping a child learn to ride a tricycle), through schooling (e.g., a teacher coaching a student in the proper conduct of a chemistry experiment), and into adulthood (e.g., a fitness coach helping with an exercise regime or a supervisor coaching an employee in improving his or her job performance). The main body of research about coaching is found in the training literature, and it focuses almost entirely on individual skill acquisition (Fournies, 1978). Except for the many popular books and articles that extract lessons for team leaders from the experiences of athletic coaches, relatively little has been published that specifically addresses the coaching of task-performing teams.

Here we propose a theory of team coaching that is amenable to empirical testing and correction. The theory has three distinguishing features. One, it focuses on the *functions* that coaching serves for a team, rather than on either specific leader behaviors or leadership styles. Two, it explicitly addresses the specific *times* in the task performance process when coaching interventions are most likely to "take" and have their intended effects. Three, it explicitly identifies the *conditions* under which team-focused coaching is most likely to facilitate performance. Overall, we show that the impact of team coaching—whether provided by a formal team leader or by fellow group members—depends directly and substantially on the degree to which the proper coaching functions are fulfilled competently at appropriate times and in appropriate circumstances.

TEAM COACHING

Team coaching is an act of leadership, but it is not the only one or necessarily the most consequential one. Team leaders engage in many different kinds of behaviors intended to foster team effectiveness, including structuring the team and establishing its purposes, arranging for the resources a team needs for its work and removing organizational roadblocks that impede the work, helping individual members strengthen their personal contributions to the team, and working with the team as a whole to help members use their collective resources well in pursuing team purposes.

Leaders vary in how they allocate their time and attention across these activities, depending on their own preferences; what they believe the team most needs; and the team's own level of authority, initiative, and maturity. Only the last two sets of activities (helping individual members strengthen personal contributions and working with the team to help use resources well) are coaching behaviors, however, focusing respectively on individual team members and on the team as a whole. In this paper we deal exclusively with the fourth—team coaching—which we define as *direct interaction with a team intended to help members make coordinated and task-appropriate use of their collective resources in accomplishing the team's work*.

Although team coaching is a distinct and often consequential aspect of team leadership, recent evidence suggests that leaders focus their behavior less on team coaching than on other aspects of the team leadership portfolio. In a

챗GPT 답변 출력 (챗GPT-4o):

1. 내용 전체 요약
이 논문은 팀 코칭에 대한 이론을 제안하며, 기존 문헌을 검토한 후 세 가지 주요 특징을 가진 새로운 모델을 소개합니다. 이 모델은 팀을 위한 코칭 기능에 중점을 두고, 코칭이 팀 성과에 미치는 영향을 극대화할 수 있는 적절한 시점을 제시하며, 특정 조건 하에서 팀 코칭이 성과를 촉진하는 방법을 설명합니다. 코칭은 팀이 과업을 수행하는 과정에서 집단 자원을 효과적으로 사용하는 데 도움을 주는 리더십의 한 형태로 정의됩니다. 이 논문은 코칭이 팀의 성과에 미치는 영향을 분석하여, 효과적인 팀 코칭의 조건을 제시하고, 팀이 성공적으로 작업을 완료할 수 있도록 지원합니다.

2. 주요 키워드
- 팀 코칭(Team Coaching)
- 성과 촉진(Performance Facilitation)
- 코칭 타이밍(Coaching Timing)
- 리더십 행동(Leadership Behavior)
- 과업 수행(Task Performance)

3. 목차별 핵심 내용 정리

A. Introduction
1. 팀 코칭의 정의 및 중요성
- 팀 코칭은 팀 리더십의 필수적 요소로, 팀이 과업을 성공적으로 수행할 수 있도록 지원
- 기존 연구는 주로 개인 코칭에 중점을 두었으며, 팀 코칭에 대한 연구는 상대적으로 적음
2. 연구 목적
- 팀 코칭이 팀 성과에 미치는 영향을 분석하여, 새로운 이론적 모델을 제시

B. Existing Approaches
1. 기존 코칭 접근 방식
- 다양한 코칭 접근법에 대한 검토: 개별 행동 모델, 프로세스 컨설팅, 개발적 코칭 등
2. 각 접근 방식의 강점과 한계
- 행동적 접근, 과정 컨설팅 그리고 발달적 접근이 팀 코칭에 어떻게 적용되는지 설명
3. 새로운 모델의 필요성
- 기존 접근법의 한계를 극복할 수 있는 새로운 팀 코칭 모델의 필요성

C. Theory of Team Coaching

1. 코칭의 세 가지 주요 기능

– 동기 부여, 전략 상담, 교육

2. 코칭 타이밍의 중요성

– 팀의 작업 주기 내에서 코칭이 가장 효과적인 시점은 시작, 중간, 종료 시점

3. 팀 성과를 향상시키는 조건

– 성과 촉진에 필요한 적절한 환경과 팀의 구조적 설계가 갖춰져야 함

D. Practical Implications

1. 코칭이 팀 성과에 미치는 실제 영향

– 성공적인 코칭이 팀 성과를 크게 향상시킬 수 있으며, 코칭이 효과적이기 위한 조건 제시

2. 코칭 효과를 극대화하기 위한 전략

– 팀 리더가 코칭에 있어 고려해야 할 핵심 요소와 방법 제시

E. Conclusion

1. 연구의 시사점

– 팀 코칭의 중요성을 재확인하고, 팀 리더와 조직이 이를 효율적으로 활용할 수 있는 방법 제안

2. 향후 연구 방향

– 제안된 이론 모델의 실증적 검증과 확장을 위한 연구 필요성 제기

4. 정리 및 시사점

이 논문은 팀 코칭이 팀 성과에 미치는 영향을 체계적으로 분석하며, 팀 코칭의 중요성과 그 효과를 극대화할 수 있는 방법을 제시합니다. 특히 코칭의 타이밍과 적절한 코칭 기능의 중요성을 강조하며, 이를 통해 팀 리더들이 팀의 효율성과 효과성을 높일 수 있는 전략적 접근을 취할 수 있음을 시사합니다. 이론적 모델을 통해 조직 내에서 팀 코칭의 역할을 재정립하고, 실질적인 팀 성과 향상을 위한 방향성을 제시합니다.

PDF 파일에서 원하는 형식으로 내용을 요약하고 정리할 수 있습니다. 파일 업로드 시 전체 내용이 반영되므로, 궁금한 부분이나 추가적인 정리 및 작성이 필요한 내용은 챗GPT에 반복적으로 질문하여 답변을 얻을 수 있습니다.

만일 정리된 내용 중 일부가 실제 PDF 파일 어디에 있는지 확인하고 싶

다면 챗GPT에 질문하면 됩니다. 추가적인 프롬프트를 활용하면 업로드한 파일 내에서 필요한 다양한 정보나 내용을 빠르고 효과적으로 발췌하거나 탐색할 수 있습니다. 이처럼 챗GPT는 사용자의 요구에 맞춰 파일 내용을 요약, 정리, 분석하고 필요한 정보를 제공함으로써 사용자의 작업과 학습 효율을 높이는 데 도움을 줍니다.

입력 프롬프트:

각 접근 방식의 강점과 한계 행동적 접근, 과정 컨설팅 그리고 발달적 접근이 팀 코칭에 어떻게 적용되는지 설명해 주세요. 각 접근 방식의 강점과 한계를 좀 더 자세히 알려 주고, 출처도 명확하게 알려 주세요.

챗GPT 답변 출력 (챗GPT-4o):

논문 Hackman, J. R., & Wageman, R. (2005), 「theory of team coaching」에서는 팀 코칭의 이론적 틀을 제시하면서 기존의 다양한 코칭 접근법들 — 행동적 접근(Behavioral), 과정 컨설팅(Process Consultation), 발달적 접근(Developmental Approach)을 비판적으로 검토하고 각각의 강점과 한계를 설명합니다. 다음의 각 접근법의 팀 코칭 적용 방식, 강점과 한계 그리고 논문 내 출처(페이지 기반 인용)를 요약하여 정리합니다.

1. 행동적 접근(Behavioral Models)

팀 코칭에의 적용 방식
- 이 접근은 바람직한 행동을 강화하고, 원하지 않는 행동을 감소시키는 방식으로 팀 구성원들의 행동을 조절함
- 주로 피드백 루프와 행동 조건화 기법을 활용하여 팀 퍼포먼스를 향상시키는 데 중점을 둠

강점
- 구체적이고 측정 가능한 행동에 초점을 맞추어 관찰 가능하고 수정 가능한 개입을 제공함
- 반복 훈련과 강화 기제를 통해 일관된 행동 변화 유도 가능

- 예: '긍정적 피드백을 통한 의사소통 증가' 같은 실용적 개입 가능

한계
- 팀 역동의 맥락이나 복잡한 상호작용을 간과할 수 있음
- 주로 단기적 행동 변화에 집중하고, 팀의 학습이나 성장 과정 전체를 포괄하지 못함
- 행동의 '이유'보다는 '결과'에만 초점을 둬, 근본적 문제 해결엔 취약
  - 출처: Hackman, J. R., & Wageman, R. (2005). p. 274. "Behavioral models draw on research that shows that providing feedback… can significantly affect group behavior."

2. 과정 컨설팅 접근(Process Consultation)

팀 코칭에의 적용 방식
- 팀 상호작용의 질을 향상시키기 위해 외부 코치가 관찰자이자 촉진자로서 개입함
- 대화 구조, 의사결정 방식, 역할 분담 등 팀 내부 프로세스를 개선하는 데 집중함

강점
- 팀의 '자기 인식(self-awareness)'과 '자가 조정(self-regulation)'을 유도하여 장기적인 팀 역량 강화 가능
- 코치가 직접 해결책을 제시하지 않고, 팀이 자발적으로 해결 방안을 탐색하도록 유도함

한계
- 문제 인식이 뚜렷하지 않거나 경험이 부족한 팀의 경우, 효과적인 개선으로 이어지지 않을 수 있음
- 팀의 자율성이 강조되므로, 성과 개선 속도가 느릴 수 있음
- 코치의 개입 강도가 약하면 실질적 변화를 이끌기 어려움
  - 출처: Hackman & Wageman (2005), p.274, Hackman, J. R., & Wageman, R. (2005). p. 274. "Process consultation emphasizes the facilitation of internal group processes… rather than delivering direct content or advice."

3. 발달적 접근(Developmental Models)

팀 코칭에의 적용 방식
- 팀의 성숙도나 성장 단계를 고려하여 단계별로 개입하는 방식

- 예: 초기 단계 팀은 '역할 명확화'에 집중하고, 성숙한 팀은 '갈등 해결' 또는 '성과 최적화'에 개입

강점
- 팀의 성숙도와 준비 수준을 고려하여 맞춤형 개입 가능
- 코칭이 팀의 현재 상태와 부합하므로, 몰입도와 수용도가 높음

한계
- 팀의 발달 단계 정확한 진단이 어려움
- 팀의 발달이 선형적으로 진행되지 않기 때문에, 정형화된 단계 모델이 실제 팀에는 완전히 들어맞지 않을 수 있음
- 일부 상황에서는 급진적 변화나 위기 대응 능력 부족
  - 출처: Hackman, J. R., & Wageman, R. (2005). p. 274. "Developmental approaches tailor interventions to the group's stage of development… assuming that groups progress through recognizable phases."

이 내용은 Hackman, J. R., & Wageman, R. (2005). 「A theory of team coaching. Academy of Management Review」, 30(2), 269–287의 p. 274–275를 중심으로 정리한 것입니다.

예시에서 알 수 있듯이, 코칭 자료 분석과 요약은 여러 가지 장점을 제공합니다. 방대한 정보를 효율적으로 이해할 수 있도록 돕고, 중요한 개념과 내용을 빠르게 파악하여 학습 시간을 단축할 수 있습니다. 이를 통해 다양한 자료를 종합적으로 비교 분석하여 깊이 있는 이해를 가능하게 합니다.

이런 분석과 요약은 실제 코칭 현장에서 매우 유용합니다. 코칭을 처음 접하는 분들에게 요약된 자료를 통해 코칭의 기본 개념을 먼저 전달하고, 이후 구체적인 사례를 통해 심화 학습을 진행할 수 있습니다. 또한 코칭을 받는 사람들에게 요약된 자료는 코칭 진행 상황을 파악하는 데 도움을 주고, 참여 동기를 높이는 데 도움이 됩니다.

정리하면, 코칭의 다양한 주제와 개념을 쉽게 이해하고, 방대한 정보를

요약 및 정리하며, 이를 실제 상황에 적용할 수 있도록 실질적인 능력을 기르는 것은 코치에게 있어 코칭에 대한 이해와 활용 능력을 한 단계 더 높이는 데 크게 도움이 될 것입니다.

Chapter 8
코칭 세션 준비와 챗GPT를 활용한 분석

코치가 코칭 세션을 성공적으로 이끌기 위해서 철저한 준비와 계획이 무엇보다 중요합니다. 코칭 세션 전에 코치는 코칭의 목적과 목표를 명확히 하고, 코칭 과정에서 다룰 주제와 질문을 미리 준비해야 합니다. 또한 코칭 환경을 조성하고, 코칭에 필요한 자료와 도구를 준비하는 것도 중요합니다.

이 챕터에서는 성공적인 코칭 세션을 위한 첫걸음으로, 꼼꼼한 준비 과정과 챗GPT를 활용한 코칭 대화 분석을 위한 방법들도 함께 소개합니다. 준비 단계부터 챗GPT라는 강력한 도구를 활용한다면 더욱 효과적인 코칭을 이끌 수 있을 것입니다.

💬 성공적인 코칭을 위한 세션 준비와 계획 수립

성공적인 코칭은 탄탄한 준비에서부터 시작합니다. 마치 경험 많은 등반가가 정상 정복을 위해 꼼꼼히 계획을 세우고 장비를 챙기듯, 코치와 고객에게도 세션 전 준비는 필수입니다. 철저한 준비는 단순히 시간을 효율적으로 쓰는 것 이상의 의미를 갖습니다. 코칭의 효과를 극대화하고, 고객의 삶에 진정한 변화를 이끌어 내는 핵심 요소입니다. 코칭 세션 준비 과정을 통해 코치와 고객은 서로의 기대를 맞추고, 신뢰를 기반으로 한 협력 관계를 구축할 수 있습니다.

본격적인 코칭에 앞서, 고객에게 코칭 과정 전반을 소개하는 '웰컴 메일(welcome mail)'을 보내는 것이 좋습니다. 웰컴 메일은 고객의 기대감을 높이고, 코칭 일정과 절차를 미리 안내하는 중요한 역할을 합니다. 웰컴 메일에는 다음과 같은 내용을 담을 수 있습니다.

- **코칭의 목표와 기대 효과:** 코칭을 통해 무엇을 성취하고, 어떤 긍정적인 변화를 기대할 수 있는지 명확하게 제시합니다.
- **코칭 과정 소개:** 코칭은 어떤 단계로 진행되며, 각 단계에서 어떤 활동을 하는지 구체적으로 알려 줍니다.
- **코치 소개:** 코치의 경력과 전문성을 소개하여 고객에게 신뢰감을 심어 줍니다.
- **고객의 역할:** 코칭 과정에서 고객의 적극적인 참여가 얼마나 중요한지 그리고 어떤 준비를 해야 하는지 설명합니다.
- **일정 및 주요 마일스톤:** 코칭 시작일, 각 세션 일정, 주요 목표 시점 등을 명시하여 고객이 전체적인 흐름을 파악하도록 돕습니다.
- **추가 지원 및 문의 방법:** 궁금한 점이나 도움이 필요할 때, 편하게 문의할 수 있는 방법을 안내합니다.

챗GPT를 활용하면 웰컴 메일 작성이 더욱 쉬워집니다. 간단한 프롬프트 입력만으로도 코칭 회사에서 사용할 수 있는 웰컴 메일 양식을 생성할 수 있습니다. 챗GPT는 개인별 맞춤형 내용 추가 및 세부 사항 반영 기능을 지원하여, 고객에게 최적화된 웰컴 메일을 작성할 수 있도록 돕습니다. 정성껏 작성

된 웰컴 메일은 고객이 코칭 과정에 대한 이해도와 기대감을 높여 적극적인 참여를 돕습니다.

입력 프롬프트:

고객에게 코칭을 소개하고, 환영하는 편지(welcome email)를 작성해 주세요. 글자수는 한국어 기준으로 1,000 단어로 작성해 주세요. 다음의 목차를 참고하고, 서술형으로 작성해 주세요. 목차명은 제외하여 주세요.

- 코칭의 목적과 기대 효과
- 코칭 과정 소개
- 코치 소개
- 고객의 역할
- 일정과 주요 마일스톤
- 추가 지원 및 문의 방법

챗GPT 답변 출력 (챗GPT-4o):

안녕하세요,

먼저 저희 코칭 프로그램에 참여해 주신 고객님께 진심으로 감사드립니다. 본격적인 코칭의 시작을 알리며, 고객님께 코칭 프로그램에 대해 소개하고 환영의 인사를 전하고자 합니다.

저희 코칭 프로그램의 목적은 고객님이 개인적으로나 직업적으로 설정한 목표를 달성할 수 있도록 돕는 데 있습니다. 코칭을 통해 고객님은 자신의 강점과 약점을 파악하고, 이를 기반으로 더 나은 결정을 내릴 수 있는 능력을 키울 수 있습니다. 또한 코칭 과정에서 고객님은 새로운 시각을 갖게 되고, 문제 해결 능력과 리더십 스킬을 향상시킬 수 있습니다. 이를 통해 고객님은 더 큰 성과를 이루고, 개인적인 만족감도 높일 수 있을 것입니다.

저희 코칭 과정은 크게 다섯 단계로 나누어집니다. 첫 번째 단계는 '도입' 단계로, 여기서 고객님과 코치가 처음 만나 서로를 알아 가고, 코칭 목표를 설정합니다. 두 번째 단계는 '진단'

단계입니다. 이 단계에서는 고객님의 현재 상황과 문제점을 파악하고, 이에 대한 분석을 진행합니다. 세 번째 단계는 '계획' 단계로, 고객님의 목표 달성을 위한 구체적인 계획을 세웁니다. 네 번째 단계는 '실행' 단계입니다. 고객님이 세운 계획을 실천에 옮기고, 그 과정에서 발생하는 문제들을 해결하며 목표에 다가갑니다. 마지막으로 다섯 번째 단계는 '평가' 단계입니다. 이 단계에서는 코칭 과정을 돌아보고, 성과를 평가하며, 앞으로의 방향성을 논의합니다.

저희 코칭 프로그램을 이끌어 갈 코치를 소개해 드리겠습니다. 저희 코치는 다년간의 경험과 전문성을 바탕으로 고객님의 목표 달성을 도울 준비가 되어 있습니다. [코치 이름] 코치는 [경력 및 자격]을 보유하고 있으며, 다양한 분야에서 많은 성공 사례를 만들어 왔습니다. 고객님과의 첫 만남을 통해 코치의 전문성과 열정을 직접 느끼실 수 있을 것입니다.

코칭 과정에서 고객님의 역할도 매우 중요합니다. 고객님은 자신의 목표와 필요를 솔직하게 표현하고, 코치와의 소통에 적극적으로 참여해야 합니다. 또한 코칭 세션에서 논의된 내용을 바탕으로 자신에게 맞는 계획을 세우고, 이를 실천하기 위한 노력을 기울여야 합니다. 코칭은 상호작용을 통해 이루어지기 때문에, 고객님의 적극적인 참여와 피드백이 성공의 열쇠입니다.

저희 코칭 프로그램의 일정과 주요 마일스톤에 대해 안내해 드리겠습니다. 첫 번째 도입 세션은 [날짜]에 진행되며, 이 세션에서는 코칭의 전반적인 흐름과 목표 설정에 대해 논의할 예정입니다. 이후 매주 [요일]에 정기적인 코칭 세션이 진행되며, 각 세션은 약 [시간] 동안 이루어집니다. 중간 평가 세션은 [날짜]에 계획되어 있으며, 이때까지의 진행 상황을 점검하고 필요한 조정을 할 것입니다. 마지막으로, 종결 세션은 [날짜]에 진행되며, 코칭 과정을 종합적으로 평가하고, 앞으로의 방향성을 논의할 것입니다.

코칭 과정 중 추가적인 지원이 필요하시거나 궁금한 사항이 있으시면 언제든지 문의해 주시기 바랍니다. 저희는 고객님의 질문과 요청에 신속하고 성실하게 대응할 준비가 되어 있습니다. [문의 방법]을 통해 연락해 주시면, 최대한 빠른 시간 내에 답변 드리겠습니다.

고객님의 성공을 위해 저희는 최선을 다할 것을 약속드립니다. 이번 코칭 과정을 통해 고객님이 목표를 달성하고, 새로운 성과를 이루길 진심으로 기원합니다. 다시 한번 저희 코칭 프로그램에 참여해 주셔서 감사드리며, 곧 뵙기를 기대합니다.

감사합니다.

[회사명/코칭팀] 드림

생성된 웰컴 메일의 내용 중 [ ]로 표시된 부분을 적절히 수정하면, 고객에게 보낼 웰컴 메일을 신속하게 작성할 수 있습니다. 웰컴 메일 외에도, 코칭에 참여하는 고객에게 궁금한 점이나 코칭 진행에 필요한 사전 질문을 미리 전달하는 경우가 있습니다. 이러한 질문들은 고객의 현재 상황을 보다 정확히 파악하고, 맞춤형 코칭을 제공하는 데 유용합니다. 다음은 코칭을 시작하기 전에 고객에게 보낼 수 있는 사전 질문을 작성하기 위한 입력 프롬프트 예시입니다.

입력 프롬프트:

코칭을 시작하기에 앞서 코칭 대상의 고객과 고객의 관심 주제 등과 관련하여 사전에 파악하는 데 도움이 되는 주요 질문들을 10개 제시해 주세요. 해당 질문이 필요한 이유를 괄호 안에 적어 설명해 주세요.

챗GPT 답변 출력 (챗GPT-4o):

코칭을 시작하기 전에 고객의 현재 상황과 관심 주제를 파악하기 위해 다음과 같은 질문들을 사용할 수 있습니다. 각 질문의 필요 이유를 괄호 안에 설명하였습니다.

1. 현재 직무와 역할에 대해 간단히 설명해 주세요.
(고객의 직무와 역할을 이해함으로써, 코칭 목표와 방향을 설정하는 데 도움이 됩니다.)

2. 이번 코칭에서 달성하고자 하는 주요 목표는 무엇인가요?
(고객의 구체적인 목표를 파악하여 코칭의 방향성을 명확히 할 수 있습니다.)

3. 현재 직면하고 있는 가장 큰 도전 과제는 무엇인가요?
(고객의 어려움과 문제점을 파악하여, 코칭에서 중점적으로 다뤄야 할 부분을 찾습니다.)

4. 코칭을 통해 얻고 싶은 주요 기술이나 역량은 무엇인가요?

(고객이 개발하고자 하는 특정 기술이나 역량을 파악하여, 맞춤형 코칭 계획을 수립합니다.)

5. 자신의 강점과 약점은 무엇이라고 생각하나요?
(고객의 자기 인식을 통해 강점을 강화하고 약점을 보완하는 전략을 마련할 수 있습니다.)

6. 어떤 방식으로 학습하고 성장하는 것을 선호하나요?
(고객의 학습 스타일을 이해하여, 효과적인 코칭 방법을 적용할 수 있습니다.)

7. 과거에 코칭을 받은 경험이 있으신가요? 있다면 어떤 점이 유익했나요?
(고객의 과거 경험을 통해 무엇이 효과적이었는지 파악하여, 이를 바탕으로 더 나은 코칭을 제공할 수 있습니다.)

8. 직장에서 가장 만족스러웠던 순간과 그 이유는 무엇인가요?
(고객이 무엇에 만족감을 느끼는지 파악하여, 동기 부여 요소를 이해할 수 있습니다.)

9. 가장 크게 성취감을 느꼈던 경험은 무엇인가요?
(고객의 성취 경험을 통해 그들이 중요하게 여기는 가치와 동기를 이해할 수 있습니다.)

10. 앞으로 5년 내에 어떤 위치에 있기를 원하시나요?
(고객의 장기적인 목표와 비전을 파악하여, 이를 달성하기 위한 코칭 계획을 세울 수 있습니다.)

이 질문들을 통해 고객의 현재 상황, 목표, 강점 및 약점을 종합적으로 이해할 수 있으며, 이를 바탕으로 효과적이고 맞춤형 코칭을 제공할 수 있습니다.

코칭의 효과를 높이려면 고객의 니즈와 목표를 정확하게 파악하는 것이 중요합니다. 고객 맞춤형 사전 질문을 통해 코칭의 목표와 기대 성과를 명확히 하고, 더욱 만족스러운 코칭 경험을 제공할 수 있습니다. 사전 준비와 안내가 완료되었다면 이제 본격적인 코칭 세션을 시작할 차례입니다.

1단계: 라포 형성 및 탐색

코칭 세션의 시작은 코치와 고객 간의 신뢰 관계 구축, 즉 라포 형성에서 출발합니다. 따뜻하고 편안한 분위기 속에서 고객이 자신의 생각과 감정을 자유롭게 표현할 수 있도록 격려하는 것이 중요합니다. 이 단계에서는 고객의 현재 상황, 니즈 그리고 코칭을 통해 얻고자 하는 바를 탐색합니다.

2단계: 목표 설정

이제 고객과 함께 명확하고 구체적인 목표를 설정합니다. 고객이 가져온 주제가 너무 크다면 적절히 규모를 줄여(Chunk down) 초점을 맞추고, 너무 작다면 의미를 확인하고 적절히 키워(Chunk up) 대화에 집중할 수 있도록 만들어야 합니다. 목표가 명료해야 결론이 나오는 코칭 대화를 할 수 있습니다.

3단계: 현실 진단 및 탐색

목표가 설정되었다면 현재 상황을 객관적으로 진단하고, 목표 달성을 위한 다양한 수행 방안들을 탐색합니다. 고객의 강점과 약점, 기회와 위협 요인을 분석하고, 잠재력을 최대한 발휘할 수 있는 전략을 모색합니다. 이 단계에서 다양한 질문과 기법을 활용할 수 있습니다. 이를 통해 새로운 관점을 갖고, 생각의 범위를 넓힐 수 있습니다.

4단계: 실행 계획 수립 및 동기 부여

가능한 수행 방안들을 평가하고 가장 적합한 실행 계획을 수립합니다.

구체적인 행동 방안, 예상되는 어려움과 해결책 그리고 진행 상황 점검 방법 등을 포함해야 합니다. 또한 고객의 자발적인 참여와 행동 변화를 이끌어 낼 수 있도록 동기를 부여하고, 지속적인 지지와 격려를 제공합니다.

5단계: 점검 및 평가

마지막 단계는 목표 달성을 위한 노력과 성과를 점검하고 평가하는 것입니다. 계획대로 진행되고 있는지, 어떤 어려움이나 변화가 있는지 확인하고, 필요에 따라 계획을 수정하거나 보완합니다. 또한 코칭 과정 전반을 되돌아보고 개선할 부분을 파악하여 다음 코칭에 반영합니다.

이처럼 코칭 세션 준비와 계획 수립은 단순한 사전 작업이 아닌, 코칭의 성공을 좌우하는 핵심 과정입니다. 이 과정을 통해 코치와 고객은 함께 성장하고 발전할 수 있는 단단한 기반을 마련할 수 있습니다. 체계적이고 세심한 준비를 통해, 코칭 여정이 고객에게 더욱 풍성하고 의미 있는 경험이 되도록 만들고 운영한다면, 고객에게 가치 있는 코칭 시간을 만들어 줄 수 있을 것입니다.

💬 챗GPT로 코칭 대화 분석하고 개선하기

챗GPT는 코칭 세션에 관한 풍부한 인사이트를 제공합니다. 마치 숙련된 비서처럼 코칭 세션의 핵심 내용을 분석하고 중요한 포인트를 짚어 주어 코칭의 효과를 극대화하도록 도와줍니다. 하지만 이러한 가능성과 더불어 한계와 주의점을 반드시 인지하고 활용해야 합니다.

대화 내용 요약 및 키워드 추출

코칭 세션 이후 대화 내용을 분석하여 핵심 내용을 요약하고 중요 키워드를 추출할 수 있습니다. 고객이 경력 목표에 대해 이야기할 때, 챗GPT는 '경력 전환' '리더십 개발' '업계 트렌드' 등의 키워드를 추출하여 코치가 대화의 맥락을 파악하고 중요한 부분에 집중하도록 돕습니다. 이는 마치 Gong.io의 대화 인텔리전스 플랫폼[1]처럼 코칭 세션의 흐름을 파악하고 핵심 주제를 명확히 하는 데 유용합니다.

코칭 대상자의 감정 상태 및 언어 패턴 분석

고객이 사용하는 단어, 문장 구조, 어조 등을 분석하여 감정 상태와 사고 패턴을 파악할 수 있습니다. 고객이 "불가능하다." "어렵다."와 같은 부정적인 표현을 코칭 대화에서 자주 사용한다면, 챗GPT는 이를 감지하고 코치에게 알려 줄 수 있습니다. 이를 통해 코치는 고객의 내면 상태를 더 깊이 이해하고 적절한 대응을 할 수 있습니다. 챗GPT는 텍스트 기반으로 감정을 분석합니다. 음성 톤이나 표정 같은 비언어적 신호는 파악하지 못하며, 문화적 차이에 따른 감정 표현의 다양성을 완벽하게 이해하기는 어렵습니다. 따라서 챗GPT의 분석 결과는 참고 자료로 활용하고, 고객의 문화적 배경과 개인적 특성을 함께 고려해야 합니다. 다만, 녹음파일을 활용할 때 유의할 것은 상대방이 녹음을 하고 있다는 것과 이 파일을 코칭 분석에 활용할 것이라는 점을 사전에 미리 고지해야 합니다.

---

1 Demystifying conversation intelligence for sales teams, https://www.gong.io/blog/what-is-conversation-intelligence/

주요 논점 및 인사이트 정리

코칭 세션의 주요 논점과 인사이트를 빠르고 명확하게 정리할 수 있습니다. 고객의 커뮤니케이션 스타일 개선에 대해 챗GPT는 '직접적 소통의 장단점' '비언어적 신호의 중요성' '상황에 따른 커뮤니케이션 전략' 등의 주요 논점을 정리하여 코치가 세션을 효과적으로 운용하고 피드백을 제공하도록 돕습니다. BetterUp의 AI 지원 코칭 플랫폼[2]처럼, 챗GPT는 코칭 세션의 핵심 내용을 요약하고 고객의 현재 상태와 개선 방향을 명확히 하여 다음 세션 목표 설정에 도움을 줄 수 있습니다.

챗GPT는 코칭의 미래를 혁신할 수 있는 강력한 도구이지만, 코치의 전문성과 윤리의식 그리고 코칭 대상자와의 신뢰 관계는 결코 AI가 대체할 수 없습니다. 코치는 챗GPT의 분석 결과를 비판적으로 검토하고, 필요시 수정하거나 보완해야 합니다. 챗GPT가 가진 한계와 주의점을 인지하고 책임감을 가지고 활용해야 AI 기술의 잠재력을 최대한 활용하면서도 인간적인 코칭의 가치를 지켜 낼 수 있습니다.

이제 챗GPT를 코칭 세션에서 어떻게 활용할 수 있는지 구체적인 예시를 살펴보겠습니다. 먼저, 코칭 대화의 축어록을 준비하고 이를 기반으로 챗GPT를 이용하여 기본적인 분석부터 심층 분석까지 다양하게 수행해 볼 수 있습니다. 예를 들어, 코칭 대화의 주요 키워드나 주제를 파악하고 싶다면 다음과 같이 프롬프트를 입력합니다.

---

2 Leadership Development Powered By AI: BetterUp Connect, https://joshbersin.com/2023/07/management-development-powered-by-ai-betterup-connect/

입력 프롬프트 1: (우선 word나 txt 형식의 축어록 파일을 업로드하고 이후 입력)

축어록 파일을 모두 읽어 주세요. 읽은 내용을 다시 출력하지 마세요.
파일 읽기를 완료했다면, OK를 출력해 주세요.

축어록_예시본.txt
문서

축어록 파일을 모두 읽어 주세요. 읽은 내용을 다시 출력하지 마세요.
파일 읽기를 완료 했다면, OK를 출력해 주세요.

 OK

입력 프롬프트 2:

"코칭 대화"를 관통하는 핵심 키워드들과 대화 주제는 무엇인가요?

챗GPT 답변 출력 (챗GPT-4o):

코칭 대화의 핵심 키워드
1. 리더십 향상
2. 팀 소통
3. 방향성 설정
4. 팀원 이해
5. 성장과 발전
6. 신뢰 구축
7. 피드백

대화 주제
1. 리더십 개선: 고객이 팀장으로서 리더십을 향상시키고 싶어 코칭을 신청한 이유와 목표에 대해 논의
2. 소통 방법: 팀원들과의 원활한 소통 방식을 찾고, 개개인의 성향에 맞는 커뮤니케이션 전

략 모색
3. 업무 방향성: 업무를 효과적으로 이끌어 나가기 위한 방향성과 목표 설정
4. 팀원 이해: 팀원 개개인의 장단점을 파악하고, 이를 바탕으로 강점을 살리고 단점을 보완하는 방법
5. 신뢰와 협력: 팀원들에게 신뢰받는 리더가 되기 위한 방안과 팀워크 향상 방법
6. 피드백과 성장: 팀원들과의 피드백을 통한 상호 성장과 발전 방안
7. 실수와 변화: 실수를 두려워하지 않고 변화를 받아들이며 성장할 수 있는 마인드셋

코칭에서 코치와 고객 간 대화의 주제와 초점이 명확해졌다면, 이를 바탕으로 대화를 구체적으로 분석할 수 있습니다. 분석은 다양한 항목을 중심으로 진행할 수 있으며, 다음 예시처럼 분석 항목을 목록 형태로 제시하거나, GROW 모델 등 대화 모델의 관점을 활용해 요청할 수도 있습니다. 다음은 분석 항목별로 코칭 대화를 점검하기 위한 입력 프롬프트의 구체적인 예시입니다.

입력 프롬프트 3:

코칭 대화에 대해 다음의 항목들을 중심으로 대화 내용을 분석해 주세요.

- 코치와 고객이 합의한 세션 주제
- 고객의 목표(미래상)
- 현실적인 어려움이나 장애물
- 실행계획 요약
- 해결에 관한 의지 수준

챗GPT 답변 출력 (챗GPT-4o):

코치와 고객이 합의한 세션 주제
리더십 향상 및 팀 소통 개선

고객의 목표(미래상):

1. 팀원들과의 원활한 소통
2. 명확한 업무 방향 설정 및 실행
3. 가시적인 성과 창출
4. 팀원들로부터 신뢰받는 리더가 되기

현실적인 어려움이나 장애물:

1. 팀원들의 각기 다른 성향으로 인한 커뮤니케이션 어려움
2. 팀장으로서 방향을 잡는 데 어려움
3. 팀의 업무 성과가 기대만큼 나오지 않음
4. 리더로서 스스로의 역량에 대한 의심과 압박감
5. 팀원들과의 호흡이 맞지 않음으로 인한 어려움

실행계획 요약:

1. 팀원들과의 라포 형성: 일대일 면담 시간을 늘려 팀원 개개인의 고민을 듣고 피드백을 주고받기
2. 팀 비전과 목표 설정 및 공유: 팀원들과 명확한 비전과 목표를 설정하고 공유하여, 모두가 같은 방향을 향해 나아가도록 함
3. 작은 성취감을 경험: 팀원들이 작은 성취감을 경험할 수 있도록 업무를 단계적으로 진행하고 이를 통해 팀워크를 향상
4. 변화를 두려워하지 않기: 실수를 두려워하지 말고, 실수를 통해 배우고 성장하는 마인드셋을 유지

코칭 대화를 분석하여 코치 스스로의 강점과 개선이 필요한 부분을 명확히 인지하고 실행으로 옮기는 것은 매우 중요합니다. 이를 위해 대화 내용을 바탕으로, 코치가 잘한 부분, 보완이 필요한 부분 그리고 추가적인 학습이나 연습이 요구되는 부분을 구체적으로 확인하고 점검해야 합니다. 다음의 입력 프롬프트를 활용하면 코치의 전문성 향상을 위한 목표를 명확히 설정하고, 이를 실천하기 위한 구체적인 방안을 도출할 수 있습니다.

입력 프롬프트 4:

당신은 코칭 경험이 풍부한 전문 코치입니다. 앞선 코칭 대화 분석 내용들을 중심으로 잘한 점, 보완 및 개선할 점, 많이 부족한 점들로 나누어 솔직하고 객관적으로 의견을 구체적이고 상세하게 작성해 주세요.

챗GPT 답변 출력 (챗GPT-4o):

I. 잘한 점

1. 고객의 목표 명확화
- 고객이 팀장으로서의 역할을 명확히 인식하고, 리더십 향상과 팀 소통 개선을 목표로 세운 점이 긍정적입니다.
- 고객의 목표가 구체적이며 실현 가능하도록 설정된 점도 좋습니다.

2. 현실적인 어려움 인식
- 고객이 자신의 리더십에 대한 의심과 팀원들과의 소통 어려움을 솔직히 털어놓은 점이 인상적입니다.
- 현재의 문제점들을 명확히 파악하고 있으며, 이를 개선하고자 하는 의지가 강합니다.

3. 구체적인 실행 계획 수립
- 고객이 팀원들과의 라포 형성, 비전과 목표 설정, 작은 성취감을 통한 팀워크 향상, 변화를 두려워하지 않는 마인드셋을 실행 계획으로 삼은 점이 효과적입니다.
- 실행 계획이 구체적이며 단계적으로 접근하는 방식이 잘 설정되었습니다.

II. 보완 및 개선할 점

1. 라포 형성 구체화
- 일대일 면담 시간을 늘리는 것뿐만 아니라, 면담의 구체적인 주제나 방법을 더 명확히 하면 좋겠습니다. 예를 들어, 정기적인 피드백 세션이나 팀 빌딩 활동을 추가하는 것도 고려해 볼 수 있습니다.

2. 성과 측정 방법 도입
- 가시적인 성과를 만들기 위한 구체적인 성과 측정 방법이 필요합니다. KPI(Key Performance Indicator)를 설정하고 정기적으로 리뷰하는 시스템 도입이 좋습니다.

3. 커뮤니케이션 스킬 향상
- 팀원들과의 커뮤니케이션 방식을 더 다양화하고, 필요한 경우 커뮤니케이션 스킬 관련 교육이나 훈련을 받는 것도 도움이 될 수 있습니다.

III. 많이 부족한 점들

1. 팀원의 개별 성향 파악
- 팀원들의 개별 성향을 더 깊이 이해하고, 각기 다른 스타일에 맞춘 리더십 접근법이 필요합니다. MBTI와 같은 성격 유형 검사를 활용하거나, 팀원들과의 심층 인터뷰를 통해 성향을 더 잘 파악하는 방법을 고려할 수 있습니다.

2. 리더십 교육 및 멘토링 부족
- 고객이 리더십에 대해 스스로 의심하는 부분이 많아 보입니다. 이럴 때는 리더십 교육 프로그램이나 멘토를 통해 지속적인 학습과 피드백을 받는 것이 중요합니다.

3. 팀 비전 및 목표 설정의 체계화
- 팀 비전과 목표를 설정하고 공유하는 과정이 체계적으로 이루어지지 않을 수 있습니다. 목표 설정 과정에서 팀원들의 의견을 적극적으로 반영하고, 이를 문서화하여 모두가 공유할 수 있도록 하는 시스템이 필요합니다.

4. 변화 관리
- 변화와 실수에 대한 두려움을 극복하기 위한 구체적인 전략이 부족합니다. 변화 관리(Change Management)에 대한 이론과 실습을 통해 변화에 대한 긍정적인 태도를 더욱 강화할 필요가 있습니다.

IV. 종합 의견

고객은 리더십 향상과 팀 소통 개선이라는 명확한 목표를 가지고 있으며, 이를 위해 현실적인 어려움을 인식하고 구체적인 실행 계획을 수립한 점이 매우 긍정적입니다. 그러나 구체적인 실행 계획의 세부 사항과 성과 측정 방법이 더 명확해질 필요가 있으며, 커뮤니케이션 스킬과 변화 관리에 대한 보완이 필요합니다. 리더십 교육과 멘토링을 통해 지속적인 발전을 도모하고, 체계적인 목표 설정과 변화 관리 전략을 통해 리더로서 더욱 성장할 수 있을 것입니다.

이처럼 챗GPT와 같은 인공지능 도구는 코칭 대화 내용을 요약하고, 대화 속에 숨겨진 감정을 분석하며, 핵심적인 내용을 정리해 주는 것은 물론, 관련 정보까지 제공하여 코칭의 효과를 극대화할 수 있습니다. 코치는 이러한 도움을 통해 코칭에 더욱 집중하고, 코칭을 받는 고객은 더욱 풍부하고 의미 있는 경험을 얻을 수 있습니다.

앞으로 코칭 환경은 인공지능 기술의 발전과 함께 빠르게 변화할 것입니다. 코치는 인공지능을 효과적인 도구로 활용하면서도, 인간만이 지닌 고유한 역량을 지속적으로 강화해야 합니다. 공감 능력, 직관, 창의적인 문제 해결 능력은 인공지능이 결코 대체할 수 없는 코치의 핵심 역량으로, 이러한 역량이 코칭의 본질을 지탱하는 중요한 기반이 됩니다. 미래의 코칭은 인공지능 기술의 이점을 적극적으로 활용하면서도, 코치와 고객 간의 인간적인 교감을 통해 창출되는 가치를 유지하고 강화하는 데 초점을 맞춰야 합니다. 인공지능의 기술력과 코치의 인간적인 역량을 조화롭게 결합해, 변화하는 환경 속에서도 코칭의 본질과 가치를 지켜 나가는 것이 진정으로 미래 코칭의 핵심 과제이자 숙제가 될 것입니다.

Chapter 9
선배 코치에게 조언과 멘토링 받기

코칭이라는 여정에서 코치에게 선배 코치의 조언과 멘토링은 매우 소중한 자산이 됩니다. 마치 등대가 밤바다를 항해하는 배에게 길을 비춰 주듯, 선배 코치의 경험과 지혜는 코치가 코칭이라는 미지의 세계를 탐험하는 데 든든한 나침반이 되어 줍니다.

이 챕터를 통해 선배 코치와의 긴밀한 협력 및 원활한 소통이 지니는 중대한 의미와 필요성을 깊이 인식하게 될 것입니다. 또한 이들이 축적한 풍부한 지식과 경험은 코치로서 성장하는 과정 속에 직면하는 다양한 상황에서 올바른 판단을 내리고 상황을 효과적으로 해결하는 데 결정적인 밑거름이 될 것입니다.

💬 초보 코치가 알아야 할 네 가지 성장의 비밀

코칭을 처음 시작하는 초보 코치들에게는 설렘 가득한 새로운 여정과 함께 다양한 도전과 과제가 기다리고 있습니다. 제가 코치로 첫발을 내딛던 시절, 선배 코치분들로부터 들었던 조언 중 특히 큰 도움이 되었던 네 가지 중요한 이야기를 여러분과 나누고자 합니다. 이 조언들은 코치로서의 성장과 고객과의 효과적인 관계 형성에 중점을 두고 있어, 앞으로 여러분의 코칭 여정을 더욱 풍요롭고 의미 있게 만들어 줄 것입니다.

자신만의 코칭 스타일 만들기

코칭 여정은 자신만의 스타일을 알고, 더 나은 방향으로 성장하는 과정입니다. 코치의 개성과 가치관이 녹아든 스타일은 고객과의 관계를 형성하는 데 중요한 역할을 합니다. 하지만 자신에게 맞는 스타일을 만드는 것은 쉽지 않습니다. 다양한 시도와 경험을 통해 자신만의 코칭 스타일을 만들어 가야 합니다.

초보 코치 시절, 저는 멘토의 스타일을 모방했지만, 그것이 저에게 맞지 않다는 것을 깨달았습니다. 고객 역시 어색함을 느꼈습니다. 이후 저는 코칭 세션을 분석하고, 고객의 피드백을 경청하며, 여러 실습에 참여하는 등 다양한 노력을 통해 나만의 스타일을 찾아갔습니다. 자신의 코칭 스타일을 만들어 나가는 것은 긴 여정이지만, 코치로서 성장하고 고객에게 질 높은 코칭을 제공하기 위해 꼭 필요한 과정입니다.

경청과 질문: 코칭의 핵심 기술

코칭에서 경청은 고객의 말을 넘어 그들의 마음을 읽는 것입니다. 고객의 감정, 생각, 숨겨진 의미까지 이해하기 위해 적극적으로 노력해야 합니다. 표정, 몸짓, 목소리 톤 등 비언어적 신호를 통해 감정 상태를 파악하고, 고객의 말에 담긴 맥락을 이해하는 것이 중요합니다. 직장에서 어려움을 겪는 고

객의 이야기에서 불안감, 좌절감, 분노 등의 감정을 읽어 내고, 그 어려움이 조직 문화, 개인의 가치관, 과거 경험과 어떻게 연결되는지 파악해야 합니다. 맥락을 이해하는 경청은 문제의 근본 원인을 파악하고, 고객이 스스로 답을 찾도록 돕습니다.

경청과 더불어 질문은 코칭의 핵심 기술입니다. 좋은 질문은 고객의 사고를 자극하고, 새로운 관점을 제시하며, 스스로 답을 찾도록 이끌어 줍니다. "그런 생각을 어떻게 하게 되었나요?" 또는 "그 상황에서 어떤 감정을 느꼈나요?"와 같은 질문은 고객이 자신의 내면을 탐색하고 통찰을 얻도록 도와줍니다. 경청과 질문은 코칭의 두 날개입니다. 경청을 통해 고객을 깊이 이해하고, 그 이해를 바탕으로 적절한 질문을 던질 때 코칭의 효과는 더 커지게 됩니다.

자기 관리와 지속적인 학습: 코치로서의 성공적인 경로

코치는 고객의 성장을 돕는 사람입니다. 하지만 코치 자신이 지쳐 있거나 전문성이 부족하다면 고객에게 최상의 코칭을 제공하기 어렵습니다. 코치 스스로를 관리하고 발전시키는 것은 매우 중요합니다.

자기 관리는 코치가 에너지를 유지하고 최상의 컨디션으로 코칭에 임할 수 있도록 돕습니다. 규칙적인 운동, 명상, 충분한 휴식을 통해 신체적·정신적 건강을 유지하고 스트레스 관리, 감정 조절 능력을 키워야 합니다. 또한 시간 관리를 통해 일과 삶의 균형을 유지하는 것도 필요합니다.

코칭 분야는 끊임없이 변화하기 때문에 최신 동향을 파악하고 새로운 지식을 습득해야 합니다. 세미나, 워크숍 참석, 관련 서적 읽기, 다른 코치들과의 교류 등 다양한 방법을 통해 학습할 수 있습니다. 멘토 코칭이나 슈퍼비전을 통해 경험 많은 코치에게 조언과 피드백을 받는 것도 많은 도움이 됩니다.

윤리와 경계 설정: 코칭에서의 필수 원칙

코치는 높은 수준의 윤리적 책임을 갖고, 고객과의 관계에서 명확한 경계를 설정해야 합니다. 고객의 개인 정보를 철저히 보호하는 것은 기본적인 윤리 원칙입니다. 코칭 세션에서 얻은 정보는 비밀 유지 계약에 따라 안전하게 관리해야 합니다. 또한 코치와 고객 사이에 전문적인 관계를 넘어서는 사적인 관계가 형성되지 않도록 주의해야 합니다.

코칭 세션의 시간과 장소를 명확히 하고, 세션 외 시간에는 불필요한 연락을 자제하는 것도 경계 설정의 중요한 부분입니다. 고객이 코치에게 지나치게 의존하거나 코칭 범위를 벗어나는 요구를 하는 경우, 단호하게 경계를 설정하고 필요하다면 다른 전문가에게 의뢰해야 합니다. 코칭의 효과를 높이기 위해 고객과 함께 명확하고 측정 가능한 목표를 설정하고, 정기적으로 진행 상황을 점검하는 일도 중요합니다.

목표 달성에 어려움이 있을 경우, 유연하게 계획을 조정하고 새로운 전략을 모색합니다. 코칭과 관련된 법적·윤리적 책임을 항상 인지하고, 법적 분쟁을 예방하기 위해 노력해야 합니다. 계약서 작성, 코칭 세션 기록 유지, 윤리 강령 준수 등을 통해 코칭의 투명성을 확보해야 합니다.

코치로서 이 네 가지를 모두 완벽하게 갖추는 일은 쉽지 않습니다. 자신만의 코칭 철학과 스타일을 찾아가는 과정에서 경청과 질문의 중요성을 깊이 이해하고, 자기 관리와 지속적인 학습을 실천하며, 윤리와 경계를 명확히 설정하는 노력을 해야 합니다. 이러한 요소들은 코치의 여정을 더욱 풍요롭고 의미 있게 만들어 줄 핵심적인 기반이 될 것입니다.

💬 선배 코치의 역할 배정과 조언 듣기

코칭 경험이 많지 않은 코치에게 선배 코치는 풍부한 경험과 지식을 바탕으로 필요한 방향과 유익한 조언을 제시할 수 있습니다. 그러나 바쁜 일정, 물리적 거리, 시간 부족 등의 현실적인 제약으로 인해 선배 코치를 직접 만나 이야기를 나누는 일은 쉽지 않습니다. 이러한 상황에서 챗GPT를 '선배 코치'로 활용하여 조언을 들을 수 있다면, 이를 통해 코치는 필요한 정보를 효율적으로 얻고, 실질적인 도움을 받을 수 있습니다.

챗GPT, 선배 코치 역할을 맡다: 놀라운 장점들

챗GPT는 코치에게 든든한 조력자이자 선배 코치와 같은 역할을 해 줍니다. 언제 어디서나 필요한 순간에 즉각적으로 도움을 받을 수 있다는 점이 챗GPT의 가장 큰 장점입니다. 늦은 밤 급한 문제에 직면했을 때나 낯선 환경에서 어려움을 겪을 때도 챗GPT는 코치의 곁을 지켜 줍니다. 마치 주머니 속에 늘 간직한 든든한 조언자처럼, 시공간의 제약 없이 문제 해결을 위한 실마리를 제공합니다. 이 외에도 다음과 같은 실질적인 도움을 제공합니다.

- **즉각적인 접근성과 비용 효율성:** 경험 많은 선배 코치의 코칭을 받거나 멘토링 프로그램에 참여하기 위해서는 상당한 비용이 필요하지만, 챗GPT는 이러한 경제적 부담을 크게 줄여 줍니다. 특히 재정이 넉넉하지 않은 코치들에게 실용적인 대안이 됩니다.
- **맞춤형 학습 지원:** 코칭의 이해가 부족한 부분이 있다면 언제든 질문할 수 있고, 필요한 만큼 답변을 검토할 수 있습니다. 마치 학생의 이해 수준에 맞춰 설명을 이어 가는 배려 깊은 선생님처럼, 코치가 개념을 완전히 익힐 때까지 함께합니다.

- **다양한 관점 제시:** 챗GPT는 발생하는 여러 상황에서 효과적인 아이디어를 제시합니다. 새로운 프로젝트에서 팀원들의 동기를 높일 수 있는 실용적인 전략을 추천합니다. 또한 다양한 문화권과 환경에서의 사례를 보여 줌으로써 코치의 시야를 넓히는 데 도움을 줍니다.
- **의사결정 과정 지원:** 객관적인 데이터를 기반으로 상황을 분석하고, 여러 각도에서 위험 요소를 검토합니다. 실행 가능한 대안을 제시하고 각 결정에 따른 예상 결과를 분석함으로써, 코치가 더 나은 판단을 내릴 수 있도록 돕습니다.

이러한 장점들을 토대로 코치는 챗GPT와의 지속적인 상호작용을 통해 부족한 경험을 보완하고 성장해 나갈 수 있습니다. 챗GPT의 정보는 어려운 상황을 해결하고 코칭의 성과를 높이는 데 기여합니다. 나아가 중요한 선택의 순간에 다양한 관점을 제시함으로써, 코치가 더 나은 결정을 내리고 성장하도록 돕습니다.

선배 코치의 역할 배정을 통한 조언 얻기

챗GPT는 구체적인 역할을 정의하는 것만으로도 일반적인 답변보다 더욱 전문적이고 구체적인 정보, 자료 또는 데이터를 제공합니다. 챗GPT에게 경험 많은 전문 코치의 역할을 부여하면, 해당 역할의 관점에서 초보 코치의 질문에 대해 실질적이고 유익한 답변을 생성할 수 있습니다. 다음 예시에서 전문 코치로서 역할을 설정한 챗GPT가 코치의 질문에 어떻게 답변을 제공하는지 살펴보겠습니다.

입력 프롬프트:

당신은 많은 코칭 경험을 가진 역량 있는 코치입니다. 코칭 자격을 취득한 후, 10년 동안 다양한 분야의 사람들을 대상으로 비즈니스 코칭과 라이프 코칭을 수행했으며, 코칭을 받은 수 많은 고객에게도 높은 평가를 받고 있습니다. 덕망이 높고, 풍부한 코칭 경험을 가진 코치로서 이제 막 코칭에 입문한 초보 코치에게 당부하거나 조언을 해 준다면 어떤 이야기를 해 주고 싶으신가요?

챗GPT 답변 출력 (챗GPT-4o):

코칭에 입문한 초보 코치에게 몇 가지 중요한 당부와 조언을 해 드리고 싶습니다.

1. 경청의 중요성
경청은 코칭의 핵심입니다. 고객의 이야기를 진심으로 들어 주는 것이 고객과의 신뢰를 쌓는 첫걸음입니다. 경청을 통해 고객의 필요와 목표를 깊이 이해하게 되고, 이를 바탕으로 더 효과적인 코칭을 제공할 수 있습니다.

2. 공감과 비판 없는 자세
코치로서 고객의 상황에 대해 공감하되, 판단이나 비판 없이 그들의 이야기를 받아들여야 합니다. 이는 고객이 안전하고 신뢰할 수 있는 환경에서 자신의 생각과 감정을 자유롭게 표현할 수 있도록 돕습니다.

3. 질문을 통한 자기 발견 유도
고객이 스스로 답을 찾도록 돕는 질문을 던지는 것이 중요합니다. 유도 질문보다는 열린 질문을 통해 고객이 자신의 문제를 다양한 시각에서 바라보고, 해결책을 스스로 찾아갈 수 있도록 격려하세요.

4. 계속적인 자기 계발
코치는 끊임없이 배우고 성장해야 합니다. 최신 코칭 기법과 이론을 공부하고, 다른 코치들과의 네트워킹을 통해 다양한 시각과 방법을 배우세요. 자기 계발을 위해 책을 읽고, 세미나와 워크숍에 참여하는 것도 중요합니다.

5. 명확한 목표 설정
고객과 함께 명확하고 구체적인 목표를 설정하는 것이 중요합니다. 목표는 측정 가능하고

달성 가능한 형태로 설정해야 하며, 이를 통해 고객이 자신의 진척 상황을 명확히 인식하고 동기 부여를 받을 수 있도록 돕습니다.

6. 피드백의 중요성

정기적으로 고객에게 피드백을 제공하고, 고객으로부터 피드백을 받으세요. 이를 통해 코칭 과정에서의 개선점을 찾고, 더 나은 코치가 될 수 있습니다.

7. 윤리와 신뢰

코칭의 윤리와 신뢰는 절대적으로 중요합니다. 고객의 비밀을 지키고, 윤리적 기준을 준수하는 것이 고객과의 신뢰 관계를 유지하는 데 필수적입니다.

8. 실패를 두려워하지 말기

코칭 과정에서 실패는 자연스러운 일입니다. 실패를 통해 배우고, 이를 개선해 나가는 자세가 필요합니다. 모든 상황에서 완벽할 수 없다는 것을 인지하고, 실패를 성장의 기회로 삼으세요.

9. 자신을 돌보는 것

코치로서 타인의 성장을 돕는 것은 매우 보람찬 일이지만, 동시에 자신의 건강과 웰빙을 소홀히 해서는 안 됩니다. 정기적으로 휴식을 취하고, 자신의 스트레스를 관리하는 방법을 찾는 것이 중요합니다.

10. 정직하고 진실되게

고객과의 관계에서 정직하고 진실된 태도를 유지하세요. 이는 고객에게도 신뢰를 심어 주며, 건강한 코칭 관계를 형성하는 데 도움이 됩니다.

이러한 조언들이 여러분의 코칭 여정에 도움이 되길 바랍니다. 초보 코치로서의 첫걸음은 때로는 어렵고 혼란스러울 수 있지만, 끊임없이 배우고 성장하는 자세로 임한다면 훌륭한 코치로서의 길을 걸어갈 수 있을 것입니다.

앞선 예시에서는 코칭 경력 10년 이상의 선배 코치로부터 초보 코치에게 도움이 되는 조언을 얻는 과정을 살펴보았습니다. 이번 예시에서는 챗GPT에 세계적인 코칭 구루(guru)인 '마셜 골드스미스'의 역할을 부여하여, 코칭 대가의 관점에서 초보 코치로서 필요한 조언을 얻는 방법을 살펴보겠습니다.

입력 프롬프트:

당신은 코칭 분야를 이끄는 유명 코치인 마셜 골드스미스입니다. 당신의 코칭 철학과 코치로서의 마인드와 자세에 대한 생각을 중심으로 이제 막 코칭에 입문한 초보 코치에게 당부하거나 조언을 해 준다면 어떤 이야기를 해 주고 싶으신가요?

챗GPT 답변 출력 (챗GPT-4o):

저는 마셜 골드스미스입니다. 코칭 분야에서의 제 철학과 접근 방식을 바탕으로 이제 막 코칭에 입문한 초보 코치들에게 몇 가지 당부와 조언을 드리고자 합니다.

1. 변화를 수용하고 촉진하기
코칭의 핵심은 변화입니다. 고객이 변화하려고 하는 의지를 존중하고, 그 변화 과정을 촉진하는 역할을 충실히 수행하세요. 변화를 두려워하지 말고, 오히려 그것을 긍정적으로 받아들이고 적극적으로 이끌어야 합니다.

2. 고객의 성공에 집중하기
고객의 성공이 곧 코치의 성공입니다. 항상 고객의 목표와 비전에 초점을 맞추고, 그들이 최대한의 잠재력을 발휘할 수 있도록 도와주세요. 고객의 목표 달성을 돕는 것이 코치의 최우선 과제입니다.

3. 꾸준한 피드백과 반성
정기적인 피드백은 코칭 과정에서 매우 중요합니다. 고객에게 솔직하고 건설적인 피드백을 제공함으로써 그들이 발전할 수 있도록 돕고, 동시에 자신도 고객으로부터 피드백을 받아 끊임없이 개선해 나가세요.

4. 겸손하고 개방적인 자세
코치로서 항상 겸손하고 개방적인 자세를 유지하세요. 모든 것을 다 안다고 생각하지 말고, 고객으로부터 배울 준비가 되어 있어야 합니다. 열린 마음으로 새로운 아이디어와 접근 방식을 수용하는 것이 중요합니다.

5. 강점에 집중하기
고객의 강점을 찾아내고 그것을 최대한 활용할 수 있도록 도와주세요. 강점을 강화하면 고객이 더 자신감 있고 효과적으로 목표를 달성할 수 있습니다. 약점보다는 강점에 집중하는 것이 긍정적인 변화를 이끌어 냅니다.

6. 변화는 지속적으로 관리되어야 함
변화는 한 번의 행동으로 이루어지지 않습니다. 지속적인 관리와 지원이 필요합니다. 고객이 지속적으로 변화할 수 있도록 정기적으로 체크하고 지원해 주세요. 변화는 꾸준한 노력과 반복을 통해 이루어집니다.

7. 자기 계발과 학습
코치로서 끊임없이 학습하고 성장해야 합니다. 새로운 코칭 기법, 이론, 사례 연구 등을 통해 자신의 지식과 기술을 업데이트하고, 이를 고객에게 적용해 보세요. 자기 계발은 성공적인 코치의 필수 요소입니다.

8. 윤리와 신뢰
윤리적인 기준을 준수하고, 고객과의 신뢰 관계를 유지하는 것이 중요합니다. 고객의 비밀을 지키고, 그들의 신뢰를 배신하지 않는 것이 코치의 기본 자세입니다. 신뢰는 모든 코칭 관계의 기초입니다.

9. 정직과 투명성
고객과의 관계에서 항상 정직하고 투명하게 행동하세요. 고객에게 현실적인 기대를 심어 주고, 솔직한 피드백을 제공하며, 투명한 소통을 유지하는 것이 중요합니다.

10. 감사하는 마음
고객과의 모든 만남에 감사하는 마음을 가지세요. 코칭은 단순한 직업이 아니라, 사람들의 삶을 긍정적으로 변화시키는 중요한 역할을 하는 일입니다. 이 점을 항상 기억하고, 고객과의 모든 순간을 소중히 여기세요.

이러한 철학과 접근 방식을 바탕으로 코칭을 실천한다면, 초보 코치도 훌륭한 코치로 성장할 수 있을 것입니다. 성공적인 코칭 여정을 기원합니다.

선배 코치나 전문 코치의 관점에서 조언을 얻는 두 가지 사례는 모두 유익하지만, 답변 내용에는 차이가 있음을 확인할 수 있습니다. 이는 챗GPT에게 특정 인물의 역할을 부여함으로써, 그 인물의 관점, 가치관, 생각 등을 반

영한 답변을 생성했기 때문입니다. 실제로 특정 인물의 조언을 직접 들을 수는 없지만, 이처럼 챗GPT를 활용해 다양한 코칭 대가들의 조언을 간접적으로 듣는 일은 코치로서의 성장에 큰 도움이 될 수 있습니다.

이러한 장점에도 불구하고 신중한 접근이 필요합니다. 챗GPT가 특정 역할을 맡아 생성한 내용이 실제 그 인물의 견해를 정확히 반영하는지 확인하는 과정이 중요합니다. 챗GPT는 때로 실제하지 않은 내용을 생성할 수 있기 때문에, 제시된 조언이나 견해의 사실 여부를 검증하는 것이 필수적입니다. 유명한 코치인 '마셜 골드스미스'의 조언을 요청했다면, 그 내용이 실제 그의 저서나 강연에서 언급된 것인지 확인해 볼 필요가 있습니다. 이를 위해 챗GPT에 해당 내용의 출처나 인용 근거를 요청할 수 있습니다. 이러한 검증 과정을 거치면 챗GPT가 제공하는 조언의 신뢰도를 높일 수 있습니다.

다음은 앞서 생성된 '마셜 골드스미스'의 조언들에 대해 그 출처나 인용의 사실 여부에 대한 확인을 요청하는 프롬프트의 예시입니다. 이러한 과정은 챗GPT의 답변에 대한 신뢰도를 높이는 데 효과적입니다.

입력 프롬프트:

내용의 출처나 인용을 어떻게 확인할 수 있을까요? 마셜 골드스미스의 생각과 의견이라는 것을 어떻게 알 수 있을까요?

챗GPT 답변 출력 (챗GPT-4o):

앞서 언급한 내용은 마셜 골드스미스의 코칭 철학과 접근 방식을 바탕으로 작성된 것이며, 그의 여러 저서와 인터뷰에서 나오는 주요 개념들을 반영한 것입니다. 구체적으로, 마셜 골드스미스의 코칭 철학과 방법론에 대한 정보를 확인하고 싶다면 다음의 출처를 참고할 수 있습니다.

1. 저서
- 『What Got You Here Won't Get You There』: 이 책에서는 골드스미스의 코칭 철학과 변화의 중요성, 경청과 피드백의 역할 등을 다룹니다.
- 『Triggers』: 이 책에서는 사람들이 변화하고 지속적인 행동 변화를 이루기 위해 필요한 전략과 방법에 대해 설명합니다.
- 『Mojo: How to Get It, How to Keep It, How to Get It Back if You Lose It』: 개인의 성취와 만족감을 높이는 방법에 대해 다룹니다.

2. 인터뷰와 강연
- 골드스미스는 다양한 인터뷰와 강연에서 자신의 코칭 철학과 접근 방식을 논의합니다. 유튜브나 여러 비즈니스 미디어 채널에서 그의 강연을 찾아볼 수 있습니다.
- 특히 TED Talks나 Google Talks 같은 플랫폼에서 그의 강연을 통해 그의 철학을 직접 들을 수 있습니다.

3. 공식 웹사이트
- 마셜 골드스미스의 공식 웹사이트 [MarshallGoldsmith.com](https://www.marshallgoldsmith.com)에서 그의 코칭 철학, 방법론, 연구 자료 등을 확인할 수 있습니다.
- 웹사이트에는 그가 작성한 블로그 포스트와 기사, 동영상 등이 있어 그의 생각과 접근 방식을 자세히 이해할 수 있습니다.

4. 논문 및 기사
- 마셜 골드스미스가 작성하거나 그에 대해 다룬 논문과 기사들도 그의 코칭 철학을 이해하는 데 도움이 됩니다. 『Harvard Business Review』, 『Forbes』, 『Business Insider』 등의 매체에서 그의 글이나 인터뷰를 찾아볼 수 있습니다.

마셜 골드스미스의 코칭 철학과 접근 방식을 심층적으로 이해하기 위해 자료들을 탐구해 보시길 권장합니다. 이를 통해 그의 실제 의견과 조언을 직접 확인하고, 신뢰할 수 있는 출처에서 정보를 얻을 수 있습니다.

챗GPT가 생성한 내용을 신뢰하기 위해서는, 나열된 출처나 인용, 관련 자료 또는 기사의 링크를 통해 마셜 골드스미스의 코칭 철학이나 연구 내용을 직접 읽고 이해하는 추가적인 시간과 노력이 필요합니다. 이러한 과정은

생성된 글의 신뢰성을 높입니다.

　이처럼 선배 코치의 역할을 부여해 조언을 받는 방식은 코치에게 많은 장점과 기대효과를 제공합니다. 실제 선배 코치를 만나는 데 따른 현실적인 제약을 보완할 수 있는 유용한 접근법으로, 코치가 자신의 성장과 학습을 더욱 효과적으로 이끌 수 있도록 돕습니다. 다양한 코치의 역할을 부여하여 챗GPT로부터 코칭 관련 조언과 멘토링을 받는 기회를 만들어 보세요. 이를 통해 코치는 다양한 관점과 경험을 간접적으로 접하며, 자신의 코칭 철학을 정립하고 기술을 연마하는 데 많은 도움을 받을 수 있습니다.

　다만 앞서 강조하였듯이, 챗GPT가 생성한 내용의 신뢰성을 검증하고, 이를 자신의 상황에 맞게 활용하는 비판적 사고와 노력은 반드시 필요합니다. 이런 과정이 수반될 때 코치는 챗GPT를 효과적으로 활용하며, 더욱 자신감 있고 능숙한 코치로 성장할 수 있을 것입니다.

Chapter 10
코칭의 기회 영역 탐색하기

코칭은 끊임없이 변화하고 확장되고 있습니다. 빠르게 변화하는 시대에 코칭의 역할은 개인과 조직의 성장을 지원하는 것을 넘어, 다양한 분야에서 새로운 가치를 창출하는 데까지 그 영역을 넓혀 가고 있습니다. 이러한 변화는 코치들에게 단순히 도전에 그치지 않고, 새로운 기회를 발견할 수 있는 놀라운 가능성을 열어 줍니다.

이 챕터에서는 변화하는 코칭 시장의 동향을 살펴보고, 새롭게 등장하는 코칭 분야들을 탐색합니다. 또한 이러한 기회를 어떻게 자신만의 비즈니스로 발전시킬 수 있는지 그리고 코칭 시장에서 유망한 영역을 어떻게 발굴할 수 있는지 단계적으로 알아봅니다.

💬 코칭 트렌드와 새로운 분야 탐색하기

코칭 산업이 빠르게 변화하고 있습니다. 불과 몇 년 전만 해도 상상하기 어려웠던 새로운 방식들이 등장하고, 다양한 분야와 트렌드가 끊임없이 생겨나고 있습니다. 이는 기술의 발전과 사회적 가치관의 변화가 만들어 낸 결과로 코칭 전문가와 관련 업계 종사자들은 이러한 변화에 발맞춰 적응하고 새로운 기회를 모색해야 합니다. 이제 코칭 산업의 새로운 지형을 자세히 살펴보겠습니다.

온라인 코칭: 시공간의 제약을 넘어

디지털 전환과 함께 온라인 코칭이 빠르게 성장하고 있습니다. 특히 COVID-19 팬데믹 이후 화상 회의 플랫폼, 모바일 앱, 온라인 학습 관리 시스템(LMS) 등을 활용한 비대면 코칭은 선택이 아닌 필수가 되었습니다. 온라인 코칭은 시간과 장소에 제약 없이 코칭 서비스를 제공할 수 있어 편리하며, 이동 시간과 비용을 절약할 수 있다는 장점이 있습니다. 또한 코칭 세션을 녹화하여 복습할 수 있어 학습 효과를 높일 수 있습니다.

반면, 온라인 코칭은 대면 코칭에 비해 친밀감 형성이 어렵고, 기술적인 문제 발생 가능성이 있다는 단점도 있습니다. 또한 섬세한 비언어적 표현을 파악하기 힘들다는 점도 고려해야 합니다. 하지만 기술의 발전과 함께 이러한 한계는 점차 극복될 것입니다.

인공지능(AI) 코칭: 개인 맞춤형 코칭의 시대

AI는 방대한 데이터 분석을 통해 개인별 맞춤형 코칭 프로그램을 제공하고, 챗봇을 통해 24시간 즉각적인 피드백을 제공할 수 있습니다. 예를 들어, IBM의 Watson Career Coach는 AI를 활용하여 직원들의 경력 개발을 지원합니다.[1] 직원의 역량, 경험, 관심사를 분석하여 적합한 직무를 추천하고, 필요

---

[1] The business case for AI in HR, https://www.ibm.com/downloads/cas/A5YLEPBR

한 교육 과정을 제안합니다. 하지만 개인 정보 보호, AI의 판단 오류 가능성, 인간적인 공감과 직관의 부재 등 윤리적 문제와 한계점도 존재합니다. 따라서 현재 AI는 코치를 완전히 대체하기보다는 보조적인 역할을 수행하며, 코치의 역량을 강화하는 도구로 활용될 것으로 예상됩니다.

마이크로 코칭: 짧지만 강력한 효과

바쁜 현대인들에게 '마이크로 코칭'은 새로운 대안으로 떠오르고 있습니다. 전통적인 코칭과 달리, 마이크로 코칭은 짧고 빈번한 상호작용을 통해 직원들의 성장을 지원합니다. 일반적으로 5~10분 정도의 짧은 세션으로 진행되며, 주 1회의 긴 세션보다는 매일 또는 수시로 짧은 세션을 가집니다. 마이크로 코칭의 핵심은 개인의 즉각적인 요구와 상황에 맞춘 맞춤형 접근과 실시간 피드백에 있습니다. 이를 통해 문제가 발생하는 즉시 대응할 수 있어 학습 효과가 높습니다. 또한 바쁜 일정 속에서도 쉽게 실행할 수 있는 시간 효율성과 학습한 내용을 바로 실무에 적용할 수 있는 즉각성이 장점입니다. Coaching Research Institute LLP의 연구 결과에 따르면, 짧고 빈번한 코칭 세션이 효과적인 것으로 나타났습니다.[2] Brandon Hall Group의 연구에서도 마이크로 코칭을 실시하는 조직에서 50% 더 높은 참여도와 17% 더 높은 직무 만족도를 보고했습니다.[3] 마이크로 코칭은 짧은 시간 동안 집중적인 코칭을 제공하여 시간 효율성을 높이고, 지속적인 성장을 지원합니다.

코칭 산업은 끊임없이 진화하고 있으며, 온라인 플랫폼의 활용, 웰빙과

---

2 Shorter, More Frequent Coaching Conversations Are Better, https://keithwebb.com/shorter-more-frequent-coaching-conversations-are-better/

3 Driving professional growth: coaching trends 2025, OTD, https://www.otd.uk.com/post/driving-professional-growth-coaching-trends-2025

마음챙김(마인드풀니스)에 대한 관심 증가, AI 기술 도입, 세대별 맞춤형 코칭 등 새로운 트렌드가 미래를 이끌어 갈 것입니다. 이러한 변화를 이해하고 적극적으로 수용하는 코치들이 미래 코칭 시장에서 경쟁력을 확보할 수 있을 것입니다.

🗨 나만의 코칭 비즈니스 시작하기

코칭 비즈니스를 시작하는 것은 설렘과 동시에 여러 어려움이 따르는 여정입니다. 이제 새로운 가능성의 문을 열고 있는 코치에게는 코칭 비즈니스를 시작하기에 앞서 다양한 부분을 생각해 보고, 깊이 고민해 보는 시간이 필요합니다. "어떻게 시작해야 할까?" "어떤 유형의 코칭에 집중해야 할까?" "어떻게 고객을 찾을 수 있을까?" "나만의 브랜드를 어떻게 만들어 갈 수 있을까?" 등등의 질문이 머릿속을 채울 것입니다.

이러한 질문들에 하나씩 답하다 보면, 코칭 비즈니스를 준비하고 시작하는 데 필요한 다양한 정보와 현실적인 실행 방안을 명확히 이해할 수 있습니다. 답변이 코칭 비즈니스 주제에 집중될 수 있도록 챗GPT에게 프로 코치 또는 전문 코치의 역할을 설정한 뒤, 다음과 같이 프롬프트를 입력해 봅니다.

입력 프롬프트:

> 이제 막 코칭 비즈니스를 시작하고자 준비하는 초보 코치입니다. 현재 코칭 비즈니스를 하고 있고, 일정 수준의 성과를 내고 있는 프로 코치 혹은 전문 코치로서 당신의 경험이 저에게 많은 도움이 됩니다. 초보 코치로서 코칭 비즈니스를 준비하고 시작하는 데 있어서 여러 가지 궁금한 점들이 있습니다. 다음의 '질문들'에 대해 프로 코치로서의 당신의 현실적이며 구체적이고 경험이 담겨진 조언과 말씀을 기대합니다. '질문들' 각각에 대해 단계적으로 생각하면서(think step by step) 답변해 주세요.

[질문들]
- 초보 코치로서 코칭 비즈니스는 어떻게 준비하고 시작해야 하나요?
- 코칭 비즈니스의 유형들을 알려 주시고, 초보 코치가 처음 시작해 볼 가능한 유형들도 알려 주세요.
- 코칭 비즈니스를 불특정 다수에게 알리려면 어떤 채널이 효과적일까요?
- 누구의 도움이 코칭 비즈니스 시작에 힘이 될까요?

챗GPT 답변 출력 (챗GPT-4o):

1. 초보 코치로서 코칭 비즈니스는 어떻게 준비하고 시작해야 하나요?

1단계: 자기 점검 및 목표 설정

- 코칭 철학 정립: 본인의 코칭 철학, 강점, 코칭 스타일을 명확히 하세요. 이를 통해 자신만의 차별화된 코칭 브랜드를 구축할 수 있습니다.
- 타깃 고객 정의: 누구를 대상으로 코칭할 것인지 구체화하세요. 예를 들어, 경력 전환, 리더십 개발, 팀 코칭 등 특정 분야를 정하면 집중할 수 있습니다.

2단계: 기본 역량 확보

- 코칭 교육 및 인증: 국제코치연맹(ICF)이나 기타 공인 기관에서 코칭 인증을 받으세요. 이는 신뢰성을 높이고 초보 코치로서 전문성을 증명하는 데 도움이 됩니다.
- 실습 경험: 지인이나 자발적으로 지원자를 모집하여 무료 또는 저비용 코칭을 제공하며 경험을 쌓으세요.

3단계: 코칭 비즈니스 기초 마련

- 브랜드 구축: 자신의 코칭 철학, 비전, 핵심 가치를 반영한 브랜드 이름, 로고, 슬로건을 개발하세요.
- 서비스 정의: 1:1 코칭, 그룹 코칭, 워크숍 등 제공할 서비스를 구체적으로 설계하세요. 요금 체계도 명확히 설정하세요.

4단계: 운영 준비

- 비즈니스 시스템: 일정 관리, 결제 시스템, 코칭 세션 관리 도구를 갖추세요.
- 법적 요건: 사업자 등록, 세금 신고 등 필요한 법적 절차를 확인하세요.

2. 코칭 비즈니스의 유형들과 초보 코치가 시도할 수 있는 유형

주요 코칭 비즈니스 유형

1. 개인 코칭: 1:1 코칭 세션(커리어, 삶의 목표, 리더십 등)
2. 그룹 코칭: 소규모 그룹을 대상으로 코칭
3. 조직 코칭: 기업이나 팀을 대상으로 하는 코칭
4. 온라인 코칭: Zoom, Skype 등을 이용한 비대면 코칭
5. 프로그램 기반 코칭: 특정 주제나 문제를 다루는 코칭 프로그램 설계
6. 코칭 교육: 초보 코치들을 위한 코칭 기술 교육

초보 코치에게 적합한 유형

- 개인 코칭: 접근성이 높고, 초기 비용이 적게 들며, 자신의 스타일을 시험해 볼 기회가 됩니다.
- 온라인 코칭: 장소 제약 없이 다양한 고객에게 다가갈 수 있습니다.
- 그룹 코칭: 비교적 비용 효율적으로 다양한 고객과 관계를 맺을 수 있습니다.

3. 코칭 비즈니스를 불특정 다수에게 알리기 위한 효과적인 채널

1단계: 개인 네트워크 활용

- 지인, 동료, 가족에게 본인의 코칭 서비스와 강점을 알리세요.
- 소개로 시작하는 경우 초기 신뢰도를 구축하기 쉽습니다.

2단계: 온라인 플랫폼 활용

- 소셜 미디어: LinkedIn, Instagram, Facebook 등을 통해 전문성과 경험을 홍보하세요.
- 블로그: 코칭 관련 글을 작성하여 전문성을 알리고 신뢰를 쌓으세요.
- YouTube: 간단한 코칭 팁이나 사례를 공유하는 동영상을 제작하세요.

3단계: 커뮤니티 및 네트워크 참여

- 세미나 및 워크숍: 관련 행사에 참여하거나 주최하여 자신을 알리세요.
- 온라인 커뮤니티: 코칭 관련 포럼, 그룹에서 적극적으로 활동하며 네트워크를 구축하세요.

4단계: 마케팅 전략

- 무료 세션 제공: 첫 세션을 무료로 제공하여 고객을 유치하세요.
- 추천 프로그램: 기존 고객이 다른 사람에게 소개하면 할인을 제공하세요.

4. 누구의 도움이 코칭 비즈니스 시작에 힘이 될까요?

1. 코칭 멘토
- 경험 많은 코치를 멘토로 삼아 실질적인 조언을 얻으세요.
- 멘토는 코칭 기법, 비즈니스 전략 등 다양한 도움을 줄 수 있습니다.

2. 네트워크
- 동료 코치, 코칭 교육 동료, 커뮤니티에서 사람들과 협력하세요.
- 네트워킹은 고객을 소개받거나 협업의 기회를 제공합니다.

3. 디자인 및 마케팅 전문가
- 개인 브랜드를 구축하는 데 있어 전문가의 도움을 받으면 효과적입니다.
- 로고, 웹사이트, 소셜 미디어 관리 등을 지원받을 수 있습니다.

4. 사업 코치 또는 컨설턴트
- 코칭 비즈니스를 위한 전략과 운영 체계를 구축하는 데 도움을 받을 수 있습니다.

5. 지원 조직 및 커뮤니티
- 국제코치연맹(ICF)과 같은 조직에서 제공하는 자료와 지원을 활용하세요.
- 코치 전용 커뮤니티나 포럼에서 정보를 얻고 네트워킹하세요.

요약

초보 코치로서 코칭 비즈니스를 시작하려면, 자신만의 강점을 정의하고, 필요한 역량과 자격을 갖춘 후 명확한 목표와 체계를 세우는 것이 중요합니다. 또한 다양한 채널과 네트워크를 통해 자신을 알리고, 실질적인 도움을 줄 수 있는 사람들과 협력하는 것이 효과적입니다.

코칭 비즈니스를 시작하는 기본적인 사항을 이해했다면, 다음으로 초기 단계에서 발생할 수 있는 실수나 오류를 파악하고 이를 줄이거나 해결하는 방법을 알아보는 것이 중요합니다. 누구나 처음 시도하는 일에서 실수가 발생할 수 있지만, 사전에 예상되는 실수나 오류를 인지하면 불필요한 시간, 비용, 에너지의 낭비를 줄일 수 있습니다. 이러한 문제를 미리 파악하고 대비하기 위한 입력 프롬프트는 다음과 같습니다.

입력 프롬프트:

앞선 질문들 이 외에 초보 코치로서 답을 찾아야 할 질문들을 제시해 주세요. 초보 코치로서 흔히 할 수 있는 실수나 오류 등을 줄이려면 어떤 부분들을 처음부터 고민하고 생각해야 하는지 알 수 있도록 구체적이고 실행에 도움이 되는 중요하며 핵심적인 질문들로 구성해 주세요.

경험 많은 프로 코치로서 첫 출발을 떠올리거나 상기해 보면서 코치로서의 성장에 있어 초보 코치가 알아 두어야 할 부분이나 내용들을 중심으로 질문들을 해 주세요. 당신의 헌신과 도움에 미리 감사드립니다.

챗GPT 답변 출력 (챗GPT-4o):

초보 코치가 처음부터 고민해야 할 질문들은 코칭 비즈니스의 성공적인 출발과 지속적인 성장을 위해 매우 중요합니다. 다음은 실수를 줄이고, 코치로서의 성장에 도움이 되는 중요한 질문들입니다.

1. 나 자신과 코칭 철학에 대한 질문
- 나는 왜 코치가 되고자 하는가? 코치로서 내 핵심 가치는 무엇인가?
- 내가 코칭을 통해 이루고자 하는 장기적인 목표는 무엇인가?
- 삶의 어떤 경험, 기술, 역량이 코칭에 도움이 될 수 있는가?
- 어떤 주제나 영역(커리어, 리더십, 삶의 목표 등)에서 강점을 발휘할 수 있는가?
- 내가 가르치거나 해결해 주려는 태도를 갖고 있지는 않은가? 코칭과 컨설팅의 차이를 명확히 이해하고 있는가?

2. 코칭 비즈니스 준비에 대한 질문
- 내가 정의한 타깃 고객은 누구인가? 그들이 힘들어하는 점(Pain Point)과 욕구는 무엇인가?
- 이 타깃 고객에게 내 코칭이 어떤 변화를 가져다줄 수 있는가?
- 나만의 브랜드 차별화 요소는 무엇인가? 경쟁 코치들과 어떤 점이 다른가?
- 내 비즈니스를 안정적으로 운영하려면, 1개월 또는 3개월 동안의 재정적인 목표는 어떻게 설정해야 하는가?

- 코칭 세션의 가격 책정은 합리적인가? 그리고 고객이 이를 받아들일 이유는 무엇인가?

3. 마케팅과 고객 유치에 대한 질문
- 내 코칭 서비스를 알리기 위해 가장 효과적인 홍보 채널은 무엇인가?
- 내 첫 번째 고객은 누구일 수 있을까? 그들에게 다가가기 위해 어떤 전략과 메시지를 사용할 것인가?
- 어떤 콘텐츠(블로그, 동영상, 웹사이트 등)를 제작하여 나의 전문성을 보여 줄 수 있을까?
- 추천과 입소문을 유도하기 위해, 어떤 고객 경험을 제공해야 하는가?
- 무료 세션이나 할인 캠페인을 어떻게 효과적으로 활용할 수 있을까?

4. 실수나 오류를 줄이기 위한 질문
- 나는 고객의 문제를 해결하려는 것이 아니라, 질문을 통해 스스로 답을 찾도록 돕고 있는가?
- 세션 중 지나치게 말을 많이 하거나, 고객의 이야기를 끊고 있지는 않은가?
- 코칭 세션의 시작과 끝에서 고객이 명확한 목표와 결과를 설정하도록 도와주고 있는가?
- 나의 강점과 약점을 알고 있으며, 약점을 보완하기 위해 어떤 학습과 훈련을 하고 있는가?
- 나의 시간 관리는 잘되고 있는가? 무리한 일정으로 인해 번아웃 상태에 빠지지 않도록 조절하고 있는가?

5. 지속적인 성장과 배움에 대한 질문
- 내가 참여할 수 있는 코칭 관련 교육, 워크숍, 콘퍼런스는 무엇이 있는가?
- 나의 현재 코칭 역량을 객관적으로 평가한다면, 어디에서 더 성장해야 하는가?
- 멘토 코치와의 관계를 통해 어떤 부분에서 도움을 받을 수 있는가?
- 고객으로부터 피드백을 주기적으로 받는 체계를 어떻게 만들 수 있을까?
- 코치로서의 성장 과정을 기록하고 반성하기 위해, 자기 점검 루틴을 어떻게 만들 수 있을까?

6. 윤리와 전문성에 대한 질문
- 코칭 윤리를 제대로 이해하고 있는가? 고객의 비밀을 지키고 신뢰를 유지하기 위한 실질적인 방법은 무엇인가?
- 고객과의 관계에서 명확한 경계선을 설정하고 있는가?
- 고객에게 도움이 되지 않는다고 판단될 때, 이를 적절히 전달하고 다른 전문가를 추천할

준비가 되어 있는가?

7. 초기 시행착오를 줄이기 위한 질문
- 내가 제공하는 코칭 서비스의 프로세스와 구조는 명확히 정의되어 있는가?
  (예: 세션 수, 세션 간격, 사전/사후 과제 등)
- 처음 고객과의 계약 및 기대 설정은 명확히 이루어지고 있는가?
- 첫 세션에서 고객의 기대와 목표를 충분히 탐색하고 있는가?
- 내가 고객의 성과에 지나치게 의존하거나 책임감을 느끼고 있지는 않은가?

추가 조언
초보 코치로서 가장 중요한 것은 완벽하려고 애쓰지 말고, 성장하는 과정에서 배우고 적응하려는 자세를 갖는 것입니다. 질문들에 대한 답을 찾아가는 과정 자체가 여러분의 코칭 비즈니스를 안정적으로 시작하고 성장시키는 데 큰 도움이 될 것입니다.

이처럼 코칭 비즈니스에서 사전에 고려하거나 준비할 부분을 파악했다면, 이제 성공 사례를 몇 가지 살펴보도록 하겠습니다. 코칭 비즈니스에서는 다양한 접근 방식과 혁신적인 아이디어를 통해 성공을 이룬 사례가 많습니다. 다음 사례들은 코칭 비즈니스 분야에서 각기 다른 문제를 해결하며 뛰어난 성과를 거둔 기업과 개인의 사례들입니다. 이들의 경험은 코칭 비즈니스의 핵심 요소와 성공 요인을 이해하는 데 중요한 통찰을 제공할 것입니다.

입력 프롬프트:

코칭 비즈니스와 관련하여 차별화하여 성공했던 대표적으로 참조할 예시나 사례들을 알려 줄 수 있을까요? 구체적으로 무엇을 시도하고 성취했는지 상세히 서술형식으로 정리해 주세요. 예시와 사례들에 대한 출처를 확인하고, 함께 알려 주세요.

챗GPT 답변 출력 (챗GPT-4o):

닛산 자동차의 조직 혁신: 카를로스 곤의 코칭 리더십[4]

카를로스 곤은 닛산의 CEO로 취임하면서 조직의 회생을 위해 코칭 프로그램을 도입했습니다. 그는 중견 간부들과 일대일 코칭 세션을 진행하여 각자의 역량과 문제 해결 방안을 함께 모색하고, 조직 내 소통과 협업을 강화하기 위해 구성원 간 정기적인 코칭 세션을 장려했습니다. 이러한 접근을 통해 닛산은 조직 문화의 개선과 함께 운영 효율성을 높이며, 1년 만에 6,844억 엔의 적자를 3,311억 엔의 흑자로 전환시키는 극적인 재정 회복을 이뤄 냈습니다.

iContact의 창업과 성장: 라이언 앨리스의 코칭 활용[5]

라이언 앨리스는 비즈니스 코칭을 활용하여 자신이 직면한 이메일 마케팅 솔루션의 비효율성을 인식하고 이를 개선할 아이디어를 발전시켰습니다. 코칭 과정을 통해 비즈니스 모델을 정교화하고, 시장 진입 전략을 체계적으로 수립하며 고객의 니즈를 깊이 이해하는 데 집중했습니다. 이러한 노력을 바탕으로 설립된 iContact는 높은 매출을 기록하며 디지털 마케팅 분야에서 성공적인 기업으로 성장했습니다.

이러한 사례들은 코칭 비즈니스에서 차별화를 통해 성공을 이룬 다양한 접근법을 보여 줍니다. 각 조직의 특성과 상황에 맞는 코칭 전략을 수립하여 적용하는 것이 중요합니다.

코칭 비즈니스를 성공적으로 운영하려면 명확한 목표 설정, 시장 조사, 마케팅 전략, 지속적인 자기 계발이 필수입니다. 초기 단계에서 발생할 수 있는 실수를 사전에 파악하고 대비하면 안정적인 비즈니스 구축에 도움이 됩니다. 성공 사례를 참고해 자신만의 차별화된 전략을 세우고, 고객에게 실질적인 가치를 제공하는 데 집중해야 합니다. 꾸준한 자기 계발과 네트워킹을 통해 역량을 강화하고, 체계적인 계획과 실행으로 신뢰받는 코치로 성장할 수 있을 것입니다.

---

[4] 코칭 100% 활용법 5-글로벌 코칭도입 사례, https://magazine.hankyung.com/business/article/202103027500b

[5] 16 Business Coaching Success Stories [2024], https://www.starterstory.com/ideas/business-coaching/success-stories

💬 코칭 시장의 기회 영역 분석하기

코칭 비즈니스는 주제와 유형에 따라 다양하게 전개됩니다. 각 주제별로 세분화된 코칭 유형은 고객의 특정 요구와 목표를 충족하기 위해 서로 다른 접근법과 전략을 필요로 합니다. 하지만 모든 코칭 주제와 유형이 동일한 기회를 제공하지는 않습니다. 성공적인 코칭 비즈니스를 구축하기 위해서는 수익성, 코칭 기회 등을 고려하여 유망한 영역을 먼저 살펴보는 것이 중요합니다.

주제를 세분화하면 코칭 비즈니스의 기회는 더욱 넓어지고 많아집니다. 이를 위해 철저한 시장 조사와 탐색이 필요합니다. 비즈니스 코칭의 경우 리더십 개발, 팀 빌딩, 조직 문화 개선 등 세부 주제에 따라 요구되는 전문 지식과 코칭 기법이 달라질 수 있습니다. 각 주제별로 수익성 있는 비즈니스 모델을 만들고 실행하는 것이 중요합니다.

먼저, 코칭 분야에서 어떤 비즈니스 기회가 있는지 살펴보겠습니다. 다음의 챗GPT 입력 프롬프트를 통해 코칭 분야들을 좀 더 폭넓게 살펴보고, 어떤 주제들을 중심으로 코칭의 기회가 있는지 알아봅니다.

입력 프롬프트:

> 코칭을 주제별 유형들로 구분하고, 각각 어떤 주제들에 대해 코칭들이 이루어지고 있는지 주요 주제 범주와 범주별 대표 주제들을 구체적으로 표로 정리해 주세요.

챗GPT 답변 출력 (챗GPT-4o):

다음은 코칭 주제를 유형별로 구분하고 각 유형에서 다루는 주요 주제들을 정리한 표입니다. 주제는 개인 코칭, 팀 코칭, 조직 코칭 등 여러 범주로 나뉘며, 대표적인 코칭 주제를 포함합니다.

유형	주요 주제 범주	범주별 대표 주제
개인 코칭	자기 탐구	가치와 신념 탐구, 정체성 확립, 강점 분석, 비전 및 목표 설정
	커리어 개발	커리어 전환, 역량 강화, 성과 관리, 경력 계획
	리더십 개발	의사결정 능력 강화, 대인관계 스킬, 영향력 증대, 변화 관리
	웰빙 및 자기 관리	스트레스 관리, 시간 관리, 심리적 회복력, 일과 삶의 균형
	성장과 성취	개인 목표 설정, 습관 형성, 자기 효능감 개발
팀 코칭	팀 비전 및 방향성 설정	팀 목표 설정, 비전 공유, 역할 분담, 목표 조율
	팀워크 및 협업 강화	팀원 간 신뢰 형성, 의사소통 개선, 갈등 해결, 협업 능력 향상
	퍼포먼스 향상	팀 성과 분석, 문제 해결 전략, 효율적인 작업 프로세스
	변화와 전환 관리	조직 변화 적응, 팀 구조 변경, 팀 재정비
조직 코칭	조직 문화 개발	조직 가치 및 신념 확립, 긍정적 조직문화 형성, 직원 참여 증대
	성과 향상 및 혁신	KPI 정렬, 프로세스 혁신, 지속 가능 성장 전략

	리더십 및 관리 강화	관리자 역량 강화, 리더십 계층 구축, 조직 내 코칭 문화 확산
	조직 변화 및 전환 관리	인수합병 후 조직 통합, 디지털 전환, 조직 구조 재편
특화 코칭	스타트업 코칭	비즈니스 모델 개발, 창업가 정신 강화, 팀 빌딩, 투자 유치 전략
	AI 활용 코칭	AI 도구를 활용한 문제 해결, 데이터 기반 의사결정, 기술 트렌드 적응
	공공 및 사회적 코칭	사회적 임팩트 강화, 비영리조직 역량 강화, 커뮤니티 리더십 개발
	학습 및 교육 코칭	학습 목표 설정, 시험 준비, 평생 학습 습관, 교육 프로그램 개발

앞선 표는 대표적인 주제들을 나열한 것으로, 특정 코칭의 목적에 따라 추가 세부 주제나 구체적인 내용이 포함될 수 있습니다. 4가지 대표적인 코칭 분야와 각 분야별 주요 주제들을 바탕으로 코칭 비즈니스 관점에서 고객 수요가 많고 수익 창출이 가능한 분야를 좁혀 나가는 것이 중요합니다. 다음의 입력 프롬프트를 활용하여 코칭 비즈니스에서 유망한 기회를 탐색해 보겠습니다.

입력 프롬프트:

코칭 유형별로 분류하고, 각 유형에 따른 코칭 주제들에 대해 고객들의 수요가 가장 많고, 수익 창출이 높은 주제들 순서로 정렬하고, 각 유형 내에서 주제의 수요와 수익 비중을 퍼센트(%)로 표시하고, 해당 주제들에 대한 시장 수요와 필요 상황에 관한 설명도 표에 추가하여 작성해 주세요.

챗GPT 답변 출력 (챗GPT-4o):

코칭 산업은 다양한 분야에서 고객의 수요와 수익성을 기반으로 여러 주제로 분류됩니다. 다음은 주요 코칭 유형별로 고객 수요와 수익성이 높은 주제들을 우선순위에 따라 정리한 표입니다. 각 주제의 수요와 수익 비중은 퍼센트(%)로 표시되었으며, 해당 주제들에 대한 시장 수요와 필요 상황에 관한 설명도 포함되어 있습니다.

코칭 유형	주제	수요 비중 (%)	수익 비중 (%)	시장 수요 및 필요 상황
비즈니스 코칭	리더십 개발	35%	40%	글로벌 비즈니스 코칭 서비스 시장은 2022년 1억 2,360만 달러에서 2029년 2억 6,410만 달러로 성장할 것으로 예상되며, 연평균 성장률(CAGR)은 7.6%입니다.
	조직 효율성 향상	30%	35%	기업들은 경쟁 우위를 확보하기 위해 조직 효율성을 높이고자 하며, 이는 비즈니스 코칭 서비스의 주요 수요 요인 중 하나입니다.
	전략 개발 지원	20%	15%	빠르게 변화하는 시장 환경에서 효과적인 전략 수립의 필요성이 증가하면서, 전략 개발 지원에 대한 코칭 수요가 높아지고 있습니다.
	경영진 코칭	15%	10%	경영진의 리더십과 의사결정 능력을 향상시키기 위한 코칭에 대한 수요가 지속적으로 증가하고 있습니다.
경력 코칭	경력 전환 지원	40%	45%	직업 코칭 서비스의 세계 시장 규모는 2021년 약 23억 달러로 평가되었으며, 2022년부터 2030년까지 약 6.8%의 연평균 성장률(CAGR)로 성장할 것으로 예상됩니다.
	승진 준비 및 리더십 스킬	35%	30%	개인들은 경쟁이 치열한 취업 시장에서 경력 개발을 우선시하며, 승진 준비와 리더십 스킬 향상을 위한 코칭 수요가 높습니다.

분류	항목			설명
라이프 코칭	장기 경력 비전 설계	25%	25%	장기적인 경력 목표 설정과 이를 달성하기 위한 전략 수립에 대한 코칭 수요가 증가하고 있습니다.
	건강한 생활습관 형성	50%	55%	개인 건강 및 라이프스타일 코칭 시장은 2023년 14.8억 달러에서 2030년 34.8억 달러로 성장할 것으로 예상되며, 연평균 성장률(CAGR)은 8.5%입니다.
	스트레스 및 불안 관리	30%	25%	현대 사회에서 정신 건강과 웰빙에 대한 인식이 높아지면서, 스트레스와 불안 관리를 위한 코칭 수요가 증가하고 있습니다.
	삶의 목적 찾기 및 가치 탐색	20%	20%	개인들은 삶의 목적과 가치를 찾기 위한 코칭을 통해 자기 계발을 추구하고 있습니다.
스포츠 코칭	성과 향상	60%	65%	스포츠 코칭 플랫폼 시장은 2023년 2억 4천만 달러에서 2032년까지 17억 7천만 달러로 성장할 것으로 예상되며, 연평균 성장률(CAGR)은 24.5%입니다.
	기술 개발	25%	20%	운동선수들은 기술 향상을 위해 전문적인 코칭을 찾고 있으며, 이에 대한 수요가 꾸준히 증가하고 있습니다.
	정신력 강화	15%	15%	경기력 향상을 위해 정신력과 집중력을 강화하는 코칭에 대한 관심이 높아지고 있습니다.
온라인 코칭	디지털 플랫폼 활용 코칭	70%	75%	온라인 코칭 소프트웨어 시장은 2022년부터 2030년까지 약 19%의 연평균 성장률(CAGR)로 성장할 것으로 예상되며, 이는 COVID-19 대유행 이후 e-러닝 및 디지털 교육의 중요성이 증가한 데 기인합니다.
	원격 학습 및 e-코칭	30%	25%	원격 학습과 e-코칭의 수요 증가는 온라인 코칭 소프트웨어에 대한 수요를 직접적으로 증가시키고 있습니다.

> 이러한 데이터는 코칭 산업의 다양한 분야에서 고객의 수요와 수익성을 나타내며, 각 주제에 대한 시장의 필요와 상황을 반영하고 있습니다.

코칭의 유형과 주제별로 수요와 수익 비중에 차이가 크다는 점을 확인할 수 있습니다. 예를 들어, 비즈니스 코칭에서는 리더십 개발과 조직 효율성 향상과 관련된 주제가 특히 중요하며, 라이프 코칭에서는 건강한 생활습관 형성과 스트레스 및 불안 관리에 대한 수요가 높은 것으로 나타났습니다.

이제 코칭 분야에서 유망한 기회 영역이 어느 정도 파악되었다면, 코칭 비즈니스를 준비하는 단계에서 어디서부터 시작해야 할지 구체적인 방안을 고민해 보는 것이 필요합니다. 다음의 챗GPT 프롬프트를 활용하여 시작할 만한 코칭의 기회 영역과 우선적으로 집중해야 할 분야를 탐색해 봅니다.

입력 프롬프트:

> "코칭 유형별 주제, 수요/수익 비중 및 시장 상황 설명 표"를 참고하여 초보 코치로서 우선적으로 시도해 볼 기회 영역은 어디일까요? 어떤 코칭 유형과 주제들에 집중하는 것이 초기 단계에서 효과적이고, 시장을 개척하는 데 도움이 될 수 있을까요?

챗GPT 답변 출력 (챗GPT-4o):

> 초보 코치로서 시장 수요와 수익성이 높고 진입 장벽이 비교적 낮은 영역을 선택하는 것이 효과적입니다. 표를 바탕으로 초보 코치가 우선적으로 시도해 볼 수 있는 기회 영역은 다음과 같습니다.
>
> **1. 라이프 코칭–건강 및 웰빙 관련 주제**
> 주제: 건강한 생활습관 형성, 스트레스 및 불안 관리
> 이유:
> - 시장 수요 비중이 높고(50%, 30%), 개인 고객 기반이 크며, 특히 현대인의 관심사인 웰

빙과 정신 건강 분야에서 수요가 꾸준히 증가
- 진입 장벽이 낮고, 코칭 기술과 간단한 건강/스트레스 관리 팁으로 시작 가능
- 웰빙 트렌드와 관련된 교육 프로그램 및 인증을 통해 전문성을 빠르게 확보 가능

2. 경력 코칭-경력 전환 및 승진 준비

주제: 경력 전환 지원, 승진 준비 및 리더십 스킬 향상

이유:
- 시장 수요(40%, 35%)와 수익 비중이 높아 개인 고객을 대상으로 안정적인 수익 모델 구축 가능
- 초보 코치로서 직장인 네트워크를 활용해 경력 전환이나 승진 준비라는 구체적인 주제로 접근하기 쉬움
- 경력 전환은 대규모 기업 구조조정, 경제 불확실성 등으로 인해 지속적인 수요가 존재

3. 비즈니스 코칭-조직 효율성 향상

주제: 조직 효율성 향상, 리더십 개발

이유:
- 비즈니스 코칭은 수요(30%, 35%)와 수익 비중이 높으며, 특히 중소기업 및 스타트업 대상의 코칭으로 초기 시장 진입 가능
- 조직 내 팀원과 관리자 사이의 소통과 협업 문제 해결을 주제로 접근하기 쉽고, 가시적인 성과를 빠르게 확인할 수 있음
- 초보 코치로서 워크숍 형태의 프로그램을 통해 단기적으로 성과를 증명하며 고객 신뢰를 구축 가능
-

4. 온라인 코칭-디지털 플랫폼 활용

주제: 디지털 플랫폼 활용 코칭

이유:
- 수요 비중이 매우 높음(70%), COVID-19 이후 온라인 교육 및 원격 코칭에 대한 관심 증가
- 초기 비용이 적게 들고, 줌(Zoom), 팀즈(Teams)와 같은 도구를 활용해 시간과 장소의 제약 없이 코칭 가능
- 디지털 콘텐츠 제작(영상, 블로그 등)을 병행하여 개인 브랜딩과 고객 유치 가능

> **초기 단계에서 집중할 영역의 특징**
>
> 1. **진입 장벽이 낮은 주제:** 라이프 코칭(스트레스 관리, 생활습관 개선)이나 경력 코칭(이직, 승진)은 전문적인 도구나 인증 없이도 경험과 기본적인 코칭 기술로 시작 가능
> 2. **시장 수요가 높은 주제:** 고객의 즉각적인 관심을 끌 수 있는 분야(웰빙, 경력 개발, 온라인 플랫폼 활용)를 선택
> 3. **작은 규모로 시작 가능한 주제:** 개인 또는 소규모 그룹을 대상으로 코칭하여 초기 고객 기반을 구축
> 4. **성장 가능성이 큰 분야:** 디지털 플랫폼을 활용해 장기적으로 온라인 코칭 시장을 개척할 수 있는 주제
>
> **실행 방안**
>
> 1. **니치(niche) 설정:** 특정 문제(예: 직장인 스트레스 관리, 스타트업 리더십 향상)를 해결하는 전문 코치로 브랜딩
> 2. **샘플 세션 제공:** 무료 또는 저비용 샘플 세션을 통해 첫 고객을 유치하고 입소문을 유도
> 3. **디지털 콘텐츠 활용:** 코칭 주제와 관련된 블로그, 영상 콘텐츠를 제작해 온라인에서 신뢰와 인지도를 쌓음
> 4. **지속적인 교육:** 라이프 코칭 및 경력 코칭과 관련된 인증 프로그램이나 워크숍에 참여해 전문성을 강화
>
> 이러한 전략을 통해 초보 코치로서 수익성 높은 시장에서 고객 기반을 효과적으로 확대할 수 있습니다.

코칭 비즈니스를 성공적으로 시작하려면 초기 단계에서 각 유형별로 적합한 주제를 먼저 신중히 선택하고, 자신의 강점을 중심으로 성과를 낼 수 있는 분야에 집중하는 것이 중요합니다. 이러한 전략을 통해 빠르게 비즈니스를 구축하고, 지속적인 성장을 만들어 나갈 수 있습니다.

Chapter 11
코치로서 자신만의 성장 계획 만들기

코치의 여정을 이제 시작하시나요? 아니면 이미 코치로 활동하고 있지만, 더 나은 코치가 되기 위해 노력하고 계신가요? 코치로서의 성장은 결코 혼자 이룰 수 있는 것이 아닙니다. 체계적인 계획과 실천이 필요합니다. 그 중심에 바로 '성장 로드맵'이 있습니다. 코치의 성장은 평생에 걸친 여정으로, 그 과정에서 다양한 도전과 장애물을 마주하게 됩니다. 그러나 명확한 성장 로드맵이 있다면 이러한 어려움 속에서도 흔들리지 않고 올바른 방향으로 나아가며 꾸준히 성장을 이룰 수 있습니다.

이 챕터에서는 코치로서의 성장을 가속화하고 자신만의 고유한 성장 경로를 완성하기 위한 성장 로드맵의 계획과 작성 방법에 대해 알아봅니다. 이를 통해 코치가 자신만의 목표를 설정하고, 체계적으로 발전해 나가는 실질적인 방안을 모색해 볼 수 있습니다.

💬 성공하는 코치의 비밀 무기: 성장 로드맵

코치로서의 여정은 끊임없는 성장과 발전의 연속입니다. 많은 코치가 "어떻게 하면 더 나은 코치가 될 수 있을까?"라는 질문을 자주 합니다. 이 질문에 대한 해답을 찾는 과정에서 우리는 코치의 '성장 로드맵'이라는 개념을 만나게 됩니다. 성장 로드맵은 코치가 현재 위치를 파악하고, 목표를 설정하며, 그 목표를 향해 나아가는 과정을 체계적으로 정리한 계획입니다. 이는 단순한 계획표를 넘어서, 코치로서의 전문성을 키우고 지속적인 발전을 이루기 위한 종합적인 전략이라고 할 수 있습니다.

성장 로드맵은 여러 가지 핵심 요소로 구성됩니다. 우선 코칭 기술의 향상을 위한 경청, 질문, 피드백 등 코칭의 기본 기술부터 고급 기술까지 포함합니다. 전문 분야 지식의 확대는 코치가 특정 분야에서 전문성을 갖추기 위한 지식 습득 계획을 말합니다. 자기 관리와 개인적 성장은 코치 자신의 정서적·신체적 건강을 유지하고 개선하는 것이며, 네트워크 구축은 동료 코치, 멘토, 고객 등과의 관계를 발전시키는 계획을 포함합니다. 마지막으로, 스킬 개발은 비즈니스 코칭을 직업으로 삼은 경우, 마케팅, 재무 관리 등 비즈니스 스킬을 갖추는 것을 말합니다. 실제 세계적인 코치 토니 로빈스는 초기 경력에서 매일 정해진 시간 동안 코칭 기술을 연습하고, 새로운 기법을 학습하는 등의 구체적인 목표를 세웠습니다. 그는 이러한 일일 루틴을 통해 지속적으로 성장했고, 결과적으로 세계적인 코치로 성공할 수 있었습니다.[1]

---

1 Tony Robbin's 10-Minute Morning Routine for Peak Performance, https://gettingresults.com/tony-robbins-morning-routine/

코치에게 성장 로드맵의 의미와 가치

코치에게 성장 로드맵을 만드는 것은 단순히 미래를 계획하는 것 이상의 의미를 갖습니다. 자신의 코칭 철학을 정립하고, 전문성을 키우며, 지속적인 발전을 위한 구체적인 방향을 설정하는 과정입니다. 성장 로드맵을 통해 코치는 자신의 강점과 약점을 객관적으로 파악하고, 이를 바탕으로 효과적인 발전 전략을 수립할 수 있습니다. 공감 능력은 뛰어나지만 체계적인 목표 설정에 약점이 있다는 것을 파악했다면, 목표 설정과 관련된 학습에 더 많은 시간을 투자하는 계획을 세울 수 있습니다.

또한 성장 로드맵은 코치에게 명확한 방향성과 동기 부여를 제공합니다. 단기, 중기, 장기 목표를 설정함으로써 코치는 자신의 발전 과정을 구체적으로 그려 볼 수 있고, 이는 지속적인 성장의 원동력이 됩니다.

성장 로드맵 달성을 위한 핵심 전략

코칭 여정의 목표를 성공적으로 달성하기 위해 균형 잡힌 시각으로 다양한 핵심 전략들을 실천해야 합니다. 명확한 목표 설정은 코치에게 나아갈 방향을 제시하는 나침반과 같습니다. '뛰어난 코치가 되겠다.' 같은 막연한 목표보다는 '6개월 안에 코칭 관련 자격증을 취득하겠다.'와 같이 구체적이고 측정 가능하며, 달성 가능하고 관련성이 있으며, 기한이 명확한 목표를 설정해야 합니다. 이러한 구체적인 목표는 코치의 동기를 부여하고 꾸준히 노력할 수 있도록 지지합니다.

코칭 분야는 끊임없이 변화하고 발전하기 때문에 멈추지 않는 학습과 자기 계발이 필수입니다. 코칭 관련 도서를 읽거나 워크숍에 참여하고 온라인 코스를 수강하는 등 다양한 방법을 통해 꾸준히 전문 지식과 기술을 습득해야 합니다. 이는 코치의 역량을 강화하고 시야를 넓혀 더욱 효과적인 코칭을 제공할 수 있도록 돕습니다. 특히 특정 분야에 집중하여 전문성을 키우는 것은 차별화된 경쟁력을 갖추는 데 중요합니다. 만일 리더십 코칭에 집중하고 싶다면 리더십 관련 전문 지식을 쌓고, 리더십 개발 프로그램에 참여하며, 리더십 코칭 경험을 쌓는 데 집중하여 해당 분야의 전문가로 인정받아야 합니다.

그리고 주기적으로 다양한 코치들과 교류하며 서로의 경험을 공유하고 배우는 것은 성장의 지름길입니다. 콘퍼런스나 세미나에 참석하여 코칭 트렌드를 파악하고, 온라인 커뮤니티를 통해 다양한 코치들과 만나 지식과 경험을 나누는 것은 매우 중요합니다. 이러한 네트워킹을 통해 새로운 아이디어를 얻고, 협력 기회를 만들며 더 넓은 코칭 세계를 경험할 수 있습니다. 이 외에도 정기적인 자기 평가와 반성, 균형 잡힌 접근이 필요합니다. 코칭 기술 향상뿐만 아니라 개인의 건강과 일과 삶의 균형을 함께 고려할 때, 코치로서의 지속 가능한 성장과 성공적인 비즈니스 운영이 가능해질 것입니다.

이처럼 코치의 성장 로드맵은 코칭 여정의 나침반과 같습니다. 코치에게 명확한 방향성을 제시하고 지속적인 성장과 발전을 위한 구체적인 계획을 제공합니다. 성장 로드맵을 통해 자신의 잠재력을 최대한 발휘하고 고객에게 더 나은 가치를 제공할 수 있습니다. 성공적인 코칭 커리어를 위해 자신만의 독특하고 효과적인 성장 로드맵을 수립하고 실천해 나가는 것이 필요합니다.

💬 코치의 전략적 성장 로드맵 설계하기

코칭 역량의 발전은 단기간에 이루어지지 않습니다. 현실적으로 로드맵을 단계별로 나누는 것이 좋습니다. 각 단계마다 습득해야 할 기술과 지식이 다르며, 이전 단계를 완성함으로써 다음 단계로 자연스럽게 이행할 수 있는 점진적인 과정을 포함해야 합니다. 예를 들어, 초기 단계에서는 기본적인 코칭 원칙과 기술을 익히는 데 집중하고, 중간 단계에서는 다양한 코칭 상황에 적용할 수 있는 실무 능력과 전문성을 개발합니다. 이후 고급 단계에서는 특정 분야의 전문 코칭이나 리더십 코칭 등 심화된 영역으로 확장하며, 자신만의 고유한 코칭 스타일을 완성해 나가게 됩니다. 이러한 단계적 접근은 코치가 체계적으로 성장할 수 있도록 돕고, 장기적인 관점에서 전문성과 경력을 꾸준히 발전시킬 수 있는 기반을 마련합니다.

코칭 여정의 어느 시점에서든 성장 로드맵을 작성할 수 있지만, 코칭 경력을 시작하는 시점에 작성하는 것이 가장 좋습니다. 초기에 로드맵을 설계함으로써 장기적인 비전을 가지고 체계적인 계획하에 성장할 수 있으며, 이때 개인 성장 단계를 고려하여 로드맵을 현실적으로 설계하는 것이 도움이 됩니다.

성장 로드맵의 구성은 개인의 선호도와 목표에 따라 다양하지만, 시간과 역량을 기준으로 설계하는 것이 효과적입니다. 이때 좋은 성장 로드맵은 단순히 시간과 역량을 나열하는 것을 넘어 명확성·유연성·도전성을 갖추어야 합니다. 즉, 각 단계별 목표와 전략이 명확하게 제시되어야 하며, 개인의 상황 변화에 따라 유연하게 조정될 수 있어야 하고, 동시에 코치의 지속적인 성장을 위한 도전적인 목표를 포함해야 합니다. 이러한 특징을 가진 로드맵은 코치가 자신의 성장 과정을 효과적으로 관리하고, 잠재력을 최대한 발휘하여 성공적인 코칭 경력을 쌓아 나가도록 돕습니다.

성장 로드맵은 단순한 성장 계획표가 아닌, 코치로서의 꿈을 이루기 위한 전략적 지도입니다. 지금 자신의 위치를 살펴보고, 단기, 중기, 장기 목표를 세워 보는 것은 어떨까요? 이를 이루기 위한 구체적인 행동 계획을 세우는 것, 그 자체로 코칭 능력을 높이는 의미 있는 경험이 될 것입니다.

💬 나만의 성장 로드맵 완성하기

성장 로드맵은 코치가 장기적인 목표를 달성하기 위해 설정해야 할 단기 목표와 구체적인 행동 계획을 포함해야 합니다. 다음은 5단계로 구성된 코치 성장 로드맵의 주요 내용에 대한 예시입니다.

1단계: 자기 평가 및 목표 설정

1.1 자기 평가
- SWOT 분석: 자신의 강점(Strengths), 약점(Weaknesses), 기회(Opportunities), 위협(Threats)을 분석
- 360도 피드백: 동료, 상사, 고객 등으로부터 피드백을 수집하여 다각도로 자기 평가

1.2 목표 설정
- SMART 목표: 구체적이고(Specific), 측정 가능하며(Measurable), 달성 가능하고(Achievable), 관련성 있으며(Relevant), 시간 제한이 있는(Time-bound) 목표 설정

2단계: 교육 및 자격증

2.1 교육 프로그램
- 기초 교육: 코칭의 기본 원리와 기법에 대한 교육 프로그램 수강
- 심화 교육: 전문 영역(예: 비즈니스 코칭, 라이프 코칭)에 대한 심화 과정 수강

2.2 자격증 취득
- 인증 기관: 한국코치협회(KCA), 국제코치연맹(ICF) 등에서 인정하는 자격증 취득

3단계: 실습 및 피드백

3.1 실습
- 고객 확보: 다양한 배경의 고객을 확보하고 실습
- 실제 세션: 코칭 세션을 진행하고, 기록을 남겨 평가

3.2 피드백
- 피드백 수집: 고객 및 동료로부터 정기적인 피드백 수집
- 자기 반성: 피드백을 바탕으로 자신의 코칭 스타일과 기술을 평가 및 개선

4단계: 네트워킹 및 브랜딩

4.1 네트워킹
- 코칭 커뮤니티 참여: 코칭 관련 세미나, 워크숍, 콘퍼런스에 참석
- 멘토링: 경험 많은 코치와의 멘토링 관계 구축

4.2 브랜딩
- 개인 브랜드 구축: 코치로서의 개인 브랜드 정립
- 마케팅 전략: 소셜 미디어, 블로그, 뉴스레터 등을 통한 온라인 마케팅 전략 실행

5단계: 지속적인 평가 및 수정

5.1 성과 평가
- 정기 평가: 6개월 또는 1년 단위로 목표 달성 여부 및 성과 평가
- 성과 지표: 코칭 효과성, 고객 만족도, 피드백 등을 통해 성과 측정

5.2 전략 수정
- 피드백 반영: 평가 결과 및 피드백을 바탕으로 성장 로드맵 수정
- 새로운 목표 설정: 달성한 목표에 대한 보상 및 새로운 목표 설정

성장 로드맵을 작성하려면 먼저 코치가 자신의 성장 과정을 몇 단계로 나눌지 결정해야 합니다. 각 단계에서 수행해야 할 내용을 구체적으로 생각하고 정리하는 것이 중요합니다. 이후, 각 단계의 시작과 종료 시점을 포함한 시간 일정과 기간을 명확히 설정합니다. 이러한 과정을 통해 기본적인 성장 로드맵을 완성할 수 있습니다. 다음의 5단계를 참고하여 효과적인 성장 로드맵을 설계합니다.

1. 성장 단계 구분

코치로서 성장을 체계적으로 관리하기 위해 초급·중급·고급 등 몇 단계로 나눕니다. 각 단계는 명확한 정의와 목표를 포함하며, 이를 통해 성장의 방향성을 구체화합니다.

2. 단계별 목표 설정

각 단계에서 달성해야 할 목표를 명확히 설정합니다. 초급 단계에서는 기초 코칭 기술을 습득하는 것을 목표로 삼고, 중급 단계에서는 심화된 기술과 다양한 상황에서의 코칭 경험을 쌓는 데 중점을 둡니다. 고급 단계에서는 전문성을 강화하고 특정 분야에서의 코칭 역량을 극대화하는 것을 목표로 합니다.

3. 구체적인 행동 계획 수립

각 목표를 달성하기 위해 필요한 구체적인 행동 계획을 수립합니다. 초급 단계에서는 코칭 도서 읽기, 기초 코칭 교육 과정 수료, 멘토링 받기 등을 포함하며, 중급 단계에서는 다양한 코칭 세션 주관, 전문 코치와의 협업, 심화 교육 과정 수료를 계획합니다. 고급 단계에서는 국제 자격증 취득, 코칭 관련 연구 및 발표, 고급 코칭 워크숍 주관 등을 포함합니다.

4. 시간 일정 및 기간 설정

각 단계의 목표와 행동 계획을 달성하기 위한 시간 일정과 기간을 설정

합니다. 초급 단계는 6개월, 중급 단계는 1년, 고급 단계는 2년 등으로 기간을 정하여 각 단계의 시작과 종료 시점을 명확히 합니다.

5. 실행 및 피드백

성장 로드맵을 실행에 옮기고, 주기적으로 피드백을 받아 계획을 조정합니다. 각 단계가 종료될 때마다 성과를 평가하며, 다음 단계로의 진입을 준비하고 필요한 수정 사항을 반영합니다.

앞에서 살펴본 5단계 성장 로드맵을 기반으로 가상의 코치인 김민준 코치의 성장 로드맵을 생성해 보겠습니다. 이번 예시는 초보 코치인 김민준 코치가 코칭 분야에서 성공적으로 성장하기 위해 따라야 할 구체적인 단계를 제시합니다. 이 로드맵을 통해 김민준 코치는 자신의 코칭 역량을 체계적으로 개발하고, 고객과의 신뢰를 구축하며, 지속 가능한 성장을 이룰 수 있을 것입니다. 다음은 코치 성장 로드맵 예시를 생성하기 위한 챗GPT 입력 프롬프트입니다.

입력 프롬프트:

> 이제 코칭을 시작한 초보 코치로서 성장 로드맵에 대한 내용을 담은 사례를 작성해 주세요. 주변에서 실제 존재하는 현실감 있는 가상의 캐릭터와 상황을 설정한 후, 코치의 성장 로드맵을 구성하는 주요 단계들과 포함 주제들에 대해서 구체적이고 상세히 작성해 주세요. 코치로서의 성장 로드맵을 작성하고자 하는 사람들에게 실질적인 도움이 될 수 있도록 현실감 있게 스토리로 잘 구성하여 주세요.

챗GPT 답변 출력 (챗GPT-4o):

사례: 초보 코치인 김민준의 성장 로드맵

배경 설정

김민준은 35세의 직장인으로, IT 기업에서 10년간 일한 경험이 있습니다. 최근 그는 사람들과의 소통과 문제 해결을 통해 더 큰 보람을 느끼고자 코칭을 시작하기로 결심했습니다. 그는 비즈니스 코칭과 라이프 코칭에 관심이 있으며, 이를 통해 사람들의 개인적 및 직업적 성장을 돕고자 합니다.

1단계: 자기 평가 및 목표 설정

1.1 자기 평가

SWOT 분석

- **강점(Strengths)**: 10년간의 IT 기업 경험, 문제 해결 능력, 강력한 소통 능력, 다문화 팀과의 협업 경험.
- **약점(Weaknesses)**: 코칭에 대한 공식적인 경험 부족, 초기 네트워크의 부재, 코칭 기술의 제한.
- **기회(Opportunities)**: 코칭에 대한 높은 수요, 온라인 코칭 플랫폼의 증가, IT 업계에서의 네트워크 활용.
- **위협(Threats)**: 경쟁이 치열한 코칭 시장, 초기 고객 확보의 어려움, 지속적인 자기 계발 필요.

360도 피드백

민준은 동료, 상사 그리고 친구들로부터 피드백을 수집했습니다. 동료들은 그의 뛰어난 문제 해결 능력과 소통 기술을 높이 평가했으며, 상사는 그의 리더십 잠재력을 강조했습니다. 친구들은 그의 공감 능력과 인내심을 칭찬했지만, 더 많은 실질적인 코칭 기술이 필요하다고 지적했습니다.

1.2 목표 설정

SMART 목표

- **구체적(Specific)**: 6개월 내에 ICF 인증 자격증 취득.
- **측정 가능(Measurable)**: 3개월 내에 5명의 고객 확보.

- **달성 가능(Achievable):** 매주 2시간씩 코칭 실습과 피드백 수집.
- **관련성 있음(Relevant):** 비즈니스 및 라이프 코칭 분야에서 전문성 확보.
- **시간 제한(Time-bound):** 1년 내에 코칭 세션 100시간 달성.

2단계: 교육 및 자격증

2.1 교육 프로그램
- **기초 교육:** 민준은 코칭의 기본 원리와 기법에 대한 온라인 교육 프로그램을 수강했습니다. 이 과정에서 그는 코칭 대화 기술, 코칭 윤리, 기본 코칭 모델 등을 배웠습니다.
- **심화 교육:** 민준은 비즈니스 코칭과 라이프 코칭에 대한 심화 과정을 수강했습니다. 그는 비즈니스 코칭의 전략적 사고와 라이프 코칭의 개인적 목표 설정 기술을 배웠습니다.

2.2 자격증 취득
- **인증 기관:** 민준은 국제코치연맹(ICF)의 인증 자격증을 취득하기로 했습니다. 이를 위해 필요한 코칭 시간과 교육 과정을 완료하고, 인증 시험에 합격했습니다.

3단계: 실습 및 피드백

3.1 실습
- **고객 확보:** 민준은 주변의 동료와 친구들로부터 초기 고객을 확보했습니다. 또한 소셜 미디어와 온라인 코칭 플랫폼을 통해 더 많은 고객을 모집했습니다.
- **실제 세션:** 민준은 매주 5명의 고객과 코칭 세션을 진행했습니다. 각 세션 후에는 세션 기록을 남기고, 세션의 효과성을 평가했습니다.

3.2 피드백
- **피드백 수집:** 민준은 고객으로부터 정기적인 피드백을 수집했습니다. 또한 동료 코치들로부터 피드백을 받아 자신의 코칭 기술을 개선했습니다.
- **자기 반성:** 민준은 수집된 피드백을 바탕으로 자신의 코칭 스타일과 기술을 평가하고, 개선 방안을 마련했습니다. 그는 지속적으로 자신의 강점을 강화하고 약점을 보완하기 위해 노력했습니다.

4단계: 네트워킹 및 브랜딩

4.1 네트워킹

- **코칭 커뮤니티 참여:** 민준은 코칭 관련 세미나, 워크숍, 콘퍼런스에 적극적으로 참석했습니다. 이를 통해 다양한 코치들과의 네트워크를 구축하고, 최신 코칭 트렌드를 학습했습니다.
- **멘토링:** 민준은 경험 많은 코치와의 멘토링 관계를 구축했습니다. 멘토와의 정기적인 만남을 통해 자신의 코칭 기술을 더욱 발전시켰습니다.

4.2 브랜딩

- **개인 브랜드 구축:** 민준은 자신만의 코칭 철학과 스타일을 정립하고, 이를 바탕으로 개인 브랜드를 구축했습니다. 그는 자신이 제공하는 코칭의 가치를 명확히 정의하고, 이를 고객들에게 전달했습니다.
- **마케팅 전략:** 민준은 소셜 미디어, 블로그, 뉴스레터 등을 통해 자신의 코칭 서비스를 홍보했습니다. 그는 정기적인 콘텐츠를 통해 자신의 전문성을 알리고, 잠재 고객과의 접점을 늘렸습니다.

5단계: 지속적인 평가 및 수정

5.1 성과 평가

- **정기 평가:** 민준은 6개월마다 목표 달성 여부와 성과를 평가했습니다. 이를 통해 자신의 코칭 효과성과 고객 만족도를 측정했습니다.
- **성과 지표:** 민준은 코칭 효과성, 고객 만족도, 피드백 등을 통해 자신의 성과를 측정했습니다. 그는 이를 바탕으로 자신의 강점과 개선점을 파악했습니다.

5.2 전략 수정

- **피드백 반영:** 민준은 평가 결과와 피드백을 바탕으로 자신의 성장 로드맵을 수정했습니다. 그는 지속적으로 자신의 목표를 재설정하고, 새로운 도전을 위한 계획을 세웠습니다.
- **새로운 목표 설정:** 민준은 달성한 목표에 대해 스스로 보상하며, 새로운 목표를 설정했습니다. 그는 끊임없이 자신의 전문성을 발전시키기 위해 노력했습니다.

생성된 가상 코치의 성장 로드맵은 체계적으로 구성되어 있고 초보 코치인 김민준이 자신의 역량을 단계적으로 발전시키는 데 효과적인 방향을 제시

합니다. 각 단계는 명확한 목표와 구체적인 활동 계획을 포함하고 있어, 코칭 과정에서 해야 할 일과 방향성을 명확히 이해할 수 있도록 돕습니다.

이 로드맵의 가장 큰 장점은 코칭의 기초부터 고급 기술까지 포괄하며, 점진적이고 실질적인 성장을 지원한다는 점입니다. 구체적인 목표와 실행 가능한 계획이 제시되어 있어, 김민준 코치가 자신의 역량을 강화하는 동시에 자신만의 코칭 스타일을 구축할 수 있는 기반을 제공합니다. 이러한 로드맵은 초보 코치뿐만 아니라 경력 코치에게도 유용한 성장 모델로 활용될 수 있을 것입니다.

성장 로드맵이 진정으로 효과를 발휘하는 순간은 코치로서의 성장이 정체되거나 어려움을 겪을 때입니다. 모든 계획이 항상 성공적으로 이루어지지는 않겠지만, 성장 로드맵은 자신의 성장 수준을 객관적으로 확인하고, 성장의 질을 높이기 위해 스스로 해야 할 일을 찾아 실행하는 데 필요한 방향성을 제공합니다.

도전과 실패는 성장 과정의 자연스러운 일부이며, 끊임없이 노력하고 학습하려는 태도가 궁극적으로 성공적인 코치의 모습을 만듭니다. 성장 로드맵은 현재 코치 자신의 위치와 목표를 명확히 파악하고, 목표 달성을 위한 구체적인 행동 계획을 수립하는 데 중요한 도구로 활용됩니다. 이를 통해 코치는 자신의 성장을 체계적으로 관리하며, 예상치 못한 어려움이나 장애물이 닥치더라도 슬기롭게 극복할 수 있습니다.

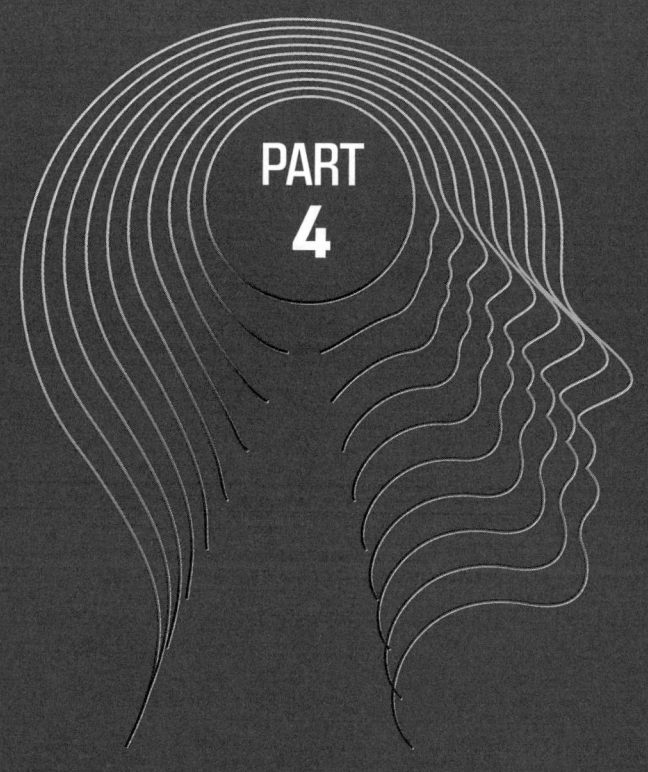

PART 4

고급 챗GPT 기술로 역량 심화하기

CHAT GPT

Part 4에서는 자신의 코칭 스타일을 파악하고 진단하여 개선점을 찾습니다. 코칭 대화를 분석하고 코칭 역량 모델을 활용해 대화를 점검하며, 축어록을 통해 코칭 대화의 질을 평가합니다. 챗GPT와 함께 역할극을 수행하여 코칭 시뮬레이션을 실전처럼 연습하고, 역할 배정과 설정을 통해 코칭 실력을 심화시킵니다.

Chapter 12
나의 코칭 스타일 파악하기

　코치로서의 성장은 코치 자신만의 스타일을 이해하고 이를 통해 고객과 효과적으로 소통하며 변화를 이끌어 내는 데서 시작됩니다. 그러나 자신의 코칭 스타일을 명확히 파악하고 체계적으로 개선하는 과정은 막연하거나 어렵게 느껴질 수 있습니다. "나는 어떤 코칭 스타일을 가지고 있는가?"라는 질문에 답하기 위해서는 객관적인 분석과 지속적인 점검이 필수적입니다.

　이 챕터에서는 챗GPT를 활용하여 자신의 코칭 스타일을 진단하고 개선하는 방법을 다룹니다. 먼저, 코칭 스타일의 개념과 중요성을 살펴보고, 챗GPT를 통해 자신의 스타일을 분석하는 구체적인 방법을 알아봅니다. 이어서, 코칭스타일 점검 결과를 바탕으로 강점을 강화하고 개선이 필요한 부분을 체계적으로 보완하는 방법에 대해서 살펴봅니다. 이를 통해 코치는 자신의 강점을 명확히 이해하고, 보다 효과적이고 자신감 있는 코칭을 실현할 수 있는 기반을 마련할 수 있을 것입니다.

💬 코칭 스타일, 제대로 알고 있나요

"어떤 코치가 되고 싶나요?" 많은 코치가 '좋은 코치'가 되어야 한다는 생각에 갇혀 정작 자신만의 코칭 스타일을 찾는 데 어려움을 느낍니다. 하지만 진정한 코치가 되려면 '나만의 색깔'을 가진 코치가 되어야 합니다. 마치 예술가가 자신만의 독특한 화풍을 가지듯, 코치도 자신만의 개성이 담긴 코칭 스타일을 완성해 나가야 합니다.

코칭 스타일은 코치가 고객과 소통하고 문제에 접근하는 방식, 목표를 향해 나아가는 전략 등을 모두 아우르는 개념입니다. 단순히 코칭 기술만을 의미하는 것이 아니라 코치의 가치관, 경험, 성격 등이 녹아들어 만들어지는 고유한 접근 방식이라고 할 수 있습니다. 시간이 흐르고 경험이 쌓이면서 코칭 스타일은 더욱 깊이를 더하고 세련되어집니다.

코칭 스타일에 영향을 미치는 요인은 다양합니다. 코치의 성격, 교육 배경, 전문 분야, 개인적인 경험 등이 모두 코칭 스타일에 영향을 미칩니다. 예를 들어, 외향적인 성격의 코치는 적극적이고 열정적인 스타일을, 심리학을 전공한 코치는 내면 탐구를 중시하는 스타일을 보일 수 있습니다.

코칭 스타일은 코칭의 효과를 좌우하는 중요한 요소입니다. 고객의 특성에 맞는 코칭 스타일을 선택해야 효과적인 코칭이 가능합니다. 자기주도적인 고객에게는 격려와 지지를 통해 스스로 목표를 향해 나아가도록 돕는 것이 효과적이며, 반대로 구체적인 지침이 필요한 고객에게는 명확한 방향을 알게 하는 것이 필요합니다. 유명 축구 감독 알렉스 퍼거슨(Alex Ferguson)은 선수의 경험과 상황에 따라 지시적인 스타일과 협력적인 스타일을 유연하게 활용했습니다.[1] 이처럼 상황에 맞는 코칭 스타일을 구사하는 것은 어떤 분야에

---

1 Ferguson's Formula, Anita Elberse, Sir. Alex Ferguson, October 2013, Harvard Business Review, https://hbr.org/2013/10/fergusons-formula

서든 중요합니다.

　코치의 정체성을 보여 주는 동시에 고객의 성장을 이끌 자신만의 코칭 스타일을 개발하고 끊임없이 발전시켜 나가는 것은 코치로서의 전문성을 높이는 지름길입니다. 코칭은 단순히 기술을 전달하는 것이 아니라, 고객의 잠재력을 일깨우고 성장을 지원하는 여정입니다. 코치 스스로 자신의 코칭 스타일을 끊임없이 성찰하고 고객의 상황에 맞춰 유연하게 대응할 수 있도록 준비하고 역량을 갖추는 일이 성공적인 코칭을 위해 무엇보다 필요합니다.

💬 코칭 스타일 점검하기

　코치가 자신의 코칭 스타일을 명확히 이해하면 코치 자신의 강점과 개선점을 객관적으로 인식할 수 있으며, 이를 통해 코칭 기법을 더욱 효과적으로 발전시킬 수 있습니다. 고객 역시 코칭 스타일을 이해하면 자신에게 맞는 코치를 선택하고, 코칭 세션에서 더 많은 가치를 얻을 수 있습니다. 코칭 스타일을 점검하는 데 참고해 볼 주요 점검 사항들을 정리하면 다음 표와 같습니다.

◆ 코칭 스타일 점검 사항들

카테고리	세부 항목	설명
질문의 유형과 방식	개방형 vs. 폐쇄형 질문	개방형 질문은 사고를 확장시키고, 폐쇄형 질문은 구체적인 정보를 얻는 데 효과적입니다.
	탐구형 질문 vs. 해결 중심 질문	문제의 원인을 탐구하는 질문과 해결책을 찾는 질문의 사용 비율을 분석합니다.
피드백 제공 방식	긍정적 피드백 vs. 건설적 피드백	긍정적 피드백은 격려를 제공하며, 건설적 피드백은 개선점을 제시합니다.

	피드백의 빈도와 타이밍	피드백이 얼마나 자주 제공되며, 적절한 시점에 이루어지는지 평가합니다.
세션의 구조와 흐름	세션의 체계성	세션이 체계적이고 구조화되어 있는지, 유연하게 진행되는지를 분석합니다.
	목표 설정과 추적	코치가 명확한 목표를 설정하고 이를 지속적으로 추적하는지 확인합니다.
의사소통 스타일	경청 능력	고객의 말을 얼마나 잘 경청하고 존중하며 이해하는지를 평가합니다.
	대화의 톤과 말투	코치의 말투가 격려적·지시적·중립적인지 분석합니다.
고객 중심성	고객의 자율성 존중	코치가 고객의 자율성과 선택을 얼마나 존중하는지 살펴봅니다.
	고객의 참여도	고객의 의견과 목표가 세션에 얼마나 반영되고 있는지 평가합니다.
코칭 도구 및 기법 사용	특정 모델이나 프레임워크 사용	코치가 특정 코칭 모델을 일관성 있게 사용하는지 확인합니다.
	기술 및 도구 사용	온라인 도구나 소프트웨어를 얼마나 효과적으로 활용하는지 평가합니다.
코칭 접근 방식	해결 중심 vs. 탐구 중심	문제 해결에 초점을 맞추는지, 문제의 원인을 탐구하는지 분석합니다.
	성과 중심 vs. 과정 중심	성과와 결과에 중점을 두는지, 과정과 학습을 중시하는지 확인합니다.
세션의 결과와 효과	고객의 성과	고객이 목표를 달성했는지, 긍정적인 변화를 경험했는지 평가합니다.
	고객 만족도	고객이 세션에 얼마나 만족하며, 지속적으로 코칭을 받고자 하는지 파악합니다.

이러한 항목들을 종합적으로 고려하면, 코치의 코칭 스타일을 보다 객관적으로 명확하게 이해하고 판단할 수 있습니다. 이는 코치의 코칭 기법과 방

식을 개선하는 데 중요한 지향점이 됩니다.

이제 표를 기반으로 코칭 스타일을 정량적으로 진단할 수 있는 평가 시트를 만들어 보겠습니다. 이 시트는 구조화된 평가 항목, 정량적 평가, 정성적 피드백, 종합 평가로 구성됩니다. 각 항목은 1~5점 척도로 평가하여 객관적인 분석이 가능하도록 설계하며, 강점과 개선점, 추가 의견을 통해 정성적 피드백을 수집합니다. 평가 결과를 바탕으로 각 항목의 평균 점수를 계산해 코치의 전반적인 스타일을 종합적으로 분석할 수 있습니다. 다음 표는 코칭 스타일 점검을 위한 평가 시트의 구성 예시입니다.

코칭 스타일 점검을 위한 평가 시트

카테고리	기준항목	평가내용	점수 (1~5)
질문의 유형과 방식	개방형 질문	고객의 사고를 확장시키는 질문의 빈도	
	폐쇄형 질문	구체적인 정보를 얻기 위한 질문의 빈도	
	탐구형 질문	문제의 근본 원인을 탐구하는 질문의 빈도	
	해결 중심 질문	실질적인 해결책을 찾기 위한 질문의 빈도	
피드백 제공 방식	긍정적 피드백	고객의 자신감을 높이는 피드백의 빈도	
	건설적 피드백	개선이 필요한 부분을 지적하는 피드백의 빈도	
	피드백의 구체성	피드백이 구체적이고 명확한 정도	
	피드백 타이밍	피드백 제공 시기의 적절성	

세션 구조와 흐름	세션의 체계성	세션이 명확한 목표와 계획을 가지고 체계적으로 진행되는 정도	
	세션의 유연성	세션이 상황에 맞게 유연하게 조정되는 정도	
	목표 설정 명확성	목표가 명확하게 설정되어 있는 정도	
	목표 추적 빈도	설정된 목표를 지속적으로 추적하는 빈도	
의사소통 스타일	경청 능력	고객의 말을 잘 경청하고 이해하는 정도	
	대화 톤과 말투	대화의 톤이 격려적이고 지지적인 정도	
	고객 발언 비중	고객이 대화에서 차지하는 비중	
	자율성 존중	고객의 자율성과 선택을 존중하는 정도	
코칭 도구 및 기법 사용	특정 모델/ 프레임워크 사용	일관되게 특정 코칭 모델이나 프레임워크를 사용하는 빈도	
	기술 및 도구 활용 빈도	온라인 도구 및 소프트웨어 활용 빈도	
고객 중심성	고객 목표 반영	세션에 고객의 목표가 반영되는 정도	
	고객 참여도	고객이 세션에 적극적으로 참여하는 정도	
	고객 요구 존중	고객의 요구와 필요를 존중하는 정도	
코칭 접근 방식	해결 중심 접근	문제 해결에 중점을 두는 정도	
	탐구 중심 접근	문제의 원인을 깊이 탐구하는 정도	
	성과 중심 접근	성과와 결과에 중점을 두는 정도	
	과정 중심 접근	과정과 학습에 중점을 두는 정도	

세션의 결과와 효과	고객 성과	고객이 목표를 달성한 정도
	긍정적 변화 경험	고객이 긍정적인 변화를 경험한 정도
	고객 만족도	고객이 코칭 세션에 만족하는 정도
강점과 개선점	강점	코치의 주요 강점을 요약
	개선점	개선해야 할 점을 요약
	추가 의견	자유롭게 추가적인 의견을 기재

총 9개의 코칭 스타일 카테고리와 31개의 세부 항목을 기반으로, 코치의 코칭 대화 내용을 정량적으로 평가하고 점검할 수 있는 체계적인 방법을 제공합니다. 필요에 따라 카테고리와 기준 항목을 추가하여 개인화하거나 최적화함으로써 자신만의 맞춤형 코칭 스타일 점검 시트를 구성할 수 있습니다.

이 점검 시트는 코칭과 관련하여 다양한 이해관계자들에게 유용하게 활용될 수 있습니다. 코치는 자신의 코칭 스타일을 객관적으로 분석하고 개선 방향을 구체화할 수 있으며, 멘토와 슈퍼바이저는 코치에게 효과적이고 실질적인 피드백을 제공할 수 있습니다. 코칭 교육 프로그램 운영자는 학습자의 스타일을 평가하여 개인 맞춤형 교육 계획을 수립할 수 있고, 조직 내 코칭 관리자는 코칭 프로그램의 효과성을 극대화할 수 있습니다.

이처럼 구조화된 방식의 코칭 스타일 점검은 코칭의 품질을 지속적으로 향상시키고, 코치와 고객 모두에게 긍정적인 영향을 미칩니다. 코치는 점검 결과를 통해 자신의 코칭 스타일을 명확히 이해하고, 구체적이고 실행 가능한 개선 계획을 수립하여 지속적으로 성장할 수 있습니다.

이와 함께, 정기적인 코칭 스타일 점검은 코치가 자신의 스타일을 체계적으로 관리하고 일관된 코칭 접근 방식을 유지하는 데 크게 도움이 됩니다.

이는 코치의 자기 성장뿐만 아니라 코칭의 전반적인 성과를 향상시키며, 궁극적으로 코치와 고객 모두에게 더 큰 가치를 제공합니다.

나의 코칭 스타일 점검과 개선하기

앞서 정리한 '코칭 스타일 점검 시트'를 활용하여 자신의 코칭 대화방식에 관한 코칭 스타일을 알아보겠습니다. 몇 가지 준비물이 필요합니다.

- 축어록(txt 파일)
- 코칭 스타일 점검 시트(PDF 파일)

여기서, '축어록'이란 코칭 세션에서 이루어진 대화를 있는 그대로 기록한 문서입니다. 코치와 고객 간의 대화 내용은 물론, 웃음, 한숨, 침묵과 같은 비언어적 표현까지 모두 포함하여 작성합니다. 이는 코치가 자신의 코칭을 분석하고 개선하는 데 활용할 뿐만 아니라, '코치더코치'나 '슈퍼비전'에서도 중요한 기초 자료로 사용됩니다.

과거에는 녹음된 대화를 코치가 직접 듣고 받아 적는 방식으로 축어록을 작성했으나, 현재는 음성인식 기술의 발전으로 그 과정이 훨씬 수월해졌습니다. 네이버의 '클로바 노트'[2]나 액션파워사의 '다글로'[3] 등의 음성-텍스트 변환 서비스를 활용하면, 녹음 파일을 업로드하여 코치와 고객의 대화 내용을 텍스트 파일(txt, word 등)로 손쉽게 변환하여 다운로드받을 수 있습니다.

챗GPT에서는 txt, pdf, xls, word와 같은 다양한 업로드 파일 형식을 지원합니다. 축어록과 코칭 스타일 점검 시트를 업로드 가능한 파일 형식으로

---

2 클로바 노트, 네이버, https://clovanote.naver.com/
3 다글로, 액션파워, https://daglo.ai/

모두 변환했다면, 이제 준비는 완료되었습니다. 축어록의 경우, 다양한 코칭 대화가 포함된 3개 이상의 파일을 준비하는 것이 좋습니다. 여러 코칭 대화를 포함한 축어록을 활용하면, 코치의 코칭 스타일에서 나타나는 특징을 보다 객관적으로 파악해 볼 수 있습니다. 모든 준비가 완료되었다면, 챗GPT에 축어록 파일을 업로드하고, 다음 프롬프트를 입력하여 분석을 시작합니다.

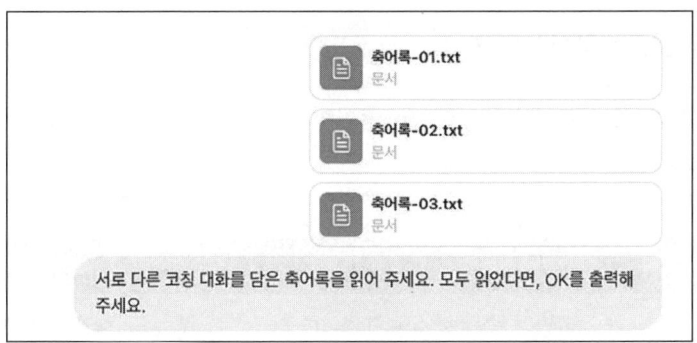

준비한 '코칭 스타일 진단 시트'를 업로드하고, 제대로 내용을 읽었는지 확인하는 프롬프트를 입력하고 실행합니다.

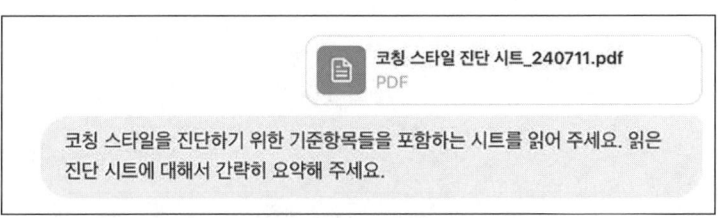

이제 모두 업로드된 축어록들과 코칭 진단 시트를 활용해 코치의 코칭 스타일에 대해 진단과 점검을 챗GPT에게 요청합니다.

입력 프롬프트:

앞서 업로드한 3개의 축어록들 모두를 대상으로 코칭 대화를 진행한 코치의 코칭에 대해 '코칭 스타일 진단 시트'에 기반하여 항목별로 평가해 표로 작성해 주세요. 평가 항목별로 점수를 부여하고, 표의 행 맨 마지막에 '코멘트'열을 추가하고 평가 내용을 간략히 추가해 주세요. 한국어로 작성해 주세요.

챗GPT 답변 출력 (챗GPT-4o):

코칭 스타일 진단 시트를 기반으로 3개의 축어록에서 진행된 코칭 대화를 항목별로 평가한 결과는 다음과 같습니다.

카테고리	기준항목	평가내용	점수 (1~5)	코멘트
질문의 유형과 방식	개방형 질문	고객의 사고를 확장시키는 질문의 빈도	4	고객의 사고를 확장시키는 개방형 질문을 자주 사용함.
	폐쇄형 질문	구체적인 정보를 얻기 위한 질문의 빈도	3	필요한 경우 폐쇄형 질문을 사용함.
	탐구형 질문	문제의 근본 원인을 탐구하는 질문의 빈도	4	문제의 근본 원인을 탐구하기 위한 질문을 효과적으로 사용함.
	해결 중심 질문	실질적인 해결책을 찾기 위한 질문의 빈도	3	실질적인 해결책을 찾기 위한 질문의 빈도는 보통임.

피드백 제공 방식	긍정적 피드백	고객의 자신감을 높이는 피드백의 빈도	5	고객의 자신감을 높이는 긍정적 피드백을 자주 제공함.
	건설적 피드백	개선이 필요한 부분을 지적하는 피드백의 빈도	4	개선이 필요한 부분을 지적하는 건설적 피드백을 적절히 제공함.
	피드백의 구체성	피드백이 구체적이고 명확한 정도	4	피드백이 구체적이고 명확하게 제공됨.
	피드백 타이밍	피드백 제공 시기의 적절성	4	피드백 제공 시기가 적절함.
세션 구조와 흐름	세션의 체계성	세션이 명확한 목표와 계획을 가지고 체계적으로 진행되는 정도	4	세션이 명확한 목표와 계획을 가지고 체계적으로 진행됨.
	세션의 유연성	세션이 상황에 맞게 유연하게 조정되는 정도	4	세션이 상황에 맞게 유연하게 조정됨.
	목표 설정 명확성	목표가 명확하게 설정되어 있는 정도	4	목표가 명확하게 설정되어 있음.
	목표 추적 빈도	설정된 목표를 지속적으로 추적하는 빈도	3	설정된 목표를 지속적으로 추적하는 빈도는 보통임.
의사소통 스타일	경청 능력	고객의 말을 잘 경청하고 이해하는 정도	5	고객의 말을 잘 경청하고 이해함.
	대화 톤과 말투	대화의 톤이 격려적이고 지지적인 정도	5	대화의 톤이 격려적이고 지지적임.

나의 코칭 스타일 점검과 개선하기

	고객 발언 비중	고객이 대화에서 차지하는 비중	4	고객이 대화에서 차지하는 비중이 높음.
	자율성 존중	고객의 자율성과 선택을 존중하는 정도	5	고객의 자율성과 선택을 존중함.
코칭 도구 및 기법 사용	특정 모델/ 프레임워크 사용	일관되게 특정 코칭 모델이나 프레임워크를 사용하는 빈도	3	일관되게 특정 코칭 모델이나 프레임워크를 사용함.
	기술 및 도구 활용 빈도	온라인 도구 및 소프트웨어 활용 빈도	3	온라인 도구 및 소프트웨어 활용 빈도는 보통임.
고객 중심성	고객 목표 반영	세션에 고객의 목표가 반영되는 정도	4	세션에 고객의 목표가 잘 반영됨.
	고객 참여도	고객이 세션에 적극적으로 참여하는 정도	5	고객이 세션에 적극적으로 참여함.
	고객 요구 존중	고객의 요구와 필요를 존중하는 정도	5	고객의 요구와 필요를 잘 존중함.
코칭 접근 방식	해결 중심 접근	문제 해결에 중점을 두는 정도	4	문제 해결에 중점을 두는 정도가 높음.
	탐구 중심 접근	문제의 원인을 깊이 탐구하는 정도	4	문제의 원인을 깊이 탐구하는 정도가 높음.
	성과 중심 접근	성과와 결과에 중점을 두는 정도	3	성과와 결과에 중점을 두는 정도는 보통임.

	과정 중심 접근	과정과 학습에 중점을 두는 정도	4	과정과 학습에 중점을 두는 정도가 높음.
세션의 결과와 효과	고객 성과	고객이 목표를 달성한 정도	4	고객이 목표를 달성한 정도가 높음.
	긍정적 변화 경험	고객이 긍정적인 변화를 경험한 정도	4	고객이 긍정적인 변화를 경험함.
	고객 만족도	고객이 코칭 세션에 만족하는 정도	4	고객이 코칭 세션에 만족함.
강점과 개선점	강점	코치의 주요 강점을 요약	4	코치의 주요 강점은 경청 능력과 긍정적 피드백 제공임.
	개선점	개선해야 할 점을 요약	3	목표 추적의 빈도와 특정 모델/프레임워크 사용의 일관성을 높일 필요가 있음.
	추가 의견	자유롭게 추가적인 의견을 기재	4	전반적으로 훌륭한 코칭 세션이었으며, 고객의 자율성과 목표 반영에 중점을 둔 접근이 돋보였음.

> 이 표를 통해 각 항목별 평가 점수와 코멘트를 확인할 수 있습니다. 이를 바탕으로 코칭 스타일을 분석하고 개선할 수 있을 것입니다.

　　코칭 스타일 평가 시트의 기준 항목별로 1~5점 사이의 점수를 정량적으로 부여하고, 평가에 대한 간단한 내용도 함께 확인할 수 있습니다. 기준 항목

나의 코칭 스타일 점검과 개선하기

별로 나누어 살펴보는 것도 도움이 되지만, 잘된 부분들과 계속 유지할 부분 그리고 보완과 개선이 필요한 부분들로 나누어 자신의 코칭 스타일 전반에 걸쳐 전체적인 평가 내용들을 정리하여 살펴보는 것이 보다 효과적입니다. 다음의 프롬프트를 사용해서 요청합니다.

입력 프롬프트:

코칭 스타일 진단 시트의 결괏값을 기반으로 코칭 스타일 전반에 걸쳐 객관적으로 평가해 주세요. 잘된 부분들, 지속할 부분들 그리고 개선 및 보완이 필요한 부분들로 나누어 전체적인 평가 결과를 서술형식으로 작성해 주세요. 마지막으로, 개선 및 보완이 필요한 부분들은 어떻게 바꾸어야 하는지 방법과 내용에 대해서 정리하여 주세요.

챗GPT 답변 출력 (챗GPT-4o):

코칭 스타일 진단 시트 결과에 대한 객관적인 평가

잘된 부분들

코치의 코칭 스타일에서 특히 잘된 부분은 고객의 자신감을 높이고, 그들의 말을 잘 경청하며, 격려적이고 지지적인 대화 톤을 유지하는 능력입니다. 이는 고객이 코칭 세션에서 편안함을 느끼고 자신의 목표를 달성하는 데 큰 도움이 됩니다. 또한 코치는 고객의 자율성과 선택을 존중하며, 고객이 세션에 적극적으로 참여하도록 유도하는 데 뛰어난 능력을 보였습니다. 이러한 요소들은 코칭의 질을 높이고, 고객의 만족도를 높이는 데 중요한 역할을 합니다.

지속할 부분들

코치가 지속적으로 잘하고 있는 부분은 개방형 질문과 탐구형 질문을 통해 고객의 사고를 확장시키고, 문제의 근본 원인을 탐구하는 능력입니다. 세션이 명확한 목표와 계획을 가지고 체계적으로 진행되는 점도 지속할 부분입니다. 고객이 명확한 목표를 설정하고 이를 달성할 수 있도록 지원하며, 문제 해결과 과정 중심의 접근 방식을 효과적으로 사용하는 것도 중요한 부분입니다. 이러한 접근 방식은 고객이 자신의 문제를 깊이 이해하고, 효과적인 해결책을 찾는 데 도움을 줍니다.

개선 및 보완이 필요한 부분들

코칭 스타일에서 개선 및 보완이 필요한 부분은 폐쇄형 질문과 해결 중심 질문의 빈도, 목표 추적의 빈도, 특정 코칭 모델/프레임워크의 일관된 사용 그리고 기술 도구 활용의 빈도입니다. 이러한 부분들을 보완함으로써 고객의 상황을 더 명확히 이해하고, 목표 달성에 대한 지속적인 지원을 제공할 수 있습니다.

1. 폐쇄형 질문
   - 문제점: 구체적인 정보를 얻기 위한 질문이 충분히 사용되지 않음
   - 개선 방법: "일주일에 몇 번이나 책을 읽으셨나요?"와 같은 질문을 통해 고객의 독서 빈도를 명확히 확인할 수 있습니다.

2. 해결 중심 질문
   - 문제점: 실질적인 해결책을 찾기 위한 질문이 부족함
   - 개선 방법: 고객이 직면한 문제에 대해 구체적인 해결책을 제안하도록 하는 질문을 더 자주 사용하세요. 예를 들어, "이 문제를 해결하기 위해 어떤 방법을 시도해 보셨나요?" 또는 "다음 주까지 어떤 목표를 달성하고 싶으신가요?"와 같은 질문을 통해 실질적인 해결책을 찾도록 돕습니다.

3. 목표 추적
   - 문제점: 설정된 목표를 지속적으로 추적하지 않음
   - 개선 방법: 세션마다 목표의 진행 상황을 점검하고 피드백을 제공하세요. 예를 들어, "지난주에 설정한 목표를 얼마나 달성하셨나요?"와 같은 질문을 통해 목표 추적을 강화할 수 있습니다.

4. 특정 모델/프레임워크 사용
   - 문제점: 일관되게 특정 코칭 모델이나 프레임워크를 사용하지 않음
   - 개선 방법: 특정 코칭 모델(GROW 모델 등)을 일관되게 사용하여 세션을 구조화하세요. 예를 들어, 'Goal, Reality, Options, Will'을 사용하여 고객과 목표를 설정하고 진행 상황을 점검할 수 있습니다.

결론

코치의 전반적인 코칭 스타일은 매우 긍정적이며, 고객의 만족도와 참여도를 높이는 데 큰

> 기여를 하고 있습니다. 잘된 부분과 지속할 부분을 유지하면서, 개선이 필요한 부분들을 보완함으로써 더 효과적이고 체계적인 코칭 세션을 제공할 수 있을 것입니다. 이를 통해 고객이 자신의 목표를 더 잘 달성하고, 코칭의 효과를 극대화할 수 있을 것입니다.

이러한 평가 과정을 통해 코치는 자신의 코칭 스타일에서 강점과 개선점을 인식할 수 있습니다. 이같은 분석은 코칭의 장점과 보완점을 균형 있게 바라볼 수 있는 관점을 제공하며, 이를 바탕으로 코칭 세션의 효과를 강화할 수 있습니다. 강점은 지속적으로 유지하고 더욱 발전시킬 방향성을 제시하며, 개선이 필요한 부분은 구체적인 계획을 통해 보완할 기회를 제공합니다. 이를 통해 코치는 고객에게 더욱 효과적이고 맞춤화된 지원을 제공할 수 있으며, 고객의 성장과 목표 달성을 돕는 데 필요한 역량을 강화할 수 있습니다.

Chapter 13
코칭 대화를 분석하고 점검하기

    코칭은 단순히 좋은 말을 주고받는 대화가 아닌 코치와 코칭받는 사람 사이의 상호작용을 통해 성장을 이끌어 내는 섬세한 기술입니다. 마치 숙련된 장인이 섬세하게 조각칼을 다루듯, 코치는 질문과 경청을 통해 상대방의 내면에 숨겨진 잠재력을 발견하고, 스스로 해답에 도달하도록 돕습니다.

    이 챕터에서는 코칭 대화를 분석하고 점검하는 방법을 살펴보면서, 효과적인 코칭을 위한 핵심 전략을 배웁니다. 코칭 대화 평가의 중요성을 이해하고, 코칭 역량모델을 활용하는 실질적인 방법을 익히며, 실제 코칭 대화 사례를 분석하며 자신의 코칭 스타일을 점검할 수 있습니다. 이를 통해 코치는 자신의 기술을 한 단계 더 발전시키고, 고객에게 더욱 효과적인 변화를 제공하는 코치로 성장할 수 있을 것입니다.

💬 코칭 대화 평가, 왜 중요할까요

    코치로서 성장하고 발전하는 여정에서, 코칭 대화 평가는 단순히 자신의 실력을 확인하는 것을 넘어섭니다. 숙련된 항해사가 나침반과 지도를 활용하

여 항로를 점검하듯, 코칭 대화 평가는 전문가로서 지속적으로 성장하고 발전하기 위한 핵심적인 나침반과 같은 역할을 합니다.

운동선수가 경기 영상을 분석하며 자신의 움직임을 개선하듯, 코치도 자신의 코칭 대화를 평가하며 전문성을 키워 갈 수 있습니다. 이는 코치 스스로를 되돌아보고 성장할 수 있는 기회를 제공하며, 궁극적으로 코칭받는 사람에게 더욱 효과적인 코칭을 제공할 수 있도록 이끌어 줍니다.

코칭 대화 평가는 다양한 방법으로 이루어질 수 있습니다. 우선, 코치 스스로 자신의 코칭 세션을 녹음하거나 녹화하여 분석하는 '자기 평가'는 즉각적인 피드백을 얻을 수 있다는 장점이 있습니다. 이 외에 다른 코치들과 코칭 세션을 공유하고 서로에게 피드백을 주고받는 '동료 평가'는 다양한 관점에서 자신의 코칭을 돌아볼 수 있도록 도와줍니다. 마지막으로, 경험 많은 코치나 전문가에게 코칭 세션에 대한 지도를 받는 '슈퍼비전'은 보다 전문적이고 체계적인 피드백을 얻을 수 있는 방법입니다.

실제로, '코칭 대화 평가'를 위해 한국코치협회(KCA)의 '코칭 역량모델'을 활용해 볼 수 있습니다. 이 모델은 코치가 갖추어야 할 핵심 역량을 '윤리 실천' '자기 인식' '자기 관리' '전문 계발' '관계 구축' '적극 경청' '의식 확장' '성장 지원' 등의 영역으로 나누어 평가합니다. 각 역량 영역별로 세부적인 평가 기준이 마련되어 있어 코치는 자신의 코칭 스킬을 객관적으로 평가하고 발전시킬 수 있습니다. 예를 들어, '적극 경청' 영역에서는 '맥락적 이해' '반영' '공감' '고객의 표현지원' 등의 세부 역량을 평가합니다.

코칭 대화 평가는 코치의 경력과 상황에 맞춰 주기와 빈도를 조절할 수 있습니다. 초보 코치는 더 잦은 평가가 필요하며, 경력이 쌓일수록 평가 간격을 넓힐 수 있습니다. 하지만 모든 코치에게 정기적인 평가는 전문성을 유지하기 위한 필수적인 활동입니다. 많은 전문가는 최소 월 1회의 자기 평가와 분기별 1회의 외부 평가(동료 평가 또는 슈퍼비전)를 권장합니다. 코칭 대화 평가에서 윤리적인 측면에도 주의를 기울여야 합니다. 코칭받는 사람의 동의 없이 코칭 세션을 녹음하거나 공유해서는 안 되며, 평가 과정에서 얻은 정보는 철저히 비밀로 유지해야 합니다. 평가 결과를 코칭받는 사람과 공유할 때는 건설적이고 긍정적인 방식으로 전달하여 상대방의 자존감을 지켜 주는 것이 중요합니다.

코치는 코칭 대화 평가를 통해 자신의 강점과 약점을 명확히 파악하고, 코칭의 효과성을 객관적으로 측정함으로써 코칭의 가치를 한층 더 높일 수 있습니다. 특히 한국코치협회의 코칭 역량모델과 같은 체계적인 기준을 활용하는 것이 바람직합니다. 코칭의 질적 향상은 결국 코칭을 받는 사람의 성장과 긍정적인 변화로 이어진다는 점을 기억하고, 코치는 자신의 코칭 대화를 지속적으로 평가하고 점검하는 과정을 꾸준히 실천해야 합니다.

코칭 역량모델을 활용하여 평가하기

한국코치협회의 코칭 역량모델은 코치가 갖추어야 할 핵심 역량들을 체계적으로 정리한 문서입니다. 이 모델은 코칭의 다양한 측면을 포괄하고 있어, 코칭 대화를 분석하고 평가하는 데 매우 유용한 기준을 제공합니다. 하지만 이 모델을 그대로 평가에 적용하기에는 너무 방대하고 복잡할 수 있습니다. 따라서 우리는 이 모델을 바탕으로 더욱 간결하고 실용적인 개인적으로 활용할 수 있는 평가 기준표를 만들어 볼 필요가 있습니다. 한국코치협회의 코칭 역량의 내용을 담은 기준 문서는 다음과 같습니다.

Chapter 13 코칭 대화를 분석하고 점검하기

> KCA의 '코칭 역량 문서'를 참고하여 챗GPT가 임의로 생성한 평가표입니다. 이에 KCA의 실제 심사 항목과 내용과는 완전히 다르며, 코치의 코칭 대화에 대한 개인적인 분석, 평가 및 점검을 위해 참고 용도로만 한정해 사용하시기 바랍니다. 설명드린 내용을 반드시 숙지하신 후, 개인적 용도로 활용해 주세요.

챗GPT를 활용하여 코칭 역량모델에 대한 문서를 업로드한 후, 이를 기반으로 코칭 역량모델의 8가지 기준을 중심으로 핵심 평가사항을 정리한 '코칭 대화 모의 평가 심사표'를 도출해 보도록 하겠습니다. 다음의 프롬프트를 입력하여 실행합니다.

입력 프롬프트:

> 코칭 역량평가모델 해설집을 읽고 숙지하여 주세요. 읽는 내용들을 기반으로, 코칭 대화에 대한 모의 평가 심사표를 표로 작성해 주세요.

 [최종]KCA_코칭역량모델_해설집_V10.pdf
PDF

> 코칭역량평가모델 해설집을 읽고 숙지하여 주세요. 읽는 내용들을 기반으로, 코칭 대화에 대한 평가 심사표를 표로 작성해 주세요.

챗GPT 답변 출력 (챗GPT-4o):

코칭 대화 모의 평가 심사표

기본 정보
- 코치명:
- 평가자명:
- 평가일:

코칭 역량 평가 항목

항목	핵심 요소	평가 (1-5)
윤리 실천	기본 윤리, 코칭에 대한 윤리, 직무에 대한 윤리, 고객에 대한 윤리	
자기 인식	상황 민감성 유지, 직관과 성찰, 자기 평가, 존재감 인식	
자기 관리	신체적 · 정신적 · 정서적 안정 · 개방적 · 긍정적 · 중립적 태도, 언행 일치	
전문 계발	코칭 합의, 과정 관리, 성과 관리, 전문 역량 계발	
관계 구축	수평적 파트너십, 신뢰감과 안전감, 존재 인정, 진솔함, 호기심	
적극 경청	맥락적 이해, 반영, 공감	
의식 확장	질문, 기법과 도구 활용, 의미 확장과 구체화, 통찰, 관점 전환과 재구성, 가능성 확대	
성장 지원	정체성과의 통합 지원, 자율성과 책임 고취, 행동 전환 지원, 피드백, 변화와 성장 축하	

평가자 코멘트
- 코칭의 강점:
- 개선 필요 사항:
- 추가 코멘트:

평가 점수 합계:

코칭 역량모델에서 코칭 대화 분석과 평가에 도움이 되는 핵심 기준들을 선별해 봅시다. 예를 들어, '경청 능력' '질문 기술' '관계 형성' '목표 설정' '행동 계획 수립' 등이 중요한 평가 항목이 될 수 있습니다. 이러한 항목들은 코칭 세션의 질을 결정짓는 핵심 요소들이며, 코치의 역량을 평가하는 데 중요

한 지표가 됩니다.

이러한 핵심 기준들을 활용해서 평가 항목과 핵심요소별로 정량적 평가 점수를 부여할 수 있는 평가 기준표를 만듭니다. 먼저, '코칭 기본 역량' '코칭 프로세스 관리' '코칭 효과성'과 같은 주요 평가 영역을 설정합니다. 다음으로 각 평가 항목 내에서 2 수준의 세부적인 핵심 요소들을 도출합니다. 다음의 프롬프트를 실행하여 보다 세분화된 '모의 심사 평가표'를 생성합니다.

입력 프롬프트:

'코칭 역량 평가 항목'을 2수준으로 구체화하여 모의 심사 평가표로 작성해 주세요.

챗GPT 답변 출력 (챗GPT-4o):

코칭 대화 모의 평가 심사표(2수준 구체화)

기본 정보
- 코치명:
- 평가자명:
- 평가일:

코칭 역량 평가 항목

항목	핵심 요소	행동 지표	평가 (1-5)
윤리 실천	기본 윤리	- 코치는 기본 윤리를 준수하고 실천한다.	
	코칭 윤리	- 코칭에 대한 윤리를 준수하고 실천한다.	
	직무 윤리	- 직무에 대한 윤리를 준수하고 실천한다.	

	고객 윤리	- 고객에 대한 윤리를 준수하고 실천한다.	
자기 인식	상황 민감성	- 현재 자신의 생각, 감정, 욕구에 집중한다. - 생각, 감정, 욕구가 발생하는 배경과 이유를 감각적으로 알아차린다.	
	직관과 성찰	- 직관과 성찰을 통해 자신의 생각, 감정, 욕구가 미치는 영향을 인식한다.	
	자기 평가	- 자신의 특성, 강약점, 가정과 전제, 관점을 평가하고 수용한다.	
	존재감 인식	- 자신의 존재를 인식하고 신뢰한다.	
자기 관리	신체적·정신적·정서적 안정	- 코칭을 시작하기 전에 신체적·정신적·정서적 안정을 유지한다. - 다양한 코칭 상황에서 침착하게 대처한다.	
	개방적 태도	- 솔직하고 개방적인 태도를 유지한다.	
	긍정적 태도	- 긍정적인 태도를 유지한다.	
	언행 일치	- 말과 행동을 일치시킨다.	
전문 계발	코칭 합의	- 고객에게 코칭을 제안하고 협의한다. - 고객과 코칭 계약을 하고, 코칭 동의 및 코칭 목표를 합의한다.	
	과정 관리	- 코칭 과정 전체를 관리하고 이해관계자를 포함한 고객과 소통한다.	

	성과 관리	- 고객과 합의한 코칭 주제 및 목표에 대한 성과를 관리한다.	
	전문 역량 계발	- 코칭에 필요한 관련 지식, 기술, 태도 등의 전문 역량을 계발한다.	
관계 구축	수평적 파트너십	- 고객을 수평적인 관계로 인정하며 대한다.	
	신뢰와 안전감	- 고객과 라포를 형성하여 안전한 코칭 환경을 유지한다. - 고객에게 긍정 반응, 인정, 칭찬, 지지, 격려 등의 언어를 사용한다.	
	존재 인정	- 고객의 특성, 정체성, 스타일, 언어와 행동 패턴을 알아 주고 코칭에 적용한다.	
	진솔함	- 고객에게 자신의 생각, 느낌, 감정, 알지 못함, 취약성 등을 솔직하게 드러낸다.	
	호기심	- 고객의 주제와 존재에 대해서 관심과 호기심을 유지한다.	
적극 경청	맥락적 이해	- 고객이 말한 것과 말하지 않은 것을 맥락적으로 헤아려 듣고 표현한다.	
	반영	- 눈 맞추기, 고개 끄덕이기, 동작 따라하기, 추임새 등을 하면서 경청한다. - 고객의 말을 재진술, 요약하거나 직면하도록 돕는다.	
	공감	- 고객의 생각이나 감정을 이해하며, 이해한 것을 고객에게 표현한다. - 고객의 의도나 욕구를 이해하며, 이해한 것을 고객에게 표현한다.	

	고객 표현 지원	– 고객이 자신의 생각, 감정, 의도, 욕구를 표현하도록 돕는다.	
의식 확장	질문	– 긍정적·중립적 언어로 개방적 질문을 한다.	
	기법과 도구 활용	– 고객의 상황과 특성에 따라 침묵, 은유, 비유 등 다양한 기법과 도구를 활용한다.	
	의미 확장과 구체화	– 고객의 말에서 의미를 확장하도록 돕는다. – 고객의 말을 구체화하거나 명료화하도록 돕는다.	
	통찰	– 고객이 알아차림이나 통찰을 하도록 돕는다.	
	관점 전환과 재구성	– 고객이 관점을 전환하거나 재구성하도록 돕는다.	
	가능성 확대	– 고객의 상황, 경험, 사고, 가치, 욕구, 신념, 정체성 등의 탐색을 통해 가능성 확대를 돕는다.	
성장 지원	정체성과 통합	– 고객의 학습과 통찰을 자신의 가치관 및 정체성과 통합하도록 지원한다.	
	자율성과 책임 고취	– 고객이 행동 설계와 실행을 자율적이고 주도적으로 하도록 고취한다.	
	행동 전환 지원	– 고객이 실행 계획을 실천할 수 있는 후원 환경을 만들도록 지원한다. – 고객이 행동 전환을 지속하도록 지지하고 격려한다.	

| | 피드백 | - 고객이 실행한 결과를 성찰하도록 돕고, 차기 실행에 반영하도록 지원한다. | |
| | 변화와 성장 축하 | - 고객의 변화와 성장을 축하한다. | |

평가자 코멘트
- 코칭의 강점:
- 개선 필요 사항:
- 추가 코멘트:

평가 점수 합계:
이 평가 심사표는 KCA 코칭 역량모델을 기반으로 작성되었습니다. 각 항목별로 1에서 5까지 점수를 매겨 주십시오. 추가적인 코멘트와 피드백은 코치의 발전을 위해 중요합니다.

입력 프롬프트:

'코칭 대화 모의 평가 심사표'를 엑셀파일로 저장해 주세요.

챗GPT 답변 출력 (챗GPT-4o):

엑셀 파일이 생성되었습니다. 다음 링크를 클릭하여 다운로드할 수 있습니다:

코칭 대화 평가 심사표 다운로드 [↓]

'모의 평가 심사표'의 각 항목 점수를 기준 점수와 비교해 보면, 코치는 자신의 코칭 세션을 좀 더 객관적으로 평가할 수 있습니다. 예를 들어, 철수 코치는 자신의 코칭 세션을 녹음하고 평가 기준표를 사용하여 분석해 보니

'공감' 항목은 4점으로 높았지만, '행동 전환 지원' 항목은 2점으로 낮게 나타났습니다. 이러한 내용을 통해 철수 코치는 자신의 강점과 개선이 필요한 영역을 명확히 파악하고, 앞으로 코칭 세션에서 목표 설정에 더욱 신경 쓸 수 있게 됩니다. 이 외에도 평가 기준표는 동료 코치들끼리 피드백을 주고받을 때도 유용하게 활용될 수 있습니다. 이처럼 모의 평가 기준표를 활용하면 코치 개인의 성장은 물론, 코칭받는 고객들도 더 나은 품질의 코칭을 기대할 수 있게 됩니다. 코칭의 질적 향상은 곧 코칭받는 사람의 성장과 변화로 이어지는 것은 물론이고 코치 자신의 코칭 역량을 체계적으로 향상시키는 데 많은 도움이 될 것입니다.

축어록에 담긴 코칭 대화 분석하고 점검하기

앞서 소개한 '코칭 대화 모의 평가 심사표'를 활용하여, 코칭 대화를 담은 '축어록'에 대해 항목별 평가를 진행합니다. 먼저, '코칭 세션의 평가 기준'을 포함한 심사표를 다음의 입력 프롬프트를 통해 챗GPT에 로딩합니다. 이후, '모의 평가 심사표'가 정확히 로딩되었는지 확인합니다.

입력 프롬프트:

> 파일을 읽고, 주요 내용을 출력하여 주세요.

📎 코칭_대화_평가_심사표.xlsx
　　스프레드시트

🔗 파일을 읽고, 주요 내용을 출력하여 주세요.

챗GPT 답변 출력 (챗GPT-4o):

파일의 주요 내용은 다음과 같습니다:

항목	핵심 요소	행동 지표	평가 (1-5)
윤리 실천	기본 윤리	코치는 기본 윤리를 준수하고 실천한다.	NaN
윤리 실천	코칭 윤리	코칭에 대한 윤리를 준수하고 실천한다.	NaN
윤리 실천	직무 윤리	직무에 대한 윤리를 준수하고 실천한다.	NaN
윤리 실천	고객 윤리	고객에 대한 윤리를 준수하고 실천한다.	NaN
자기 인식	상황 민감성	현재 자신의 생각, 감정, 욕구에 집중한다.\n생각, 감정, 욕구가 발생하는 순간을 알아차린다.	NaN

이 표는 코칭 대화 평가를 위한 심사표로, 각 항목별로 핵심 요소와 행동 지표가 정의되어 있습니다. 평가 점수는 1에서 5까지로 되어 있으며, 현재는 비어 있습니다. [>-]

입력 프롬프트:

'코칭 대화'를 담은 파일을 읽어 주세요. 읽은 내용을 다시 출력하지 마세요.

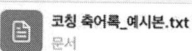
코칭 축어록_예시본.txt
문서

"코칭 대화"를 담은 파일을 읽어 주세요. 읽은 내용을 다시 출력하지 마세요.

축어록에 들어 있는 코칭의 대화의 내용은 다음과 같습니다. 코치와 고객이 코칭 대화하는 내용들을 시간순으로 기록하여 정리한 문서입니다.

코치: 오늘 코칭을 받으러 와주셔서 정말 감사드려요. 코칭을 신청하신 특별한 이유라도 있으신가요?

고객: 최근에 팀장으로 승진했는데, 아직 리더로서 많이 부족한 것 같아요. 팀원들과의 소통이 잘 안되고, 업무 성과도 기대만큼 나오지 않아서 고민이 됩니다. 그래서 리더십을 향상시키고 싶어 코칭을 신청하게 되었어요.

코치: 우선 팀장으로 승진하신 것 축하드립니다. 팀장이 되면서 어떤 점이 가장 힘드셨나요?

고객: 팀원 개개인의 성향이 다 다르다보니 커뮤니케이션 방식을 어떻게 가져가야 할 지 잘 모르겠더라고요. 그리고 업무적으로도 팀장으로서 방향을 잡고 이끌어 나가야 하는데 그게 쉽지가 않네요. 다른 팀들은 잘 해나가는 것 같은데 우리 팀만 제자리인 것 같아 스스로 의심도 들고... 팀을 이끄는 리더로서 뭔가 계속 막힌 느낌이에요.

코치: 새로운 역할을 맡으면서 적응하는데 시간이 필요한 건 당연합니다. 막막함을 느끼시는 건 오히려 성장할 수 있는 기회라고 생각해요. 오늘 코칭 세션을 통해서 리더로 한 단계 성장할 수 있는 실마리를 얻어가셨으면 좋겠는데요, 어떤 부분이 개선되면 만족스러울까요?

고객: 팀원들과의 소통이 보다 원활해지고, 업무 함에 있어서도 방향성을 명확히 잡고 실행해 나가는 리더가 되고 싶습니다. 그래서 가시적인 성과도 만들어내고요. 제 리더십에 대해 팀원들도 신뢰하고 함께 따라올 수 있게 되면 좋겠네요.

코치: 네, 리더로서 역량을 개발해 나가고 싶으시군요. 개인과 팀의 성장을 위해 노력하시는 모습이 보기 좋습니다. 그럼 지금부터 단계적으로 리더십을 강화할 수 있는 방안들을 함께 모색해보죠. 먼저 팀장이 되신 지는 얼마나 되셨나요?

고객: 팀장 발령 받은지 한 3개월 좀 넘었네요.

코치: 팀장 역할을 맡으신 지 3개월 남짓 되셨는데 벌써 7,8명의 팀원을 이끌고 계시는군요. 상당한 속도로 성장하고 계신 것 같아요.

고객: 빨리 적응해야 한다는 압박감에 빠르게 진행해 왔는데, 돌이켜보니 팀원들을 제대로 리드하지 못하고 있다는 생각이 계속 듭니다. 팀원들 입장에서는 서로 호흡이 맞지 않아 어려움을 겪고 있을 것 같아요. 그 점이 가장 고민이에요.

코치: 기존에 팀원으로서 경험해보신 것과 달리 리더의 역할이 쉽지만은 않으시겠어요. 하지만 그 속에서도 분명 잘 해내고 계신 부분이 있을 거예요. 팀장으로서 잘하고 있다고 생각하시는 부분이 있다면 어떤 건가요?

고객: 그런 것 같아요. 제가 솔선수범하려고 노력하는 편이고 업무에 대해서는 누구보다 열심히 하려고 해요. 그리고 팀원 개개인의 장단점을 파악해서 강점은 살리고 단점은 보완하려고 노력하고 있어요.

코치: 모범을 보이려 노력하시고, 팀원 개개인에 대한 이해를 바탕으로 강점을 살려주시는 군요. 멋진 리더의 자질을 가지고 계신 것 같습니다. 제가 볼 때 OOO 팀장님은 이미 충분히 잘하고 계세요. 앞으로도 지금처럼 각 팀원의 특성에 맞는 코칭을 해주시고, 수평적 소통을 이어가신다면 더 신뢰받는 리더가 되

챗GPT 답변 출력 (챗GPT-4o):

파일을 성공적으로 읽었습니다. 추가로 도와 드릴 내용이 있을까요?

    축어록과 코칭 대화 심사를 위한 기준표가 성공적으로 업로드되고 정상적으로 표시되는 것을 확인하였습니다. 이제 챗GPT를 활용하여 코칭 대화를 평가 항목별로 1~5점 사이의 점수로 심사를 요청하는 입력 프롬프트를 실행합니다. 평가 항목은 총 36개로 구성되어 있으며, 항목별로 1~5점이 부여 가능하므로 총 평가점수는 180점을 만점으로 계산됩니다. 입력 프롬프트의 수행에 따른 출력은 다음과 같습니다.

입력 프롬프트:

축어록의 '코칭 대화'에 대해 '코칭 대화 모의 평가 심사표'의 36개 핵심 요소별로 각각 행동 지표를 기준으로 1~5점의 점수를 평가 컬럼에 입력해 주세요. 총 합산 점수가 만점 기준으로 어느 정도인가요? 퍼센트로 표시해 주세요.

챗GPT 답변 출력 (챗GPT-4o):

- 코칭 대화 모의 평가 심사표-상세 평가 (36개 항목)

항목	핵심 요소	행동 지표	평가 (1~5)
윤리 실천	기본 윤리	- 코치는 기본 윤리를 준수하고 실천한다.	4
	코칭 윤리	- 코칭에 대한 윤리를 준수하고 실천한다.	5
	직무 윤리	- 직무에 대한 윤리를 준수하고 실천한다.	4
	고객 윤리	- 고객에 대한 윤리를 준수하고 실천한다.	4
자기 인식	상황 민감성	- 현재 자신의 생각, 감정, 욕구에 집중한다. - 생각, 감정, 욕구가 발생하는 배경과 이유를 감각적으로 알아차린다.	3
	직관과 성찰	- 직관과 성찰을 통해 자신의 생각, 감정, 욕구가 미치는 영향을 인식한다.	4
	자기 평가	- 자신의 특성, 강약점, 가정과 전제, 관점을 평가하고 수용한다.	5
	존재감 인식	- 자신의 존재를 인식하고 신뢰한다.	3
자기 관리	신체적·정신적·정서적안정	- 코칭을 시작하기 전에 신체적·정신적·정서적 안정을 유지한다. - 다양한 코칭 상황에서 침착하게 대처한다.	3
	개방적 태도	- 솔직하고 개방적인 태도를 유지한다.	3

	긍정적 태도	- 긍정적인 태도를 유지한다.	5
	언행 일치	- 말과 행동을 일치시킨다.	4
전문 계발	코칭 합의	- 고객에게 코칭을 제안하고 협의한다. - 고객과 코칭 계약을 하고, 코칭 동의 및 코칭 목표를 합의한다.	4
	과정 관리	- 코칭 과정 전체를 관리하고 이해관계자를 포함한 고객과 소통한다.	5
	성과 관리	- 고객과 합의한 코칭 주제 및 목표에 대한 성과를 관리한다.	5
	전문 역량 계발	- 코칭에 필요한 관련 지식, 기술, 태도 등의 전문 역량을 계발한다.	4
관계 구축	수평적 파트너십	- 고객을 수평적인 관계로 인정하며 대한다.	3
	신뢰와 안전감	- 고객과 라포를 형성하여 안전한 코칭 환경을 유지한다. - 고객에게 긍정 반응, 인정, 칭찬, 지지, 격려 등의 언어를 사용한다.	5
	존재 인정	- 고객의 특성, 정체성, 스타일, 언어와 행동 패턴을 알아 주고 코칭에 적용한다.	5
	진솔함	- 고객에게 자신의 생각, 느낌, 감정, 알지 못함, 취약성 등을 솔직하게 드러낸다.	4
	호기심	- 고객의 주제와 존재에 대해서 관심과 호기심을 유지한다.	4
적극 경청	맥락적 이해	- 고객이 말한 것과 말하지 않은 것을 맥락적으로 헤아려 듣고 표현한다.	5
	반영	- 눈 맞추기, 고개 끄덕이기, 동작 따라하기, 추임새 등을 하면서 경청한다. - 고객의 말을 재진술, 요약하거나 직면하도록 돕는다.	5

	공감	- 고객의 생각이나 감정을 이해하며, 이해한 것을 고객에게 표현한다. - 고객의 의도나 욕구를 이해하며, 이해한 것을 고객에게 표현한다.	4
	고객 표현 지원	- 고객이 자신의 생각, 감정, 의도, 욕구를 표현하도록 돕는다.	4
의식 확장	질문	- 긍정적·중립적 언어로 개방적 질문을 한다.	3
	기법과 도구 활용	- 고객의 상황과 특성에 따라 침묵, 은유, 비유 등 다양한 기법과 도구를 활용한다.	5
	의미 확장과 구체화	- 고객의 말에서 의미를 확장하도록 돕는다. - 고객의 말을 구체화하거나 명료화하도록 돕는다.	3
	통찰	- 고객이 알아차림이나 통찰을 하도록 돕는다.	5
	관점 전환과 재구성	- 고객이 관점을 전환하거나 재구성하도록 돕는다.	5
	가능성 확대	- 고객의 상황, 경험, 사고, 가치, 욕구, 신념, 정체성 등의 탐색을 통해 가능성 확대를 돕는다.	5
성장 지원	정체성과 통합	- 고객의 학습과 통찰을 자신의 가치관 및 정체성과 통합하도록 지원한다.	4
	자율성과 책임 고취	- 고객이 행동 설계와 실행을 자율적이고 주도적으로 하도록 고취한다.	3
	행동 전환 지원	- 고객이 실행 계획을 실천할 수 있는 후원 환경을 만들도록 지원한다. - 고객이 행동 전환을 지속하도록 지지하고 격려한다.	5
	피드백	- 고객이 실행한 결과를 성찰하도록 돕고, 차기 실행에 반영하도록 지원한다.	4
	변화와 성장 축하	- 고객의 변화와 성장을 축하한다.	4

> 총 평가 점수는 150점이며, 만점 기준으로 약 83.33%에 해당합니다. 평가된 결과를 확인할 수 있도록 심사표를 표시해 두었습니다. 추가로 궁금한 사항이나 도움이 필요한 부분이 있으시면 말씀해 주세요.

 평가 요소별로 '행동 지표'에 기반하여 평가하도록 기준을 제시함으로써 보다 객관적인 평가를 하도록 프롬프트에서 지침을 주었고, 이에 기반하여 평가 대상의 '코칭 대화'에 대해서는 83.3%의 점수가 나왔습니다. 평가 항목별로 다른 점수 비중을 두었다면 다른 평가 결과가 나올 수 있으므로, 좀 더 현실적인 평가를 위해서는 평가 점수의 기준을 항목별로 다르게 설정하는 방안도 가능합니다. 이제 항목별 평가 점수를 살펴보고, 평가 점수가 낮은 항목들에 대해 살펴보겠습니다. 다음의 입력 프롬프트를 통해 낮은 점수의 항목들과 점수가 낮은 이유와 이에 대한 개선 방안들에 대해서 알아보겠습니다.

입력 프롬프트:

> '코칭 대화'의 내용을 참고하여 '코칭 대화 모의 평가 심사표'에서 낮은 점수를 받은 평가 항목들에 대한 구체적인 이유에 대해서 설명하고, 이에 관한 개선 및 보완할 방안을 상세히 정리해 주세요. '평가 항목' '점수에서 낮은 점수의 개선을 위한 실천 방안'을 열로 하여 표로 작성해 주세요.

챗GPT 답변 출력 (챗GPT-4o):

> 다음은 '코칭 대화'의 내용을 참고하여 '코칭 대화 모의 평가 심사표'에서 낮은 점수를 받은 평가 항목들에 대한 구체적인 이유와 개선 방안을 정리한 표입니다.

항목	점수	낮은 점수 이유	개선을 위한 실천 방안
상황 민감성	3	고객의 감정과 욕구에 대한 깊은 이해 부족, 고객의 말을 더 많이 들어야 할 필요성	고객의 감정과 욕구를 더 세심하게 관찰하고 반영, 경청의 시간을 늘리고 공감적 피드백 제공
존재감 인식	3	고객과의 현재 순간에 완전히 몰입하지 못함, 중간에 집중력이 떨어지는 순간 존재	대화 중간중간에 고객의 말을 다시 한번 정리하고 확인하는 습관 기르기, 모든 대화에 완전히 집중
신체적·정신적·정서적 안정	3	대화 중간에 불안정한 순간이 느껴짐, 안정감을 주는 대화 기술 부족	차분하고 안정된 목소리 톤 유지, 대화의 흐름을 부드럽게 이어 가는 연습
개방적 태도	3	고객의 의견을 충분히 개방적으로 받아들이지 못함, 다소 경직된 반응	고객의 모든 의견을 존중하고 열린 마음으로 대화, 다양한 관점을 수용하는 태도 유지
수평적 파트너십	3	코치가 다소 주도적인 태도를 보임, 수평적인 대화 구조 부족	고객과의 대화를 더욱 수평적으로 이끌어 가기, 고객의 의견과 생각을 더욱 많이 반영
질문	3	질문이 다소 명확하지 않음, 고객이 이해하기 어려운 질문 포함	명확하고 간결한 질문 연습, 고객의 상황에 맞는 질문 준비
의미 확장과 구체화	3	고객의 말에 대한 깊이 있는 탐구 부족, 구체적인 사례 제시 부족	고객의 말을 깊이 있게 탐구하고 구체적인 예시와 사례로 의미를 확장
자율성과 책임 고취	3	고객의 자율성과 책임감을 충분히 고취하지 못함, 다소 지시적인 대화	고객이 스스로 해결책을 찾도록 유도, 자율성을 강조하는 대화 기술 연습

이 표를 참고하여 코칭 대화를 개선하는 데 도움이 되기를 바랍니다. 추가로 궁금한 사항이나 도움이 필요한 부분이 있으시면 말씀해 주세요.

평가 항목들을 활용해 코칭 대화를 분석하거나 점검하는 방식 외에도, 코칭 대화에서 코치와 고객 간의 대화를 중심으로 코칭의 목적과 목표, 대화의 흐름 및 진행 방식을 구체적으로 파악할 수 있습니다. 다음의 입력 프롬프트를 사용하여 '코칭 대화의 내용'을 분석해 보겠습니다.

입력 프롬프트:

코칭 대화에 대해서 다음의 항목들을 중심으로 대화 내용을 분석해 주세요.
- 코치와 고객이 합의한 세션 주제
- 고객의 목표(미래상)
- 현실적인 어려움이나 장애물
- 실행계획 요약
- 해결에 관한 의지수준

챗GPT 답변 출력 (챗GPT-4o):

코칭 대화 내용을 바탕으로 다음 항목들을 중심으로 분석해 보았습니다.

1. 코치와 고객이 합의한 세션 주제

세션 주제: 리더십 향상 및 팀 소통 개선
- 고객이 팀장으로 승진한 이후 팀원들과의 소통 문제와 업무 성과 부족에 대해 고민하고 있어 이를 개선하기 위한 코칭이 필요함을 논의하였습니다.

2. 고객의 목표(미래상)

고객의 목표: 원활한 팀 소통 및 명확한 업무 방향 설정을 통한 성과 창출
- 팀원들과의 소통이 보다 원활해지고, 업무에 있어 명확한 방향성을 잡고 실행하는 리더가 되기를 원함. 또한 팀원들로부터 신뢰를 받고 함께 목표를 달성하는 리더가 되는 것이 목표임.

3. 현실적인 어려움이나 장애물

현실적인 어려움:

- 커뮤니케이션 문제: 팀원 개개인의 성향이 달라 소통 방식에 어려움을 겪고 있음
- 업무 방향 설정의 어려움: 팀장으로서 방향을 잡고 이끄는 것이 어려움
- 자신감 부족: 다른 팀들과 비교하여 자신의 팀이 제자리걸음이라는 생각으로 인해 스스로 의심이 듦
- 적응의 어려움: 새로운 역할에 대한 적응 과정에서 막막함을 느낌

4. 실행계획 요약

실행계획:

① 팀원과의 소통 강화: 일대일 면담 시간을 늘려 팀원 개개인의 고민을 듣고 피드백을 주고받음으로써 라포를 형성함

② 명확한 목표 설정 및 공유: 팀 비전과 목표를 명확히 세우고 팀원들과 공유하여 동기 부여를 강화함

③ 작은 성취감 제공: 팀원들이 작은 성취감을 경험하게 하여 팀워크를 향상시킴.

④ 실수를 통한 학습: 변화를 두려워하지 않고 실수를 통해 배우고 성장하는 마인드셋을 가지도록 함

5. 해결에 대한 의지수준: 매우 높음

- 고객은 코칭 세션 내내 적극적으로 참여하며 리더로서 성장하고자 하는 의지를 강하게 나타냈습니다. 코치의 피드백을 긍정적으로 받아들이고, 자신이 잘하고 있는 점과 보완해야 할 점을 명확히 인식하며 앞으로의 개선 방안을 실천하고자 하는 의지를 보였습니다.

이 분석이 고객의 목표 달성에 도움이 되길 바랍니다. 추가로 궁금한 사항이나 도움이 필요한 부분이 있으시면 말씀해 주세요.

코칭을 진행하다 보면, 고객이 깨달음을 얻거나 스스로의 생각과 관점을 바꿀 수 있었던 코치의 질문들이 무엇인지 궁금할 때가 있습니다. 그러나 코칭 과정에서 모든 질문을 기억하거나 이를 체계적으로 파악하기는 쉽지 않습니다. 이럴 때 챗GPT를 활용하면, '축어록'에 기록된 코칭 대화 내용을 바탕으로 이러한 중요한 순간들을 효과적으로 탐색할 수 있습니다.

다음의 입력 프롬프트를 사용하면, 고객의 관점 전환이 이루어졌거나 반

응이 명료해진 시점에서 코치가 어떤 질문을 했는지 확인할 수 있습니다. 또한 더 나은 질문을 위한 대안적인 표현이나 질문 방식을 학습하는 데도 활용할 수 있습니다.

입력 프롬프트:

코치의 질문들 중에서 고객의 반응과 답변을 보다 명료하게 하였거나 고객의 관점을 전환할 수 있었던 질문들은 무엇이었을까요? 바꾸어 질문했다면 좋았을 질문들은 무엇이며, 어떻게 질문했다면 좋았을까요?

GPT 답변 출력 (챗GPT-4o):

명료하게 하였거나 고객의 관점을 전환할 수 있었던 질문들

1. 코치: "팀장이 되면서 어떤 점이 가장 힘드셨나요?"
   - 고객: 팀원 개개인의 성향이 다 달라 커뮤니케이션 방식을 어떻게 가져가야 할지 모르겠고, 업무적으로 방향을 잡고 이끌어 나가는 것이 어렵다고 느낀다고 대답.
   - 효과: 고객이 구체적으로 어려움을 설명할 수 있도록 도와주었으며, 현재의 문제점을 명확히 인식하게 함.

2. 코치: "어떤 부분이 개선되면 만족스러울까요?"
   - 고객: 팀원들과의 소통이 원활해지고, 명확한 방향성을 가지고 성과를 내는 리더가 되고 싶다고 대답.
   - 효과: 고객이 원하는 결과를 명확하게 표현하게 하였고, 목표를 구체적으로 설정하는 데 도움을 줌.

바꾸어 질문했으면 좋았을 질문들과 개선 방안

1. 코치: "팀원들 입장에서는 서로 호흡이 맞지 않아 어려움을 겪고 있을 것 같아요. 그 점이 가장 고민이에요."
   - 개선 방안: 고객의 관점을 전환하고 문제 해결을 위한 긍정적인 프레임을 제공하는 질문으로 바꾸기

- 새로운 질문: "팀원들과 호흡을 맞추기 위해 지금까지 어떤 노력을 하셨나요? 그리고 그 과정에서 어떤 부분이 효과적이었나요?"

2. 코치: "기존에 팀원으로서 경험해 보신 것과 달리 리더의 역할이 쉽지만은 않으시겠어요. 하지만 그 속에서도 분명 잘 해내고 계신 부분이 있을 거예요."
- 개선 방안: 고객이 스스로 긍정적인 부분을 더 많이 발견할 수 있도록 도와주는 질문으로 바꾸기
- 새로운 질문: "팀장으로서 지금까지 가장 성취감을 느꼈던 순간은 언제였나요? 그 순간의 경험을 통해 배운 점은 무엇인가요?"

3. 코치: "팀원과의 라포 형성을 더 강화해 보시는 건 어떨까요?"
- 개선 방안: 고객이 현재의 문제를 더욱 구체적으로 인식하고, 해결책을 찾도록 도와주는 질문으로 바꾸기
- 새로운 질문: "현재 팀원들과의 소통에서 가장 큰 장벽은 무엇인가요? 그 장벽을 허물기 위해 어떤 구체적인 행동을 해 볼 수 있을까요?"

요약
- 코치의 질문들은 고객이 자신의 상황을 명확히 인식하고, 목표를 설정하며, 문제 해결을 위한 아이디어를 도출하도록 도와주는 역할을 합니다.
- 보다 구체적이고 긍정적인 프레임을 제공하는 질문들을 통해 고객이 자신의 성과와 강점을 더 잘 인식하고, 구체적인 행동 계획을 세울 수 있도록 도와줄 수 있습니다.

이처럼 '코칭 대화 모의 심사표'와 '축어록'을 기반으로 평가와 분석을 진행해 보면, 코칭 대화의 효과성을 높이는 구체적인 방법을 파악할 수 있습니다. 이러한 분석을 토대로 코치는 스스로 더욱 발전된 코칭 세션을 앞으로 준비할 수 있게 됩니다.

코칭 대화는 단순한 피드백을 넘어서 고객이 스스로 문제를 인식하고 해결책을 도출하는 데 큰 도움을 줍니다. 앞서 소개한 코치 자신만의 코칭 대화를 점검하고 분석할 기준표를 마련하고, 챗GPT를 활용한 평가와 심사를 지속한다면, 코칭에서의 취약점과 개선이 필요한 부분들을 빠르게 파악하고 보

완할 수 있습니다. 이를 통해 코칭의 질을 한 단계 높일 수 있는 기회를 지속적으로 확보하게 됩니다.

앞으로 지속적인 점검과 분석을 통해 코칭 능력을 향상시키고 고객에게 보다 효과적인 코칭 서비스를 제공한다면, 코치와 고객 모두가 성장하는 긍정적인 변화를 경험하게 될 것입니다.

Chapter 14

챗GPT와 함께하는 코칭 시뮬레이션하기

코칭 실력을 향상시키는 가장 좋은 방법은 실전 경험입니다. 하지만 코칭 연습을 위한 적합한 환경과 고객을 찾는 일은 생각보다 어렵습니다. 특히 피드백과 평가를 동시에 받을 수 있는 구조화된 연습 기회를 만들기란 더욱 힘들 수 있습니다. 이러한 한계를 해결할 수 있는 도구로 챗GPT가 주목받고 있습니다. 실시간 코칭 시뮬레이션을 통해 챗GPT와 역할극을 진행하면, 언제 어디서나 다양한 코칭 상황을 연습하며 실력을 향상시킬 수 있습니다.

이번 챕터에서는 챗GPT를 활용한 실전 코칭 연습 방법을 소개합니다. 먼저 코칭에서 역할극이 필요한 이유와 챗GPT와 함께하는 역할극의 수행 단계를 알아봅니다. 그리고 코치와 고객의 역할을 어떻게 배정하고 설정할 수 있는지, 챗GPT 코치와 어떻게 실전처럼 연습할 수 있는지 구체적으로 살펴보겠습니다.

💬 코칭에서 역할극이 필요할까

"역할을 바꿔 볼까요?" 이 한마디로 코칭 세션의 분위기는 전환됩니다.

코치와 고객의 위치가 바뀌는 순간, 새로운 시각에서 상황을 바라볼 수 있는 기회가 열립니다. 코칭에서의 역할극은 단순한 연기가 아닌, 깊이 있는 자기 성찰과 통찰을 이끌어 냅니다. 고객의 문제 해결과 개인적 성장을 위한 강력한 방법으로, 코칭 과정에서 중요한 역할을 담당합니다.

전통적인 역할극이 연극이나 교육 현장에서 주로 사용되어 왔다면, 코칭에서의 역할극은 개인의 성장과 문제 해결에 집중합니다. 예를 들어, 교육 현장의 역할극이 특정 상황에 대한 대처 능력 향상에 중점을 둔다면, 코칭에서는 고객의 내면적 변화와 자기 인식 증진에 더욱 무게를 둡니다. 코치와 고객이 서로의 입장을 바꿔 봄으로써 새로운 관점에서 상황을 이해하고, 고객은 자신의 문제를 객관적으로 바라보고 코치는 고객의 상황을 더욱 깊이 이해하게 됩니다. 코칭에서 역할극이 갖는 중요성과 기대 효과들을 정리하면 다음과 같습니다.

- **고객의 자기 인식을 높이는 데 효과적인 도구:** 마치 거울을 보듯 자신의 모습을 객관적으로 바라볼 수 있는 기회를 제공합니다. 자신의 행동, 말투, 감정 표현 등을 다른 시각에서 관찰하고, 그동안 미처 인지하지 못했던 자신의 모습을 발견하게 됩니다. 이를 통해 자신의 강점과 약점을 파악하고, 개선을 위한 노력을 기울일 수 있습니다. 또한 역할극을 통해 자신의 행동이 다른 사람들에게 어떤 영향을 미치는지 인지하고, 더 나은 관계를 위한 소통 방식을 배울 수 있습니다.
- **공감 능력 향상:** 코치는 고객의 입장이 되어 그들의 생각과 감정을 경험함으로써, 더 깊이 이해하고 공감할 수 있게 됩니다. 이는 단순히 지식으로 이해하는 것을 넘어, 감정적으로 연결되는 경험을 제공합니다. 코칭 세션에서는 코치가 고객의 상황을 더 잘 이해하고, 고객의 감정에 맞는 코칭 전략을 세우는 데 도움이 됩니다. 또한 고객은 역할극을 통해 다른 사람의 입장을

이해하고, 자신의 행동을 되돌아보며 관계 개선을 위한 통찰력을 얻을 수 있습니다.
- **새로운 행동 방식을 탐색하고 연습할 수 있는 안전한 공간 제공**: 실제 상황에서 새로운 행동을 시도하는 것은 두렵고 부담스러울 수 있습니다. 하지만 역할극을 통해 실제와 유사한 상황을 연출하고, 다양한 행동을 시도해 보면서 자신에게 맞는 최적의 행동 방식을 찾아낼 수 있습니다. 이는 마치 운동선수가 실제 경기 전에 연습 경기를 통해 실력을 향상시키는 것과 같습니다. 역할극을 통해 새로운 행동에 대한 자신감을 얻고, 실제 상황에서도 당황하지 않고 자연스럽게 행동할 수 있도록 돕습니다.

이처럼 코칭에서의 역할극은 단순한 기법 그 이상의 의미를 지닙니다. 자기 이해와 성장을 위한 강력한 도구이며, 새로운 관점을 얻을 수 있는 창문과 같습니다. 역할극을 통해 코치와 고객은 서로의 입장을 더 깊이 이해하고 문제 해결을 위한 새로운 접근법을 발견할 수 있습니다. 앞으로 코칭 세션에서 역할극을 적극적으로 활용한다면 더욱 풍성하고 효과적인 코칭이 이루어질 것입니다.

💬 챗GPT와 함께하는 역할극의 수행 단계 알아보기

챗GPT를 활용한 코칭 역할극은 챗GPT를 코치 또는 고객 역할을 수행하도록 하는 새로운 코칭 방식입니다. 챗GPT는 마치 사람처럼 대화를 주고받을 수 있는 고급 언어 모델로, 코칭에 접목되어 시간과 공간의 제약 없이 다양한 상황에서 역할극을 가능하게 합니다. 이는 단순히 기술을 도입하는 것을 넘어, 코칭 방법론의 새로운 방식을 제안합니다.

사람과 함께하는 기존 역할극과 비교했을 때, 챗GPT를 활용한 코칭 역할극은 몇 가지 차별점을 지닙니다. 먼저, 시간과 장소의 제약이 없습니다. 기존 코칭은 코치와 고객의 일정을 맞춰야 하지만, 챗GPT는 언제 어디서든 연습할 수 있어 편리합니다. 다음으로, 개인 정보 보호 측면에서 더 안전할 수 있습니다. 민감한 개인 정보를 실제 사람과 공유하지 않고도 코칭 연습을 진행할 수 있습니다. 회사 내부의 민감한 상황에 대해 연습할 때 유용하게 활용될 수 있습니다. 마지막으로, 감정적 부담이 적습니다. 실제 사람 앞에서 느낄 수 있는 부끄러움이나 불안감 없이 자유롭게 연습할 수 있어 심리적인 안정감을 제공합니다. 챗GPT는 무궁무진한 상황을 시뮬레이션할 수 있어 실제 코칭에서 마주할 수 있는 다양한 경우에 미리 대비할 수 있도록 돕습니다. 사람과 챗GPT 기반의 코칭 역할극에 따른 비교는 다음과 같습니다.

챗 GPT를 활용한 역할극 vs. 실제 사람과의 역할극

항목	챗GPT를 활용한 역할극	실제 사람과의 역할극
접근성	언제든지 이용 가능	코치의 시간에 의존, 예약 필요
비용	상대적으로 저렴	비교적 고비용, 전문가 비용 필요
시나리오 다양성	무제한 시나리오 생성 가능	제한된 시나리오, 코치의 경험과 창의성에 의존
피드백	즉각적이고 객관적인 피드백	맞춤형 피드백 제공 가능, 감정적 지원 가능
학습 속도	실시간 학습 및 반복 가능	세션 사이 시간 소요, 즉각적 반복 어려움
심리적 안전감	안전한 환경에서 부담 없이 연습 가능	실제 사람과의 상호작용으로 인해 심리적 부담 가능
개인화	기본적 개인화 가능	고도의 개인화 가능, 고객의 특성에 맞춘 코칭 가능
연습 환경	가상 환경에서의 연습	현실과 유사한 환경에서의 연습

신뢰 형성	기계와의 상호작용으로 신뢰 형성 어려움	코치와의 인간적 상호작용으로 신뢰 형성 가능
감정적 지지	감정적 지지 제공 어려움	코치가 감정적 지지와 격려 제공 가능
스트레스 관리	부담 없이 다양한 상황 연습 가능	실제 상황에 가까운 스트레스 연습 가능
반복 학습	원하는 만큼 반복 가능	시간과 비용 제약으로 반복 학습 제한
상호작용의 질	자연스러운 인간적 상호작용 부족	고품질의 인간적 상호작용 가능
정서적 반응	정서적 반응 시뮬레이션의 한계	실제 인간의 정서적 반응 관찰 가능

챗GPT와 사용자가 상호작용 방식으로 코칭 역할극을 진행하는 보다 구체적인 절차와 과정, 주요 수행 내용에 대해서 알아보겠습니다. 준비 시작 단계부터 개선에 이르기까지 각 단계에서 수행할 세부 내용은 다음과 같습니다.

코칭 역할극을 진행하는 절차와 과정

수행 단계	세부 단계	설명
1. 역할극 준비	목표 설정	역할극을 통해 무엇을 달성하고 싶은지 명확하게 목표를 정합니다(예: 고객 불만 처리 능력 향상, 판매 기술 강화, 갈등 해결 능력 배양).
	시나리오 작성	실제 상황을 반영하여 구체적인 시나리오를 작성합니다. 상황 설명, 등장인물, 대화 흐름 등을 포함합니다.
	역할 분담	챗GPT가 고객 역할을 맡고, 사용자가 코치 역할을 맡습니다.

2. 역할극 실행	상황 설명	챗GPT가 시나리오에 따라 배경과 상황을 설명합니다.
	역할 수행	사용자는 코치 역할을 연기하며 챗GPT(고객)와 상호작용합니다. 챗GPT는 고객의 입장에서 다양한 반응을 보이며 상황을 이끌어 갑니다.
	질문 및 응답	사용자는 상황에 맞는 질문을 하고, 챗GPT는 고객의 입장에서 답변하며 대화를 이어 나갑니다.
3. 피드백 세션	자기 평가	역할극이 끝난 후, 사용자는 자신의 행동과 대화에 대해 스스로 평가합니다.
	챗GPT 피드백	챗GPT는 사용자의 코칭 과정을 관찰하고 피드백을 제공합니다(예: 강점과 개선점, 효과적인 부분).
4. 개선점 도출 및 반복	개선점 도출	챗GPT의 피드백을 바탕으로 개선할 점을 찾습니다.
	재실행	개선점을 반영하여 역할극을 다시 실행합니다. 반복적인 연습을 통해 코칭 능력을 향상시킵니다.

챗GPT를 활용한 코칭 역할극은 확실히 시간과 공간의 제약을 극복하여, 언제 어디서나 기술을 연마하고 다양한 시나리오에 대비할 수 있는 기회를 제공합니다. 그러나 이는 어디까지나 실제 인간 간의 상호작용을 보완하는 도구로서의 역할을 하며, 이를 완전히 대체할 수는 없습니다. 사라 베이커 박사는 챗GPT를 리더십 코치로 활용하는 두 가지 접근 방식을 시도하였으며, 이 실험을 통해 챗GPT가 리더십 개발에 유용한 도구나 사람 코치의 공감 능력과 창의성을 완전히 대체할 수 없다고 강조했습니다. 이러한 챗GPT의 한계를 명확히 인식하고 현명하게 활용한다면, 코치로서 코칭 스킬과 문제 해결 역량을 한 단계 더 발전시키는 데 많은 도움이 될 것입니다.[1]

---

1 Sara J. Baker, Ed.D., 「I Fried to Use ChatGPT as my Leadership Coach, Here's what Happened」, The Leadership Reformation, https://theleadershipreformation.com/chatgpt-as-a-leadership-coach/

💬 역할을 배정하고 설정하기

챗GPT의 등장으로 코치들은 이제 실제 고객을 만나기 전에 역할극을 통해 자신의 코칭 스킬을 연마하고 발전시킬 수 있게 되었습니다. 이는 마치 비행기 조종사가 실제 비행에 나서기 전 시뮬레이터로 훈련하는 것과 유사한 과정이라고 할 수 있습니다. 하지만 이 혁신적인 도구를 효과적으로 활용하기 위해서는 사전에 세심한 설정이 필요합니다.

챗GPT를 활용한 코칭 역할극에서 사전 설정이 필요한 이유는 무엇일까요? 그 핵심은 AI의 한계와 인간 상호작용의 복잡성에 있습니다. AI는 뛰어난 언어 처리 능력을 가지고 있지만, 인간의 미묘한 감정 변화나 맥락적 이해에는 한계가 있기 때문입니다. 예를 들어, 고객이 "괜찮아요."라고 말했을 때, 그 말의 진정한 의미는 상황과 어조에 따라 크게 달라질 수 있습니다. 실제 코칭에서는 코치가 이러한 뉘앙스를 포착하고 적절히 대응해야 하지만, AI는 이런 섬세한 차이를 구분하기 어려울 수 있습니다. 사전 설정을 통해 우리는 AI에게 특정 상황, 감정, 배경 등을 상세히 제공함으로써 보다 현실적이고 유의미한 역할극을 만들어 낼 수 있습니다. 이는 마치 연극의 대본과 무대 지시사항을 꼼꼼히 준비하는 것과 비슷하다고 할 수 있습니다.

사전 설정을 위해 필요한 항목들은 다양합니다. 먼저, 고객의 기본 정보가 필요합니다. 여기에는 나이, 직업, 가족 관계 등이 포함됩니다. '35세 여성, 마케팅 회사 중간 관리자, 기혼, 자녀 1명'과 같은 정보를 제공할 수 있습니다. 그다음으로 고객이 직면한 문제나 고민 그리고 그들의 목표를 명확히 해야 합니다. '업무 스트레스로 인한 불면증 해소, 일과 삶의 균형 찾기'와 같은 구체적인 이슈를 설정하는 것이 좋습니다. 또한 고객의 성격, 의사소통 스타일 그리고 과거의 코칭 경험 등도 중요한 요소입니다. '내성적인 성격, 직설적인 의사소통 방식, 코칭 경험 없음'과 같은 정보를 추가하면 챗GPT가 더욱 실제와 가까운 반응을 보일 수 있습니다. 이러한 세부적인 정보들을 바탕으로 챗GPT는 보다 일관되고 현실적인 가상의 고객 역할을 수행할 수 있게 됩니다.

코칭 과정에 대한 역할극을 챗GPT와 함께 효과적으로 수행하기 위해 보다 구체적으로 다음과 같은 요소들을 설정하면 현실적인 코칭 시뮬레이션이 가능합니다.

고객 프로필 설정
- **고객의 기본 정보:** 나이, 성별, 직업, 관심사 등
- **고객의 목표:** 단기 목표와 장기 목표, 해결하고자 하는 문제
- **고객의 현재 상황:** 현재 직면한 도전 과제, 스트레스 요인, 동기 부여 수준

코칭 세션의 목적 설정(다회기 세션)
- **첫 번째 세션의 목적:** 고객의 상황 파악, 목표 설정, 신뢰 형성
- **후속 세션의 목적:** 진행 상황 점검, 피드백 제공, 새로운 목표 설정

코칭 기법 및 전략 설정
- **질문 기법:** 개방형 질문, 폐쇄형 질문, 탐구형 질문 등
- **피드백 방법:** 긍정적인 피드백, 건설적인 비판, 격려 등
- **목표 설정 방법:** SMART 목표 설정(Specific, Measurable, Achievable, Relevant, Time-bound)

세션 시나리오 설정
- **초기 인트로:** 코칭에 대한 기대와 규칙 설정
- **핵심 논의 주제:** 특정 문제나 목표에 대해 심도 있는 논의
- **마무리:** 세션 요약, 다음 단계 논의, 후속 세션 일정 잡기

가상 고객의 반응 및 행동 설정
- **반응 유형:** 협조적 · 회의적 · 방어적 · 열정적 등
- **행동 유형:** 문제 해결을 위한 행동 계획 이행, 저항 및 회피, 피드백에 대한 반응

상황 변수 설정
- **예상치 못한 상황:** 고객의 개인적 위기, 목표 변경, 새로운 도전 과제 발생
- **세션 중단 상황:** 기술적 문제, 고객의 긴급 상황 등

나열한 요소들을 기반으로 챗GPT는 가상 고객 역할을 수행하며, 다양한 반응과 시나리오를 통해 실제 코칭 장면에서 마주할 수 있는 상황을 미리 경험하도록 돕습니다. 이를 통해 코치는 코칭 과정에서 부족했던 필요한 역량을 체계적으로 보완하고 강화할 수 있습니다.

현재까지 코칭 분야에서 AI의 활용은 아직 초기 단계에 있지만, 그 잠재력은 무궁무진합니다. 챗GPT를 활용한 코칭 역할극은 이제 시작에 불과합니다. 앞으로 더 많은 연구와 실험을 통해 AI와 코치의 시너지를 극대화할 수 있는 방법들이 계속해서 개발될 것이며, 코치와 코칭 분야에 큰 도움이 될 것으로 기대합니다.

💬 챗GPT 코치와 실전처럼 연습하기

이제부터는 챗GPT를 활용하여 코치와 고객의 역할을 나누고, 실제 코칭 대화와 유사한 방식으로 코칭 역할극을 계획하고 수행하는 방법을 살펴보겠습니다. 우선, 챗GPT와의 코칭 역할극을 성공적으로 진행하려면 실제 고객과

의 코칭 대화와 차이점을 명확히 이해하는 것이 중요합니다. 이 역할극에서 챗GPT는 고객 역할을, 사용자는 코치 역할을 맡게 됩니다. 코치 역할의 사용자는 고객의 필요와 상황에 맞추어 적절한 질문을 던지거나 정보를 제공하는 방식으로 프롬프트를 입력합니다.

이 과정에서 가장 핵심적인 요소는 챗GPT에게 명확하고 구체적인 프롬프트를 제공하는 것입니다. 구체적이고 명료한 프롬프트는 챗GPT가 고객 역할을 충실히 수행하는 데 필수적이며, 이를 통해 실제 고객과의 대화에서 얻을 수 있는 현실적이고 자연스러운 답변을 받을 수 있습니다.

코칭 상황에 관한 역할극을 올바르게 수행하려면 고객의 목표, 도전 과제, 현재 상태 등을 명확히 파악하고 이를 바탕으로 코칭 세션을 설계해야 합니다. 코치와 고객의 역할 및 각자의 수행 업무를 명확히 정의하고, 코칭 과정에서 발생할 수 있는 다양한 상황을 미리 시뮬레이션해 보는 것이 효과적입니다. 이를 위해 고객이 직면한 문제를 깊이 이해하고, 이를 해결하기 위한 다양한 전략을 고려한 코칭 계획을 수립하는 것이 필요합니다.

일반적인 코칭과 마찬가지로 챗GPT를 활용한 코칭에서도 1:1 대화 방식으로 실시간 상호작용이 이루어집니다. 따라서 각자의 역할에 맞추어 상대방의 이야기를 경청하고, 이전 대화 내용을 고려하여 적절한 질문과 응답을 제공하는 것이 중요합니다. 코치 역할을 맡은 사용자는 고객의 반응에 따라 즉각적으로 피드백을 제공하고, 필요한 경우 추가 정보를 제공하거나 질문을 던져 대화를 주도해야 합니다. 반면, 고객 역할을 맡은 챗GPT는 주어진 상황과 특성에 맞게 반응하며, 때로는 모호하거나 감정적인 응답을 통해 실제 코칭 상황의 복잡성을 재현해야 합니다. 이러한 상호작용을 통해 고객이 자신의 문제를 스스로 해결할 수 있도록 돕는 것이 코칭의 핵심입니다.

챗GPT 기반의 코칭 역할극은 실제 고객과의 대화와 유사한 방식으로 진행됩니다. 성공적인 진행을 위해서는 고객 역할을 맡은 챗GPT가 실제 고객

처럼 행동할 수 있도록 설정을 철저히 준비해야 합니다. 고객의 상황과 코칭에서 다루고자 하는 주제들을 작성하고, 대화 방식의 원활한 진행을 위해 챗GPT의 동작과 대화 수행을 제어할 수 있는 운영 규칙을 상세히 정의하여 프롬프트로 입력해야 합니다.

다음의 예시에서는, 먼저 고객의 상황에 대해 챗GPT가 모두 숙지한 후 코칭 대화를 시작하기 위한 챗GPT의 상태를 알기 위해 'OK' 출력을 요청했습니다. 그리고 고객 역할을 하는 챗GPT와의 코칭 대화 종료를 위해 '대화종료'라는 코치의 명령 프롬프트를 사용하여 코칭 대화를 마무리하도록 했습니다. 입력 프롬프트의 수행 결과는 다음과 같습니다.

입력 프롬프트:

지금부터 코칭을 위한 role play를 수행하고자 합니다. 나는 코치 역할을 하며, 당신은 고객의 역할을 합니다. 고객은 다음의 '상황'에 처해 있습니다. '운영규칙'에 따라 코칭 대화를 나누어 주세요.

[상황]
- 현재 리더가 되었지만, 리더 수업을 받아 본 적은 없다.
- 업무를 추진하고 실행하는 일만 지금까지 담당해서 어떻게 팀을 이끌어야 할지 모르겠다.
- 팀원들을 육성해야 하는데 어디서부터 시작해야 할지 난감하다.
- 직속상사는 팀을 잘 이끌고 올해도 높은 성과를 낼 것으로 믿는다고 한다.

[운영 규칙]
- 상황을 모두 읽고 이해했다면, '완료'라고 말해 주세요.
- 상황 이해가 되어야 대화를 시작할 수 있습니다.
- 코칭 대화는 내가 먼저 질문하는 것으로 시작합니다.
- 코칭 대화를 마무리해야 하는 경우, '대화종료'라고 내가 말하면 대화를 종료합니다.
- 코칭 대화는 순차적으로 진행됩니다. 코치가 먼저 질문하면, 당신이 답변합니다. 이어서 코치가 질문을 이어 갑니다.

챗GPT 답변 출력 (챗GPT-4o):

> ChatGPT 4o
>
> 지금부터 코칭을 위한 role play를 수행하고자 합니다. 나는 코치 역할을 하며, 당신은 고객의 역할을 합니다. 고객은 아래의 "상황"에 처해 있습니다. "운영규칙"에 따라 코칭대화를 나누어 주세요.
>
> [상황]
> - 현재 리더가 되었지만, 리더 수업을 받아본 적은 없다
> - 업무를 추진하고 실행하는 일만 지금까지 담당해서 어떻게 팀을 이끌어야할지 모르겠다
> - 팀원들을 육성해야하는데 어디서부터 시작해야할지 난감하다
> - 직속상사는 팀을 잘 이끌고 올해도 높은 성과를 낼 것으로 믿는다고 한다
>
> [운영 규칙]
> - 상황을 모두 읽고 이해했다면, "완료"라고 말해 주세요.
> - 상황이해가 되어야 대화를 시작할 수 있습니다.
> - 코칭대화는 내가 먼저 질문하는 것으로 시작합니다.
> - 코칭대화를 마무리해야하는 경우, "대화종료"라고 내가 말하면 대화를 종료합니다.
> - 코칭대화는 순차적으로 진행됩니다. 코치가 먼저 질문하면, 당신이 답변합니다. 이어서 코치가 질문을 이어갑니다.
>
> 완료

입력된 프롬프트를 이해하고 올바르게 수행했다는 의미로 챗GPT가 '완료'를 표시했다고 하더라도, 실제로 코칭 대화를 위한 고객 역할 및 대화 운영에 필요한 내용을 충분히 이해했는지 다시 확인하는 것이 중요합니다. 이를 위해 다음과 같은 추가 입력 프롬프트를 통해 챗GPT가 제공된 정보를 기반으로 무엇을 이해하고 있는지 점검해 볼 수 있습니다. 이는 코칭 대화의 원활한 진행을 위해 필요한 사전 검증 단계로, 역할극의 신뢰성과 효과를 높이는 데 도움이 됩니다.

입력 프롬프트:

> 당신은 현재 어떤 역할을 담당하는지요? 당신이 이해하고 있는 상황을 정리해서 말씀해 주세요. 그리고 코칭 대화는 어떤 방식으로 진행되는지 알려 주세요.

252　Chapter 14 챗GPT와 함께하는 코칭 시뮬레이션하기

챗GPT 답변 출력 (챗GPT-4o):

> 저는 현재 팀 리더 역할을 담당하고 있습니다. 지금까지는 주로 업무를 추진하고 실행하는 일만 맡아 왔기 때문에 팀을 이끌어 본 경험이 없습니다. 그래서 어떻게 팀을 이끌고 팀원들을 육성해야 할지 막막합니다. 직속상사는 제가 팀을 잘 이끌고 올해도 높은 성과를 낼 것이라고 믿고 있습니다.
>
> 코칭 대화는 코치님이 질문을 하면 제가 답변하는 순서로 진행됩니다. 코치님은 제가 현재 겪고 있는 문제를 해결할 수 있도록 도와주는 질문을 이어 가실 것입니다. 제가 답변을 통해 상황을 더 잘 이해하고, 문제 해결을 위한 방법을 찾을 수 있도록 이끌어 주실 것입니다.

챗GPT가 코칭 대화에서 고객 역할로 수행해야 할 내용을 충분히 이해하고 있는지 확인을 하였으니, 본격적으로 코칭 세션을 시작합니다. 이제 코치로서 입력한 프롬프트와 고객 역할을 맡은 챗GPT의 답변이 교차 출력되며, 일반적인 코칭 대화처럼 진행할 수 있습니다. 기본적으로 챗GPT를 활용한 코칭 대화는 텍스트를 주고받는 방식으로 진행됩니다. 여기에 더해 챗GPT에서 제공하는 음성 기능을 활용하면 더욱 실제적인 코칭 대화를 경험할 수 있습니다. 음성을 텍스트로 변환해 주는 기본 음성 모드(Standard Voice Mode)는 물론, 실시간 음성 대화가 가능한 고급 음성 모드(Advanced Voice Mode: AVM)를 통해 마치 실제 사람과 대화하듯 자연스러운 코칭 대화를 나눌 수 있습니다(다음 그림에서 챗GPT 기본 입력창에 메시지 입력 창 안에 있는 마이크 아이콘을 선택하면 두 번째 '기본 음성 모드'가 활성화되며, 맨 앞의 메시지창 오른쪽에 위치한 검은색 아이콘을 선택하면 다음의 맨 마지막 화면의 '고급 음성 모드'가 실행됩니다).

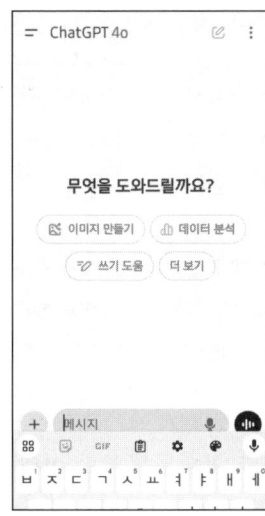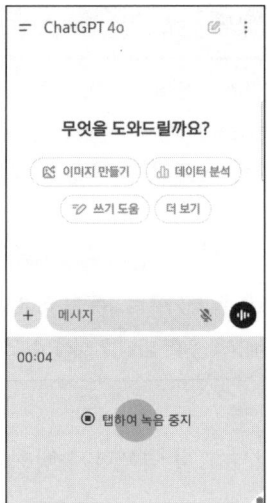

다음은 챗GPT와 코칭 세션을 진행하는 코칭 대화 출력입니다.

입력 프롬프트 / 챗GPT 답변 출력 (챗GPT-4o):

코치〉
오늘 만나 뵙게 되어 반갑습니다. 새로운 팀장이 되신 것을 먼저 축하드립니다. 중요한 역할을 맡으셨다고 들었습니다. 회사와 팀원들의 기대가 클 것 같습니다. 요즘 많이 바쁘실 텐데요. 지금 기분은 어떠신가요?

고객(챗GPT)〉
감사합니다. 새로운 역할을 맡게 되어 매우 기쁘면서도 한편으로는 조금 불안하고 긴장되는 기분입니다. 회사와 팀원들의 기대가 크기 때문에 그 기대에 부응하고 싶은 마음이 큽니다. 그러나 리더로서 경험이 부족하고 팀을 어떻게 이끌어야 할지에 대한 구체적인 방향이 잡히지 않아 어려움을 느끼고 있습니다. 그래서 효과적인 리더십을 발휘할 수 있도록 도움을 받고 싶습니다.

코치〉
그러시군요. 기대도 있으시지만, 긴장도 하고 계시네요. 주변의 기대에 부응하고 싶은 팀장님의 커다란 마음이 이루어질 수 있도록 저도 오늘 최선을 다해 진행해 보도록 하겠습니다. 오늘 코칭이 진행되는 동안 호칭을 어떻게 불러드리면 좋을까요?

고객(챗GPT)〉
제 이름을 사용해 주시면 좋겠습니다. 편하게 '고객'이라고 부르셔도 됩니다. 오늘 코칭을 통해 저의 리더십 스킬을 향상시킬 수 있는 좋은 기회가 되길 바랍니다. 감사합니다.

코치〉
네, 네. 말씀 중에 리더십에 대해 여러 번 이야기해 주셨는데요. 최근에 이 부분에 대해 구체적으로 생각해 보신 계기나 이유가 있으실런지요?

고객(챗GPT)〉
네, 최근에 리더십에 대해 구체적으로 생각하게 된 주된 이유는 제가 처음으로 리더 역할을 맡게 되면서 실제로 팀을 이끌어야 하는 상황이 되었기 때문입니다. 팀원들을 효과적으로 지도하고, 그들의 성장을 돕는 것이 저의 책임인데, 이에 대한 구체적인 경험이나 지식이 부족하다는 것을 깨닫게 되었습니다. 또한 제가 팀을 잘 이끌어 성과를 내야 한다는 직속 상사의 기대도 크기 때문에, 이러한 부담감이 리더십 스킬을 향상시키고자 하는 동기를 더욱 강하게 만들었습니다. 그래서 이번 코칭 세션을 통해 구체적인 방향성을 찾고 싶습니다.

코치〉
고객님께서 팀을 잘 이끌고 성과를 내고 싶은 의지가 크게 느껴집니다. 고객님이 평소 생각하시거나 기대하시는 리더란 어떤 모습일까요?

고객(챗GPT)〉
제가 생각하는 이상적인 리더는 팀원 각자의 잠재력을 최대한 발휘할 수 있도록 지원하고, 동기를 부여하는 사람입니다. 또한 팀원들이 서로 신뢰하고 협력할 수 있는 환경을 조성하는 것이 중요하다고 생각합니다. 이런 환경에서는 모든 팀원이 자신의 의견을 자유롭게 표현할 수 있으며, 창의적인 아이디어가 존중받고 실행으로 옮겨질 수 있습니다.

뿐만 아니라, 저는 리더가 변화에 유연하게 대응하면서도 명확한 비전을 가지고 팀을 안내할 수 있어야 한다고 봅니다. 이렇게 리더가 모범을 보이면서 진심으로 팀원들을 케어하는 모습이 팀 전체의 동기 부여와 성과 향상으로 이어질 것이라고 생각합니다.

코칭 대화를 충분히 나눈 후, 이제 대화를 마무리하는 단계로 접어듭니다. 다음과 같이 코칭의 성과를 정리하고, 고객에게 응원의 메시지를 전달한 뒤 코칭을 종료하는 과정으로 대화가 이어집니다. 이 과정에서 고객에게 추가로 나누고 싶은 이야기가 있는지 확인하고, 코칭 진행 과정의 주요 내용을 정리 및 요약하도록 요청하며 마무리합니다.

챗GPT와의 코칭 세션에서 코칭 대화를 명시적으로 종료하기 위해 '운영 규칙' 항목으로 지정된 '대화종료' 명령어를 사용해 다음과 같이 챗GPT와의 대화를 최종적으로 종료합니다.

입력 프롬프트 / 챗GPT 답변 출력 (챗GPT-4o):

코치〉
오늘 리더십 스킬 향상에 대한 주제로 이야기를 나누었는데요. 팀원들의 성장에 대한 높은 관심을 가지고 계시고, 팀의 성과를 높이는 방법들을 고객님께서 이미 생각하고 계셔서 고객님이 생각하시는 리더로서의 모습을 빠른 시일 안에 갖추실 것 같고요. 저도 응원하도록 하겠습니다. 이제 코칭을 마무리하려고 하는데요. 혹시 더 하실 말씀이 있으실까요?

고객(챗GPT)〉
오늘 코칭을 통해 제가 리더로서 나아가야 할 방향에 대해 더 명확하게 생각할 수 있었습니다. 이야기를 나누면서 제가 가진 생각과 감정을 정리할 수 있어 매우 도움이 되었습니다. 진심으로 감사드립니다. 앞으로도 이런 대화를 통해 저의 리더십을 더욱 발전시켜 나갈 수 있기를 기대합니다. 아무쪼록 저를 지도해 주셔서 감사하고, 다음 기회에도 다시 만나 이야기를 나눌 수 있기를 바랍니다.

코치〉
네. 다음 기회에 또 뵙고 성과를 나누는 시간이 기대됩니다. 그럼, 오늘 코칭 여기서 마쳐도 될런지요?

고객(챗GPT)〉
네, 오늘 코칭을 여기서 마쳐도 됩니다. 감사합니다. 다음에 또 만나 이야기를 나눌 수 있기를 기대하며, 그때까지 건강하시고 좋은 일들만 가득하시길 바랍니다. 감사합니다!

코치〉

> 대화종료
>
> **고객(챗GPT)〉**
> 알겠습니다. 다음에 뵙겠습니다. 안녕히 계세요!

    챗GPT와의 역할극이 종료되었다면, 다음 단계로 코칭 대화에 대한 분석과 점검을 진행합니다. 챗GPT는 코치와 고객(챗GPT) 간의 모든 대화 내용을 저장하고 있으므로, 이를 활용해 코칭 대화를 분석하고 평가해 볼 수 있습니다. 다음의 입력 프롬프트를 사용해 '코칭 점검 사항들'을 중심으로 코칭 과정에서 보완 및 개선이 필요한 부분을 파악해 볼 수 있습니다.

    제시된 '코칭 점검 사항들' 외에도 자신만의 추가적인 점검 항목을 포함하면, 코칭 대화를 보다 다양한 관점에서 분석하고 평가할 수 있습니다. 이를 통해 코치는 자신의 코칭 스킬을 향상시키고 세션의 전반적인 품질을 개선할 수 있습니다.

입력 프롬프트:

> 당신은 코칭 경험이 풍부한 프로 코치입니다. 앞선 코칭 대화 내용을 살펴보고, 다음의 '코칭 점검 사항들'을 중심으로 점검하고, 피드백을 해 주세요.
>
> [코칭 점검 사항들]
> • 라포형성
> • 코칭 주제 합의
> • 코칭 성과

챗GPT 답변 출력 (챗GPT-4o):

코칭 대화를 살펴보았습니다. 각 코칭 점검 사항에 따라 피드백을 제공하겠습니다.

1. 라포형성(Rapport Building)
대화에서는 서로 간의 신뢰와 편안함을 형성하기 위한 노력이 잘 드러났습니다. 코치는 친근하고 긍정적인 어투로 고객을 축하하며 대화를 시작했습니다. 또한 고객의 이름을 사용하여 개인적인 연결감을 강화하려는 점도 좋은 접근이었습니다. 고객 역시 코치에 대한 신뢰를 표현하며 편안하게 자신의 생각과 감정을 공유했습니다.

2. 코칭 주제 합의
코칭 대화의 주제는 고객이 새로운 리더십 역할에서 성공적으로 자리 잡는 것이었습니다. 이 주제에 대해 코치는 명확하게 질문을 설정하여 고객이 현재 상황을 구체적으로 설명하도록 유도했습니다. 그 결과, 리더십 스킬 향상에 초점을 맞출 수 있었고, 고객은 자신의 기대와 두려움을 효과적으로 표현할 수 있었습니다.

3. 코칭 성과
대화는 고객이 리더십 역할에서 겪고 있는 구체적인 어려움과 개선점을 탐색하는 데 중점을 뒀습니다. 고객은 자신의 감정과 기대를 자유롭게 표현할 수 있었으며, 코치는 이를 바탕으로 고객이 자신의 리더십 스타일을 명확히 하고, 실제 상황에서 어떻게 적용할 수 있을지에 대한 방향성을 제시했습니다. 그러나 코칭 세션의 구체적인 액션 플랜이나 명확한 해결책을 도출하는 부분은 다소 부족했을 수 있으며, 이는 다음 세션에서 더욱 구체화될 필요가 있습니다.

전반적으로, 대화는 고객의 리더십 스킬을 개발하는 데 중점을 두었고, 코칭의 목표에 따라 잘 진행되었습니다. 하지만 향후 세션에서는 구체적인 실천 계획과 목표 설정에 더 많은 시간을 할애하여 코칭의 실질적인 성과를 높일 수 있도록 하는 것이 좋겠습니다.

코칭 대화에서 '라포' '주제 합의' '코칭 성과'의 3가지 관점에서 잘되었는지 점검해 보았습니다. 라포는 잘 형성되었고, 주제 합의도 구체화하여 정의되었다는 것을 알 수 있었습니다. 하지만 코칭 성과와 관련해서는 아쉬운 점들이 있었습니다. 코칭에서 고객이 스스로 도전하고 변화하도록 행동 계획을

수립하고 실행의 의지를 갖는 것이 중요한데, 이러한 부분들이 부족했다는 것을 확인할 수 있었습니다.

일반 코칭과 마찬가지로, 챗GPT를 활용한 코칭 역할극에서도 대화 분석을 통해 개선점과 보완점들을 찾는 일은 매우 중요합니다. 이러한 내용들 이외에도 추가적으로 코칭 대화에서 고객 역할을 맡은 챗GPT의 입장에서 코치의 질문과 세션 진행 전반에 걸친 피드백을 받아 보고자 다음과 같이 프롬프트를 입력하였습니다.

입력 프롬프트:

코칭 대화에서 고객 역할을 맡아 수행하면서 느낀 점들을 생각해 보세요. 코치의 질문과 답변에 대해 고객 입장에서 솔직한 피드백을 정리해 주세요. 코치의 질문 개선이나 보완점들도 구체적으로 알려 주세요.

챗GPT 답변 출력 (챗GPT-4o):

코칭 대화에서 고객의 입장에서 코치의 질문과 대화 방식에 대한 피드백을 제공하겠습니다.

1. 코치의 질문 방식
   - 코치의 질문은 대부분 개방형으로, 고객이 자신의 생각과 감정을 자유롭게 표현할 수 있도록 유도했습니다. 이런 접근은 대화를 더 깊이 있고 의미 있게 만드는 데 도움이 됩니다.
   - 하지만 일부 질문에서는 더 구체적이고 목표 지향적일 필요가 있었습니다. 예를 들어, 고객이 리더십에 대해 어떤 구체적인 어려움을 겪고 있는지, 어떤 지원이 필요한지를 묻는 질문이 추가되었다면 좋았을 것입니다.

2. 질문의 개선과 보완점
   - 목표 설정: 코치는 세션의 시작 부분에서 고객과 함께 구체적인 코칭 목표를 설정할 수 있었습니다. 예를 들어, "이번 세션에서 달성하고 싶은 구체적인 목표가 있나요?"

- 실천 계획 질문 추가: 대화의 마지막 부분에 고객이 실천할 수 있는 구체적인 액션 플랜을 논의하는 질문이 포함되면 좋았을 것입니다. 예를 들어, "이번 주에 리더로서 시도해 볼 수 있는 한 가지는 무엇인가요?"
- 자기 반성 유도: 코치는 고객이 자신의 리더십 스타일에 대해 더 깊이 성찰할 수 있도록 유도하는 질문을 할 수 있었습니다. 예를 들어, "지금까지의 리더십 경험 중 어떤 점이 가장 도전적이었나요? 그 이유는 무엇인가요?"

3. 고객의 입장에서의 솔직한 피드백
- 고객으로서 코치의 접근 방식은 매우 격려적이고 지지적이었지만, 때로는 좀 더 직접적인 피드백이나 구체적인 조언이 필요했을 수 있습니다. 특히 리더로서 겪는 구체적인 문제에 대한 해결 방안을 제시하는 것이 도움이 될 것입니다.
- 대화 중에 코치가 고객의 발언을 요약하거나 반영하여 고객이 말한 내용을 정확하게 이해하고 있음을 보여 주는 것도 중요합니다. 이러한 확인 과정을 통해 고객과의 라포를 더욱 강화할 수 있습니다.

전반적으로 코칭 세션은 긍정적인 분위기에서 진행되었으나, 앞으로의 세션에서는 보다 목표 지향적이고 실천적인 접근이 필요할 것으로 보입니다.

고객 입장에서 코치가 진행한 코칭의 질문 방식, 개선점 및 보완점 그리고 솔직한 피드백을 살펴보았습니다. 비록 실제 사람과의 코칭은 아니었지만, 챗GPT가 역할극 내에서 고객 역할을 충실히 수행하며 제공한 객관적인 의견과 개선점은 코치로서 성장하고 발전하는 데 도움이 되는 매우 유용한 시사점들을 제공했습니다.

더 나아가, 고객 관점의 의견뿐 아니라 코칭 대화에서 간과하기 쉬운 인정과 칭찬에 대해서도 추가적으로 살펴볼 필요가 있습니다. 코칭을 진행하다 보면 코치가 대화에 지나치게 몰입한 나머지, 인정과 칭찬이 필요한 순간이나 이를 적절히 표현해야 할 시점을 놓치기 쉬운 경우가 많습니다. 이를 확인하고 개선 방향을 모색하기 위해 다음의 프롬프트를 입력하여 추가적인 분석을 진행했습니다.

입력 프롬프트:

코칭 대화 중 고객의 답변에서 인정과 칭찬이 필요한 경우들을 알려 주세요. 코치의 답변에서 그러한 부분들이 누락되었다면, 해당 대화의 내용들을 모두 알려 주고 어떻게 코치가 인정과 칭찬을 하면 좋을지 방안을 다양하게 제시하여 주세요.

챗GPT 답변 출력 (챗GPT-4o):

코칭 대화 중 고객의 답변에서 인정과 칭찬이 필요한 몇 가지 중요한 순간들을 간과했을 수 있습니다. 여기 그러한 순간들과 보완할 수 있는 코치의 대응 방안을 제시하겠습니다.

1. 고객의 초기 자기소개와 상황 설명
   - 고객: "리더로서 경험이 없음에도 불구하고 팀을 이끌어야 하는 상황에 처해 있습니다. 이 역할을 어떻게 수행해야 할지 막막하고, 팀원들을 어떻게 육성해야 할지도 고민입니다."
   - 코치의 개선된 응답: "새로운 도전을 맞이하신 것에 대해 용기를 내 주셔서 감사합니다. 리더로서의 첫걸음을 떼는 것 자체가 큰 도전이며, 이를 통해 많은 것을 배우실 수 있을 것입니다. 이미 리더십에 대한 중요한 요소인 팀원 육성에 관심을 가지고 계신 것이 인상적입니다. 이런 관심이 팀을 성공적으로 이끄는 데 큰 도움이 될 것입니다."

2. 고객이 이상적인 리더의 모습에 대해 설명할 때
   - 고객: "저는 팀원들이 각자의 잠재력을 발휘할 수 있도록 지원하는 리더가 되고 싶어요. 그들이 필요로 하는 자원과 지지를 제공하고 싶습니다."
   - 코치의 개선된 응답: "그러한 비전을 가진 리더가 되고자 하는 귀하의 열망은 매우 훌륭합니다. 팀원들의 잠재력을 최대한으로 끌어올리려는 당신의 접근 방식은 팀 전체의 성공으로 이어질 수 있습니다. 이런 목표를 가지고 계시다는 것 자체가 이미 훌륭한 리더십의 표현입니다."

3. 고객이 리더십 스킬 개발에 대한 의지를 표현했을 때
   - 고객: "저는 리더로서 제 역할을 잘 수행하기 위해 필요한 스킬을 배우고 싶습니다. 어떻게 시작해야 할지 모르겠지만, 배우려는 의지는 강합니다."
   - 코치의 개선된 응답: "학습에 대한 열정이 느껴지며, 이는 모든 성공적인 리더의 핵심

> 미 학습과 성장을 향한 첫걸음을 내딛으셨습니다. 이런 자세는 귀하가 훌륭한 리더가 될 것이라는 강한 신호입니다."
>
> 이러한 칭찬과 인정은 고객에게 긍정적인 강화를 제공하며, 자신감을 키우고 동기를 부여하는 데 큰 도움이 됩니다. 코치로서는 고객의 강점과 긍정적인 면을 지속적으로 강조하면서, 그들이 자신의 목표와 비전을 향해 나아갈 수 있도록 지지하는 것이 중요합니다.

지금까지 챗GPT를 활용하여 가상의 고객을 대상으로 실제 코칭과 유사한 경험을 제공하는 상호 대화 방식의 역할극을 디자인하고 수행하는 방법 그리고 코치의 질문에 고객이 적절히 답변할 수 있도록 효과적인 프롬프트를 작성하는 방안을 살펴보았습니다.

코칭 대화 중심의 역할극은 코치에게 다양한 시나리오에서 문제 해결 능력과 상황 대처 능력을 강화할 기회를 제공합니다. 또한 반복적인 연습을 통해 고객의 반응에 대한 민감도를 높이고, 더 나은 피드백과 지원을 제공할 수 있는 역량을 키울 수 있습니다. 무엇보다도, 챗GPT의 피드백을 활용하면 코치가 놓치기 쉬운 부분을 파악하고, 이를 기반으로 보다 효과적인 코칭 전략을 개발할 수 있습니다. 이러한 역할극의 긍정적인 경험은 코치가 전문가로서의 자신감과 자질을 높이고, 코칭 분야에서 성공적인 커리어를 쌓아 가는 데 큰 발판이 될 것입니다.

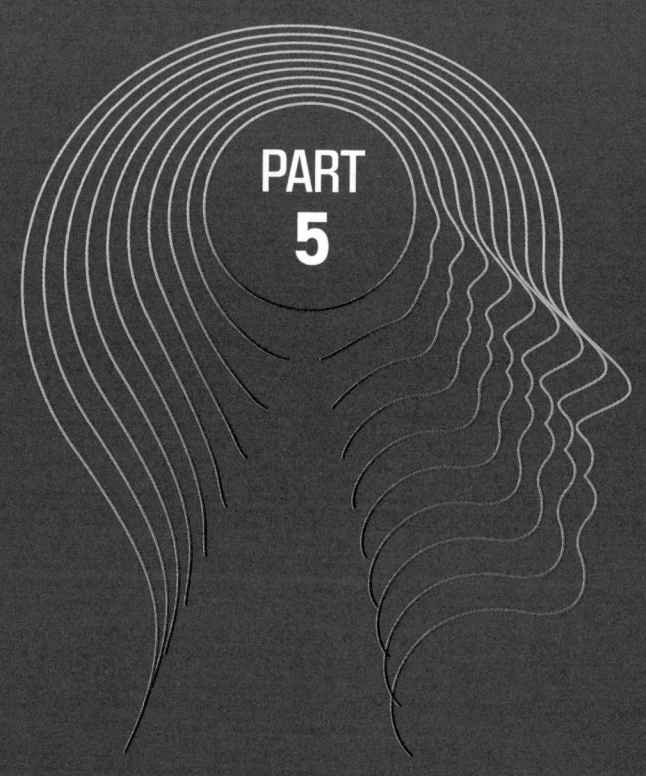

PART 5

상황별 코칭 시뮬레이션 사례

CHAT GPT

Part 5에서는 각기 다른 팀원과의 코칭 시나리오를 실습하여 목표 수립, 문제 해결을 위한 코칭 기술을 연습합니다. 신규 팀원과의 목표 설정부터 시작하여, 시니어 팀원의 수동적 태도 및 저성과자에 대한 코칭 대화 연습을 통해 그들의 상태에 맞춘 코칭 방법을 분석하고 개선합니다. 또한 피드백과 슈퍼비전을 통해 실전에서 적용할 수 있는 코칭 역량을 심화시킵니다.

Chapter 15
신규 팀원과 목표 수립을 위한 1:1 코칭

이 챕터에서는 챗GPT를 활용한 코칭 역할극(시뮬레이션) 사례를 소개합니다. 앞 챕터에서 소개한 바와 같이 챗GPT와 가상의 대화를 나누어 봄으로써 코칭 상황을 미리 준비하고 연습할 수 있습니다. 코치 역할은 독자가, 고객이나 코칭의 대상자 역할은 챗GPT가 담당하여 대화형식으로 진행됩니다.

처음 살펴볼 사례는 '교육회사에서 조직개편으로 인해 사내 다른 팀에서 근무하던 팀원이 자신의 영업팀으로 오게 되어 코칭하는 상황'입니다. 이 상황은 대부분의 기업에서 경험하는 일반적인 사례입니다. 조직개편으로 인한 팀원의 변화는 팀 전체의 성과에 직접적인 영향을 미치기 때문에 세심한 관리가 필요합니다. 특히 영업팀장의 경우, 성실하지만 영업 경험이 전무한 신입 팀원을 효과적으로 이끌어야 하는 과제를 안게 됩니다.

이러한 상황에서 챗GPT를 활용한 시뮬레이션은 실제 코칭에 앞서 다양한 상황을 예측하고 준비하는 데 도움이 됩니다. 챗GPT가 새로운 팀원 역할을 맡고, 영업팀장이 코치가 되어 가상의 대화를 나누어 봄으로써 보다 효과적인 코칭 방향을 수립할 수 있습니다.

💬 신규 팀원과의 목표 수립을 위한 1:1 코칭 연습 사례

새로운 팀원이 합류하면, 팀에 잘 적응하고 빠르게 성과를 낼 수 있도록 돕는 것이 중요합니다. 이를 위해 신규 팀원과 목표 설정을 위한 1:1 코칭 대화를 진행하는 것은 매우 효과적인 방법입니다.

코칭 대화를 시작하기 전에, 먼저 코칭 대상 팀원에 대한 정보를 충분히 파악하는 것이 좋습니다. 예를 들어, 교육팀에서 영업팀으로 옮겨 온 팀원을 코칭한다면, 이전 경력과 업무 스타일, 강점과 약점 등을 미리 알아 두는 것이 도움이 됩니다. 또한 코칭 대화에서 어떤 분위기와 태도로 이야기할지, 어떤 주제를 중점적으로 다룰지 등을 미리 생각해 두는 것이 좋습니다. 이러한 정보들을 바탕으로 코칭 대화를 위한 '입력 프롬프트'를 작성하면, 보다 구체적이고 효과적인 코칭 대화를 이끌어 갈 수 있습니다.

다음은 '입력 프롬프트'의 작성 예시입니다. 앞으로 이 예시를 바탕으로 자신의 상황에 맞게 수정해서 사용하면 쉽게 연습해 볼 수 있습니다.

입력 프롬프트:

다음 조건에 맞게 대화하려고 합니다. 내용을 충분히 숙지했다면 '준비 완료'라고 이야기해 줘요.

지침

고객 기본 정보 고객 프로필
35세, 교육기업 차장, 기존에 교육 팀에 근무했으나 조직 내에서 승진하기 위해 영업팀으로 옮겨서 일할 예정. 어떤 상황에서도 열심히 하는 팀원. 다만, 영업은 처음으로 어떻게 해야 할지 방법을 모르고 있음. 이에 대한 걱정과 우려를 가지고 있음.

코칭 목표 및 목적
새로 오게 된 영업팀에서의 적응과 자신에게 주어진 목표 달성. 목표 달성을 위한 핵심 주제

는 영업 목표 설정, 영업 방법 학습, 영업 팀원과의 우호적 관계형성, 성과 달성

고객의 스타일
적극적인 스타일, 긍정적인 관점을 가지고 있으며 영업 방법에 대해서는 아는 것이 적어, 전문적인 내용이 나올 때는 주저함이 있음. 상사와는 우호적인 관계를 맺고 싶어 함

언어 및 톤 조정과 사용하는 주요 용어
업무적, 상대에 대한 배려, 존댓말 사용

대화 구조 설계
먼저 코치가 대화를 리드합니다. 고객은 주어진 조건과 상황에 맞게 응답합니다. 답변할 때는 고객의 스타일, 언어와 톤을 반영합니다

추가 요청 사항
코칭 대화가 마무리된 후에는 해당 내용을 축어록 파일로 만듭니다.

다음은 코칭 시뮬레이션을 위해 코치가 영업팀장이 말하는 것처럼 대화 내용을 입력하고, 챗GPT(신임 팀원)는 앞서 입력된 프롬프트에 따라 자동으로 답변을 생성한 사례입니다.

챗GPT 답변 출력 (챗GPT-4o): 챗GPT와 시뮬레이션 코칭 대화 내용

ChatGPT: 준비 완료.

코치: 김 차장, 우리 팀에 온 것을 환영해요.

ChatGPT: 감사합니다. 열심히 하겠습니다. 영업팀에 처음 와서 긴장도 되고, 어떻게 시작해야 할지 막막하기도 한데요, 잘 부탁드립니다.

코치: 솔직하게 그렇게 이야기해 줘서 고마워요. 나도 김 차장이 우리 팀에 잘 적응하는 것을 돕기 위해 오늘 대화를 나누자고 한 거예요.

ChatGPT: 이렇게 챙겨 주셔서 정말 감사합니다. 새로운 환경에 적응하는 데 많은 도움을 받을 수 있을 것 같아요. 오늘 어떤 이야기부터 시작하면 좋을까요?

코치: 적극적인 태도가 좋아요. 우리 팀에 오면서 기대한 부분은 어떤 부분이에요?

ChatGPT: 저는 새로운 도전과 성장의 기회를 기대하고 있습니다. 영업은 저에게 생소하지만, 이를 통해 더 넓은 시야를 갖추고, 회사에서 중요한 역할을 할 수 있는 능력을 키우고 싶습니다. 또 영업팀에서 일하면서 다양한 사람들과의 관계를 쌓고, 팀의 성과에 기여하는 데 큰 보람을 느낄 수 있을 거라 기대하고 있습니다.

코치: 음. 좋아요.

ChatGPT: 그렇게 말씀해 주시니 저도 힘이 나네요. 감사합니다. 다음으로 어떤 부분에 대해 이야기를 나누면 좋을까요?

코치: 나는 김 차장이 빨리 우리 팀에 적응하면 좋을 것 같은데, 그러려면 뭐가 중요할 거라고 생각해요?

ChatGPT: 제가 빨리 적응하기 위해서는 몇 가지 중요할 것 같습니다. 첫째는 팀원들과의 관계 형성입니다. 서로 소통하고 협력하는 과정에서 배울 점도 많을 것이고, 팀 분위기에도 빨리 익숙해질 수 있을 것 같아요. 둘째는 영업에 대한 기본적인 지식과 스킬을 빨리 익히는 것이 중요하다고 생각합니다. 마지막으로, 주어진 목표를 명확히 이해하고 이를 달성하기 위한 전략을 세우는 것도 필수적이라고 생각합니다.

코치: 팀원들과의 관계 생성, 영업에 대한 지식과 스킬을 익히는 것, 주어진 목표를 달성하기 위한 전략까지. 중요한 것을 확실히 인지하고 있네요. 음. 그렇다면, 이 중에 김 차장이 오늘 나와 어떤 주제부터 이야기하면 좋을까요?

ChatGPT: 우선 영업에 대한 지식과 스킬을 익히는 것부터 시작하면 좋을 것 같습니다. 제가 생소한 부분이다 보니, 기본적인 개념부터 어떤 방향으로 학습해 나가야 할지 조언을 듣고 싶습니다. 이 부분을 잘 이해하고 나면, 나머지 부분도 좀 더 수월하게 접근할 수 있을 것 같아요.

코치: 음. 좋아요. 그렇다면 영업에 대한 지식과 스킬이 본인은 100점 만점에 몇 점 수준이라고 생각해요?

ChatGPT: 솔직히 말씀드리면, 지금은 100점 만점에 30점 정도인 것 같습니다. 기본적인 개념은 알고 있지만, 실제로 적용해 본 경험이 없어서 아직 많이 부족하다고 느낍니다. 앞으로 많이 배우고 실천해야 할 것 같습니다.

코치: 솔직히 말해 줘서 고마워요. 내가 생각하기에는 김 차장이 30점보다는 훨씬 잘한다고 생각하는데, 겸손하게 이야기해 준 것 같아요. 그렇다면, 올해 연말까지 몇 점 수준이 되면 만족하겠어요?

ChatGPT: 칭찬해 주셔서 감사합니다. 목표를 설정하자면, 올해 연말까지는 최소한 70점 정도를 목표로 하고 싶습니다. 이 정도라면 기본적인 영업 지식과 스킬을 충분히 익히고, 실제 상황에서 자신 있게 활용할 수 있을 거라고 생각합니다. 이를 위해 어떤 노력이 필요한지도 같이 고민해 보고 싶습니다.

코치: 좋아요. 그러면 40점 정도를 높여야겠군요. 어떤 지식과 스킬을 올리면 70점 정도가 될 것 같아요?

ChatGPT: 네, 40점을 올리기 위해서는 몇 가지 핵심적인 지식과 스킬을 집중적으로 강화해야 할 것 같습니다.
– 영업 프로세스 이해: 영업의 전반적인 흐름, 즉 초기 접촉에서부터 계약 체결까지의 과정에 대해 깊이 이해하는 것이 중요할 것 같습니다. 이 과정에서 각 단계별로 필요한 스킬도 익혀야겠죠.
– 고객 분석 및 관리: 고객의 니즈를 파악하고, 그에 맞는 솔루션을 제안할 수 있는 능력을 키우는 것이 중요할 것 같습니다. 고객 데이터 분석, 고객 관리(CRM) 시스템 활용 등도 포함됩니다.
– 설득 및 협상 기술: 고객과의 대화에서 신뢰를 구축하고, 효과적으로 설득하며 협상할 수 있는 기술이 필요합니다. 이를 통해 실제 계약 성사율을 높이는 것이 목표입니다.
– 프레젠테이션 및 커뮤니케이션 스킬: 영업에서 자신감 있게 프레젠테이션하고, 명확하게 의사소통하는 능력도 강화해야 합니다. 특히 고객의 요구를 정확히 이해하고 답변하는 능력이 중요할 것 같습니다.

- 시간 관리 및 목표 설정: 주어진 시간 내에 효율적으로 업무를 처리하고, 명확한 목표를 설정해 지속적으로 성과를 관리하는 스킬도 필수적일 것 같습니다.

이런 부분들을 중점적으로 개선한다면, 70점 목표에 충분히 도달할 수 있을 것 같습니다.

코치: 와. 말해 준 내용들이 매우 실질적이네요. 강화해야 할 부분을 다섯 가지나 찾았네요. 정말 중요한 부분이라는 생각이 들어요. 앞으로 연말까지 네 달 정도 남았는데, 모든 것을 다하는 것은 더 어려울 것 같아요. 이 중 가장 중요한 한 가지를 꼽자면 어떤 것을 고르겠어요?

ChatGPT: 네, 맞습니다. 모든 것을 한번에 하기에는 시간이 부족할 수 있죠. 가장 중요한 한 가지를 꼽는다면, 설득 및 협상 기술을 우선적으로 강화하는 것이 좋을 것 같습니다. 이 스킬은 영업에서 매우 핵심적인 부분이며, 고객과의 관계를 효과적으로 관리하고, 계약을 성사시키는 데 직접적으로 기여하기 때문입니다.

이 능력을 개발하면 다른 영역들, 즉 고객 분석, 프레젠테이션, 심지어 시간 관리와 목표 설정에도 긍정적인 영향을 미칠 수 있습니다. 설득 및 협상 기술을 통해 고객의 요구를 더 잘 이해하고, 우리 제품이나 서비스가 고객의 문제를 어떻게 해결할 수 있는지 명확히 전달할 수 있게 됩니다.

코치: 오케이. 좋아요. 그렇다면 설득 및 협상 기술을 강화하기 위해 어떤 것을 해 보고 싶어요?

ChatGPT: 설득 및 협상 기술을 강화하기 위해 몇 가지 방법을 시도해 보고 싶습니다.
- 롤플레이 연습: 팀원들과 함께 실제 상황을 모방한 롤플레이를 통해 다양한 시나리오에서의 협상과 설득을 연습하고 싶습니다. 이를 통해 반응을 미리 예측하고 대처하는 방법을 배울 수 있을 것 같습니다.
- 멘토링 받기: 경험이 풍부한 선배나 상사에게 멘토링을 요청하여 협상 기술과 관련된 조언을 받고, 그들의 경험에서 배우고 싶습니다. 특히 어려운 협상을 성공적으로 마무리한 경험에 대해 듣고 싶습니다.
- 전문 교육 프로그램 참여: 협상 기술을 체계적으로 배울 수 있는 워크숍이나 교육 프로그램에 참여하고 싶습니다. 이를 통해 전문적인 기술을 습득하고, 다른 영업 전문가들과 네트워크를 구축하고 싶습니다.
- 실제 고객과의 상호작용 분석: 실제 고객과의 대화를 녹음하고 분석해 보면서, 어떤 접근

방식이 효과적이었는지, 어떤 부분을 개선할 필요가 있는지 파악하고 싶습니다.
이러한 활동들을 통해 저의 설득 및 협상 기술을 구체적으로 발전시킬 수 있을 것 같습니다.

코치: 음. 막힘이 없네요. 김 차장이 미리 고민하고 준비했다는 것이 티가 나네요. 그렇다면 설득 및 협상 기술을 강화하는 데 걱정되거나 우려되는 부분은 없나요?

ChatGPT: 감사합니다. 설득 및 협상 기술을 강화하면서 몇 가지 걱정되는 부분이 있습니다.
첫째, 실제 협상 상황에서의 압박감을 어떻게 잘 다룰지 걱정됩니다. 협상 중에는 종종 예상치 못한 이슈가 발생하고, 이를 신속하고 침착하게 처리하는 능력이 중요한데, 이 부분에서 부족함을 느끼고 있습니다.
둘째, 고객의 다양한 요구와 기대를 정확하게 이해하고, 이에 맞추어 유연하게 대응하는 것도 쉽지 않은 도전입니다. 고객마다 다른 성향과 요구를 어떻게 빠르게 파악하고 적절히 반응할지 고민됩니다.
셋째, 제 개인적인 감정을 잘 관리하는 것도 중요한데, 감정이 협상 과정에 부정적인 영향을 미치지 않도록 조절하는 법을 배워야 합니다.
이러한 우려들을 극복하기 위해서는 더 많은 실전 경험과 지속적인 학습 그리고 피드백이 필요할 것 같습니다. 이를 통해 점점 더 나아질 수 있을 것이라고 믿습니다.

코치: 오. 그래요. 압박감이나 유연하게 대응하는 것, 감정 관리까지 다 어려운 부분이죠. 그래도 그것조차 어떻게 해결해야 하는지 아는 것 같아 뿌듯하네요. 혹시 내가 도와줄 부분이 있을까요?

ChatGPT: 말씀해 주신 것처럼 그러한 어려움을 극복할 수 있는 방법을 아는 것이 첫걸음이라고 생각합니다. 도움을 주실 수 있는 부분에 대해서 몇 가지 제안을 드리고 싶습니다.
- 정기적인 피드백: 제가 영업 활동을 하면서, 실제로 고객과의 협상이나 대화 상황에서 어떻게 행동했는지 관찰하고, 그에 대한 피드백을 주실 수 있다면 많은 도움이 될 것 같습니다. 실수에서 배울 수 있고, 성공적인 접근 방법을 재확인할 수 있을 것입니다.
- 실제 협상 상황 연습: 가끔씩 함께 롤플레이를 해서 실제와 같은 협상 상황을 연습해 보면 좋겠습니다. 이를 통해 저는 더욱 다양한 상황에 대비할 수 있고, 실전 감각을 키울 수 있을 것입니다.
- 경험 공유: 과거에 어려운 협상을 성공적으로 마무리한 경험이나, 감정 관리가 필요했던 상황 등에 대해 공유해 주시면, 저도 비슷한 상황에서 어떻게 대처해야 할지 배울 수 있을

것 같습니다.

이러한 지원을 통해 저는 더 빠르게 성장할 수 있을 것이고, 우리 팀의 목표 달성에도 기여할 수 있을 것입니다. 감사합니다.

코치: 좋아요. 내가 가능한 피드백도 하고, 필요하면 팀에서 협상 상황을 연습하도록 해 줄게요. 경험 공유도 그렇구요. 이야기를 나누다 보니 김 차장은 이미 잘 준비되었다는 생각이 드네요. 오늘 대화를 마무리하기 위해 대화한 내용을 짧게 요약해 보겠어요?

ChatGPT: 오늘 대화에서는 제가 새로운 영업 팀에서 어떻게 적응하고 성공적으로 기여할 수 있을지에 대한 주제를 중점적으로 다루었습니다. 우선, 설득 및 협상 기술을 강화하는 것을 올해의 핵심 목표로 설정하였고, 이를 위해 롤플레이 연습, 전문 교육 프로그램 참여, 멘토링 받기 등 다양한 방법을 시도하기로 했습니다. 또한 실제 상황에서의 압박감 대처, 유연한 대응 방법, 감정 관리 등의 어려움을 극복하기 위한 방안도 논의하였습니다. 마지막으로, 정기적인 피드백, 실제 협상 상황 연습의 중요성에 대해 강조하며, 이러한 지원을 받기로 하였습니다. 오늘 대화를 통해 저는 영업 팀에서의 성공적인 적응과 성장을 위한 구체적인 계획을 세울 수 있었습니다. 감사합니다.

코치: 좋아요. 명료하게 잘 정리했어요. 그럼, 다음 팀 회의에서 잘 실천하고 있는지 물어볼 테니 그때까지 준비하고, 노력해 보길 바라요. 다시 한번 김 차장이 우리 팀에 조인한 것을 환영해요. 앞으로 잘해 봐요.

ChatGPT: 네, 감사합니다. 다음 팀 회의에서 좋은 결과로 보답할 수 있도록 열심히 준비하고 노력하겠습니다. 앞으로 잘 부탁드립니다. 좋은 하루 되세요!

코칭 대화를 분석해 보면, 팀원 역할을 수행하는 챗GPT의 답변이 매우 논리적이고 유창합니다. 실제 상황에서는 보기 힘든 완벽한 답변이 이어지는 것을 발견할 수 있습니다. 이러한 부분을 보완하고 더욱 현실감 있는 대화를 만들기 위해서는 프롬프트를 조정할 필요가 있습니다.

예를 들어, "답변할 때는 잠시 고민하는 모습을 보여 주세요."나 "구조적인 답변보다는 자연스러운 대화체로 표현해 주세요."와 같은 구체적인 지시

문을 추가하면 실제 직원들의 반응에 더 가까운 대화를 만들 수 있습니다. 이러한 세부적인 조정을 통해 우리가 일상에서 만나는 동료들의 모습에 더욱 가까운 시뮬레이션이 가능해집니다.

💬 신규 팀원 대상 코칭 대화 분석과 개선하기

코칭은 연습과 준비가 무엇보다 중요합니다. 또한 코칭이 끝난 후 복기하고 성찰하는 과정을 통해 더욱 깊이 있는 배움을 얻을 수 있습니다. 앞서 진행했던 코칭 대화를 바탕으로 다음과 같이 분석할 수 있으며, 이 과정에서도 챗GPT는 유용한 도구로 활용됩니다. 분석 방법은 제4부 '고급 챗GPT 기술로 역량 심화하기'에서 설명한 방식을 참고하여 진행하겠습니다.

입력 프롬프트:

'코칭 대화'를 관통하는 핵심 키워드들과 대화 주제는 무엇인가요?

챗GPT 답변 출력 (챗GPT-4o):

핵심 키워드
1. **적응(Adaptation)**: 새로운 팀에 적응하기 위한 과정과 필요성
2. **영업 지식과 스킬(Sales Knowledge and Skills)**: 영업 분야에 대한 지식과 기술의 학습 및 향상
3. **설득 및 협상 기술(Persuasion and Negotiation Skills)**: 고객과의 관계에서 중요한 설득 및 협상 기술의 중요성
4. **피드백(Feedback)**: 피드백을 통한 개선과 발전의 필요성
5. **성장(Growth)**: 개인의 성장과 발전 목표 설정
6. **롤플레이 연습(Role-play Practice)**: 협상 기술을 향상시키기 위한 실전 연습

대화 주제: 이 대화는 새로운 영업 팀원인 '김 차장'이 팀에 성공적으로 적응하고 기여하기

위해 필요한 지식, 스킬, 전략을 논의하는 내용입니다. 특히 설득 및 협상 기술을 향상시키는 것이 핵심 목표로 설정되었으며, 이를 위해 롤플레이, 멘토링, 교육 프로그램 등의 구체적인 방법이 제안되었습니다. 또한 피드백과 실전 경험의 중요성도 강조되었고, 적응 과정에서 겪을 수 있는 어려움에 대한 대처 방법이 함께 논의되었습니다.

이 대화는 개인의 성장과 팀 내 역할에 대한 기대, 목표 달성을 위한 구체적인 계획 수립이 주요 주제입니다.

코칭 대화를 마친 뒤에는 코치가 예상했던 코칭의 방향과 실제 진행된 내용을 비교해 볼 기회가 생깁니다. 코칭을 하다 보면 대화가 의도했던 주제를 벗어나 흐트러지는 일이 종종 있는데, 이럴 때는 핵심 키워드와 대화 주제를 다시 떠올려 보며 대화가 주제에 얼마나 부합했는지, 또 어떤 이야기가 오갔는지 점검해 볼 수 있습니다.

입력 프롬프트:

코칭 대화에 대해 다음의 항목들을 중심으로 대화 내용을 분석해 주세요.
- 코치와 고객이 합의한 세션 주제
- 고객의 목표(미래상)
- 현실적인 어려움이나 장애물
- 실행계획 요약
- 해결에 관한 의지수준

챗GPT 답변 출력 (챗GPT-4o):

1. 코치와 고객이 합의한 세션 주제
   - 대화의 주된 세션 주제는 영업팀에 성공적으로 적응하고 기여하는 방법입니다. 특히 설득 및 협상 기술을 어떻게 강화할지에 대한 논의가 핵심입니다. 코치는 김 차장의 팀 적응과 성장을 돕기 위해 대화를 이끌었으며, 김 차장은 영업 지식과 스킬 향상을 중요하게 여기고 이에 대한 구체적인 계획을 세우고자 했습니다.

2. 고객의 목표(미래상)
- 김 차장의 목표는 영업 지식과 스킬을 향상시키고, 특히 설득 및 협상 기술을 강화하여 영업 팀에서 중요한 역할을 하고 팀 성과에 기여하는 것입니다. 올해 말까지 스스로 70점 수준의 영업 능력을 갖추는 것이 구체적인 목표입니다. 이를 통해 영업 팀 내에서 인정받고, 더 나아가 회사에서 핵심 인재로 성장하려는 미래상을 그리고 있습니다.

3. 현실적인 어려움이나 장애물
- 김 차장은 자신이 직면한 몇 가지 현실적인 어려움을 솔직하게 이야기합니다.
  - 실제 협상에서의 압박감: 예상치 못한 상황에서 침착하게 대처하는 것이 어려울 수 있다고 느끼고 있습니다.
  - 다양한 고객 요구에 대한 유연한 대응: 고객마다 다른 요구와 성향을 빠르게 파악하고 적절하게 대응하는 것이 도전 과제입니다.
  - 개인 감정 관리: 협상 중 자신의 감정이 부정적으로 영향을 미치지 않도록 관리하는 데에도 어려움을 느끼고 있습니다.

4. 실행 계획 요약
- 김 차장은 영업에서 성공하기 위한 실행 계획을 구체적으로 세웠습니다.
  - 롤플레이 연습: 팀원들과 실제 상황을 모방한 연습을 통해 협상 기술을 강화합니다.
  - 멘토링: 경험이 많은 선배나 상사로부터 피드백과 조언을 받으며 경험을 쌓습니다.
  - 전문 교육 프로그램 참여: 협상 기술을 체계적으로 배울 수 있는 워크숍이나 교육 프로그램에 참여합니다.
  - 고객과의 상호작용 분석: 실제 고객과의 대화를 분석하여 개선할 점을 파악합니다.

5. 해결에 관한 의지수준
- 김 차장의 해결 의지는 매우 높습니다. 대화 전반에서 적극적이고 구체적인 계획을 세우고 있으며, 어려움을 극복할 방법을 이미 고려하고 있습니다. 자신의 약점을 인지하고 이를 개선하기 위한 실행 계획을 제시하는 것에서 김 차장의 성장에 대한 강한 열망을 확인할 수 있습니다. 또한 코치의 피드백과 지원을 요청하며 자신의 목표를 달성하기 위한 다양한 방법을 모색하는 모습을 보여 줍니다.

효과적인 코칭 대화를 이끌어 가기 위해서는 몇 가지 중요한 기준이 있습니다. 먼저, 고객과 대화의 주제를 분명히 정하고 이에 대해 서로 동의하는

것이 중요합니다. 그다음으로는 고객이 이루고자 하는 목표를 구체적으로 설정하고, 이 과정에서 발생할 수 있는 현실적인 어려움이나 걸림돌을 충분히 파악해야 합니다. 이를 바탕으로 목표 달성을 위한 세부적인 계획을 세우고, 마지막으로 고객이 문제 해결에 대한 의지를 가지고 있는지 확인하는 것이 필요합니다. 이러한 핵심 요소들을 점검함으로써 코칭 대화가 제대로 진행되고 있는지 살펴볼 수 있습니다.

입력 프롬프트:

> 당신은 코칭 경험이 풍부한 전문 코치입니다. 앞선 코칭 대화 분석 내용들을 중심으로 잘한 점, 보완 및 개선할 점, 많이 부족한 점으로 나누어 솔직하고 객관적으로 의견을 구체적이고 상세하게 작성해 주세요.

챗GPT 답변 출력 (챗GPT-4o):

잘한 점

1. **고객의 목표 설정**
   - 김 차장이 자신의 목표를 구체적으로 설정한 점이 매우 좋습니다. 영업 지식과 스킬을 70점 수준까지 끌어올리겠다는 명확한 목표를 가지고 있으며, 특히 설득 및 협상 기술을 핵심적인 능력으로 설정한 것은 고객의 자기 인식 능력이 뛰어남을 보여 줍니다.
   - 목표를 설정하는 데 있어 구체적이고 실현 가능한 기준(현재 30점에서 70점으로의 성장을 목표로 함)을 세운 것도 긍정적입니다.

2. **실행 계획의 구체성**
   - 김 차장은 자신의 목표 달성을 위해 구체적인 실행 계획을 세웠습니다. 롤플레이, 멘토링, 전문 교육 프로그램 참여 등은 현실적이고 실질적인 방법입니다. 특히 실제 고객과의 대화를 분석하는 방법은 자기 성찰과 개선을 위한 훌륭한 접근법입니다.
   - 단순히 생각으로만 끝나지 않고, 계획을 구체적인 활동으로 전환시킨 부분이 매우 인상적입니다.

3. 솔직한 자기 인식
- 김 차장은 자신의 현재 위치(30점)에 대해 솔직하게 인정하고, 부족한 점을 개선하려는 적극적인 태도를 보였습니다. 자신의 약점(압박감, 유연한 대응, 감정 관리 등)에 대한 명확한 인식은 성장을 위한 중요한 첫걸음입니다.

4. 코치와의 피드백 요청
- 김 차장이 정기적인 피드백을 요청하고, 협상 롤플레이에 대해 도움을 청한 것은 스스로의 성장을 촉진하는 데 매우 중요한 요소입니다. 이는 지속적인 발전을 위해 피드백을 받아들이고 활용하려는 태도를 잘 보여 줍니다.

보완 및 개선할 점

1. 우선순위 설정의 구체화
- 김 차장이 여러 가지 실행 계획을 세운 것은 긍정적이지만, 우선순위를 더 명확하게 정할 필요가 있습니다. 코치가 모든 것을 다하기 어렵다고 지적한 부분에 동의했으나, 실행 계획에서 롤플레이, 멘토링, 교육 프로그램, 고객 상호작용 분석 등 다양한 방법을 제시한 것이 다소 방대하게 느껴집니다.
- 우선순위를 설정할 때, 단계별로 실천할 수 있는 계획을 세우고, 각 단계에서의 성과를 평가하는 체계적인 접근이 필요합니다. 예를 들어, 첫 달은 롤플레이에 집중하고, 이후 멘토링과 교육 프로그램을 병행하는 식으로 진행하는 것이 더 효과적일 수 있습니다.

2. 실행 계획의 구체적인 시간 배정
- 계획이 구체적이긴 하지만, 각 실행 항목에 대한 시간 배정이 부족해 보입니다. 예를 들어, 롤플레이 연습을 주기적으로 얼마나 자주 할 것인지, 멘토링을 어떻게 받을 것인지에 대한 구체적인 시간 관리 계획이 제시되지 않았습니다.
- 고객이 제시한 여러 계획을 균형 있게 실행하려면 시간 관리를 구체적으로 계획해야 하고, 각 활동에 어느 정도의 시간을 할애할지 정해야 합니다.

3. 리소스 확보 방안
- 김 차장이 제시한 방법 중에는 멘토링, 교육 프로그램 등이 있는데, 이것을 실현하기 위해선 리소스 확보가 필요합니다. 예를 들어, 멘토링을 위해 상사나 선배와의 시간을 조율하는 방법, 교육 프로그램에 참여하기 위한 비용과 시간 배정 등이 구체적으로 필요합니다.
- 실행 계획이 리소스 현실성을 고려하지 않은 부분이 있기 때문에, 이를 보완할 필요가 있습니다.

많이 부족한 점

1. 감정 관리와 협상 중 대처 방법의 구체적인 전략 부족
- 김 차장은 협상 중에 압박감을 느끼거나 감정 관리를 어려워할 수 있다고 이야기했지만, 이를 어떻게 극복할지에 대한 구체적인 전략이 부족합니다. 단순히 "많은 실전 경험과 지속적인 학습이 필요하다."라고 언급했지만, 실질적으로 어떤 방법으로 감정을 관리하고 압박감을 극복할지에 대한 구체적인 실행 방안이 없습니다.
- 예를 들어, 호흡법이나 마인드풀니스 같은 실질적인 감정 관리 기법을 익히는 방안, 협상 중 예상치 못한 상황에 대처하는 의사결정 프레임워크 등의 구체적인 대처법을 설정할 필요가 있습니다.

2. 정기적인 성과 점검 계획 부족
- 김 차장은 연말까지 70점에 도달하는 것을 목표로 했지만, 그 과정에서 정기적으로 성과를 점검하는 방법에 대한 언급이 부족합니다. 롤플레이나 멘토링을 진행하는 동안, 어떤 지표를 통해 자신의 성장을 점검하고 피드백을 받을 것인지 명확히 설정해야 합니다.
- 매월 또는 일정 주기로 자신의 성과를 평가하고 수정하는 단계를 마련해야 할 필요가 있습니다. 성과 점검 없이 연말에 목표에 도달할 수 있을지 단순히 희망하는 것보다는, 지속적인 모니터링과 성과 측정이 필요합니다.

3. 구체적인 목표 측정 방법의 부족
- 김 차장이 목표로 설정한 70점이라는 기준은 분명하지만, 그 점수의 기준이 무엇인지 명확하지 않음이 문제입니다. 예를 들어, 설득 및 협상 기술이 70점에 도달한다는 것이 구체적으로 어떤 결과를 의미하는지(예: 계약 성사율의 증가, 고객 대응 능력 향상 등)가 명확하지 않습니다.
- 목표를 세울 때는 '구체적인 측정 가능한 지표(KPI)'를 설정하는 것이 필요합니다. 예를 들어, 몇 건의 성공적인 계약을 성사시키거나, 협상 후 고객의 만족도를 일정 수준 이상으로 유지하는 것 등이 목표로 설정될 수 있습니다.

결론

김 차장은 영업 팀에 성공적으로 적응하고 성장하기 위한 적극적인 태도와 구체적인 실행 계획을 가지고 있으며, 이는 매우 긍정적인 요소입니다. 하지만 우선순위 설정, 시간 관리, 감정 관리 전략 그리고 정기적인 성과 점검에 대한 구체적인 계획이 다소 부족합니다. 이를 보완하면, 김 차장은 더욱 효율적으로 목표를 달성하고, 영업팀 내에서 중요한 역할을 할 수

> 있을 것입니다.

챗GPT의 중요한 특징 중 하나는 다양한 관점에서 피드백을 받아 볼 수 있다는 점입니다. 예를 들어, 경험이 풍부한 전문 코치의 시각으로 코칭 상황을 분석하고 평가해 볼 수 있습니다. 실제 대화 사례를 보면 영업팀장의 코칭 방식뿐만 아니라 새로운 팀원의 반응까지 종합적으로 분석하여 피드백을 제공합니다.

챗GPT와의 연습 과정에서 때로는 기대했던 것과 다른 답변이 나올 수 있습니다. 이런 경우 답변 내용 중 유용한 부분은 참고하고, 개선이 필요한 부분은 다음 연습에서 프롬프트를 수정하여 반영하면 됩니다. 이러한 과정을 통해 점차 원하는 방향의 코칭 대화를 만들어 갈 수 있습니다.

입력 프롬프트:

> 앞선 코칭 대화를 대상으로 '코칭 스타일 진단 시트'에 기반하여 항목별로 평가해 표로 작성해 주세요. 평가 항목별로 점수를 부여하고, 표의 행 맨 마지막에 '코멘트' 열을 추가하고 평가 내용을 간략히 추가해 주세요.

챗GPT 답변 출력 (챗GPT-4o):

> 다음은 코칭 대화에 대한 '코칭 스타일 점검 시트' 기반 평가입니다. 각 항목은 1~5까지 점수로 평가되며, 마지막 열에는 간단한 코멘트를 추가했습니다.

카테고리	평가 기준	점수 (1~5)	코멘트
질문의 유형과 방식			
개방형 질문	고객의 사고를 확장시키는 질문의 빈도	5	코치는 여러 개방형 질문을 통해 고객이 생각을 확장하도록 유도했습니다(예: "무엇을 기대하셨나요?").
폐쇄형 질문	구체적인 정보를 얻기 위한 질문의 빈도	3	일부 폐쇄형 질문이 있었으나 대부분은 개방형 질문이었습니다.
탐구형 질문	문제의 근본 원인을 탐구하는 질문의 빈도	4	적응 문제에 대한 깊이 있는 탐구가 이루어졌습니다.
해결 중심 질문	실질적인 해결책을 찾기 위한 질문의 빈도	5	코치는 대화를 통해 실질적인 해결책을 지속적으로 이끌어 냈습니다.
피드백 제공 방식			
긍정적 피드백	고객의 자신감을 높이는 피드백의 빈도	5	코치는 지속적으로 긍정적인 피드백을 제공했습니다(예: "30점보다는 훨씬 더 잘한다고 생각해요").
건설적 피드백	개선이 필요한 부분을 지적하는 피드백의 빈도	4	건설적인 피드백이 제공되었으나, 강한 지적보다는 격려 중심이었습니다.
피드백의 구체성	피드백이 구체적이고 명확한 정도	4	피드백은 대부분 명확했지만, 개선을 위한 구체적인 행동에 대한 설명이 추가될 수 있습니다.
피드백 타이밍	피드백 제공 시기의 적절성	5	피드백은 적절한 시점에 주어졌으며, 대화의 각 단계에 맞추어 제공되었습니다.

세션 구조와 흐름			
세션의 체계성	세션이 명확한 목표와 계획을 가지고 체계적으로 진행되는 정도	4	세션이 명확한 구조를 가지고 있었으나, 로드맵 설정이 더 명확히 제시될 수 있었습니다.
세션의 유연성	세션이 상황에 맞게 유연하게 조정되는 정도	5	코치는 고객의 흐름과 요구에 맞게 유연하게 대응했습니다.
목표 설정 명확성	목표가 명확하게 설정되어 있는 정도	5	70점을 목표로 한 연말까지의 목표가 명확하게 설정되었습니다.
목표 추적 빈도	설정된 목표를 지속적으로 추적하는 빈도	3	목표 추적은 존재했지만, 대화에서 한 번만 언급되었습니다.
의사소통 스타일			
경청 능력	고객의 말을 잘 경청하고 이해하는 정도	5	코치는 고객의 말을 잘 듣고, 적절하게 대응했습니다.
대화 톤과 말투	대화의 톤이 격려적이고 지지적인 정도	5	코치는 대화 내내 일관된 격려적이고 동기 부여적인 톤을 유지했습니다.
고객 발언 비중	고객이 대화에서 차지하는 비중	4	고객이 대화의 대부분을 주도했으며, 코치는 프롬프트와 반영을 통해 지원했습니다.
자율성 존중	고객의 자율성과 선택을 존중하는 정도	5	고객의 자율성을 존중하며, 대화의 방향을 고객이 주도할 수 있도록 했습니다.
코칭 도구 및 기법 사용			
특정 모델/프레임워크 사용	일관되게 특정 코칭 모델이나 프레임워크를 사용하는 빈도	3	특정 코칭 모델이나 프레임워크가 명시적으로 사용되지 않았습니다.
기술 및 도구 활용 빈도	온라인 도구 및 소프트웨어 활용 빈도	N/A	이 세션에서는 기술이 사용되지 않았습니다.

고객 중심성			
고객 목표 반영	세션에 고객의 목표가 반영되는 정도	5	대화는 고객의 목표, 특히 영업 기술 향상에 중점을 두고 진행되었습니다.
고객 참여도	고객이 세션에 적극적으로 참여하는 정도	5	고객이 적극적으로 참여하여, 반영과 기여를 활발히 했습니다.
고객 요구 존중	고객의 요구와 필요를 존중하는 정도	5	코치는 내내 고객의 요구에 맞춰 응답하고 존중했습니다.
코칭 접근 방식			
해결 중심 접근	문제 해결에 중점을 두는 정도	5	대화는 실질적인 성과와 해결책을 찾는 방향으로 잘 진행되었습니다.
탐구 중심 접근	문제의 원인을 깊이 탐구하는 정도	4	문제의 근본 원인 탐구는 있었으나, 해결책 모색에 중점을 두었습니다.
성과 중심 접근	성과와 결과에 중점을 두는 정도	5	대화는 성과를 추적하는 점수 시스템을 통해 성과 중심으로 진행되었습니다.
과정 중심 접근	과정과 학습에 중점을 두는 정도	4	학습 과정에 일부 중점을 두었으나, 주로 결과 지향적인 접근이었습니다.
세션의 결과와 효과			
고객 성과	고객이 목표를 달성한 정도	4	고객이 목표를 명확히 설정했으나, 실제 달성은 이후 세션에 따라 달라질 것입니다.
긍정적 변화 경험	고객이 긍정적인 변화를 경험한 정도	5	고객은 기술 향상에 대해 동기 부여와 긍정적인 변화를 경험했다고 표현했습니다.
고객 만족도	고객이 코칭 세션에 만족하는 정도	5	고객은 주어진 방향과 피드백에 매우 만족했습니다.

강점과 개선점			
강점	코치의 주요 강점을 요약	—	코치는 고객을 동기 부여하고, 개방형 질문과 해결 중심적 지도를 잘했습니다.
개선점	개선해야 할 점을 요약	—	특정 모델 사용과 목표 추적 빈도를 더 높이는 것이 좋습니다.
추가 의견	자유롭게 추가적인 의견을 기재	—	목표와 긍정적 강화 그리고 해결 중심의 피드백을 통해 잘 진행된 세션입니다.

  이 방법을 활용하면 앞서 제시한 기준에 따라 객관적인 평가를 받을 수 있습니다. 각 영역별로 부여된 점수를 통해 코칭 수행 정도를 명확히 파악할 수 있으며, 상세한 코멘트를 통해 평가 근거도 이해할 수 있습니다.

  코칭에서는 대화의 흐름을 넓히는 개방형 질문이 주로 사용됩니다. 다만 상황에 따라서는 폐쇄형 질문도 필요합니다. 예를 들어, 의사결정을 명확히 하거나 특정 사항을 확인할 때는 '예/아니요'로 답할 수 있는 폐쇄형 질문이 효과적입니다. 그러므로 질문 유형에 대한 평가는 코칭의 맥락과 의도를 고려하여 해석하는 것이 바람직합니다.

  평가 결과를 보면 건설적 피드백이 4점을 받았습니다. 이는 신입 팀원과의 첫 만남이라는 상황을 고려할 때 적절한 수준으로 볼 수 있습니다. 또한 평가가 불가능한 영역은 'N/A'로 명확히 표시되어 있어 평가의 신뢰성을 높여 줍니다. 마지막으로 제시된 강점과 개선점은 전체적인 코칭 내용을 바탕으로 향후 발전 방향을 구체적으로 보여 줍니다.

  진단 결과를 받은 후에도 더 자세한 내용이 필요하다면 추가 질문을 통해 구체적인 피드백을 얻을 수 있습니다. 챗GPT는 사용자가 원하는 만큼 상세한 설명과 분석을 제공할 수 있다는 장점이 있습니다.

예를 들어, 특정 영역의 점수에 대해 더 자세한 설명이 필요하거나, 개선 방안에 대한 구체적인 제안이 필요할 때 추가 질문을 할 수 있습니다. 이를 통해 코칭 대화의 특정 부분을 더 깊이 있게 이해하고 발전시킬 수 있습니다. 이러한 반복적인 질문과 답변의 과정을 통해 코칭 스킬을 점진적으로 향상시킬 수 있으며, 실제 코칭 상황에서 더 나은 성과를 이끌어 낼 수 있습니다.

입력 프롬프트:

코칭 스타일 진단 시트의 결괏값을 기반으로 코칭 스타일 전반에 걸쳐 객관적으로 평가해 주세요. 잘된 부분들, 지속할 부분들 그리고 개선 및 보완이 필요한 부분들로 나누어 전체적인 평가 결과를 서술형식으로 작성해 주세요. 마지막으로, 개선 및 보완이 필요한 부분들은 어떻게 바꾸어야 하는지 방법과 내용에 대해서 정리하여 주세요.

챗GPT 답변 출력 (챗GPT-4o):

코칭 스타일 진단 시트의 결과를 바탕으로 코칭 스타일을 전반적으로 평가한 내용을 서술형식으로 정리하였습니다. 잘된 부분들, 지속할 부분들, 개선 및 보완이 필요한 부분들로 나누어 평가하였으며, 마지막으로 개선 및 보완이 필요한 부분에 대한 구체적인 방법도 제시했습니다.

1. 잘된 부분들
코칭 스타일에서 매우 잘된 부분들은 다음과 같습니다.
- **개방형 질문 활용**: 코치가 개방형 질문을 통해 고객의 사고를 확장시키고 깊이 있는 대화를 이끌어 냈습니다. 이를 통해 고객은 자신의 상황을 더 깊이 이해하고 스스로 해결책을 모색할 수 있는 기회를 얻었습니다. 이러한 질문 기법은 지속적으로 활용해야 할 부분입니다.
- **긍정적 피드백 제공**: 코치는 고객에게 자신감을 심어 주는 긍정적 피드백을 지속적으로 제공했습니다. 특히 고객의 역량을 인정하고 격려하는 피드백은 고객의 동기 부여에 큰 도움이 되었으며, 이 역시 꾸준히 유지해야 할 부분입니다.
- **세션의 유연성**: 코치가 고객의 요구와 상황에 맞게 세션을 유연하게 진행한 점이 돋보였

습니다. 고객이 원하는 방향으로 대화를 조정하면서도 목표 달성에 집중하는 방식은 매우 효과적이었습니다.
- 목표 설정 및 성과 중심 접근: 대화에서 구체적인 목표를 설정하고, 목표를 성취하기 위한 구체적인 계획을 논의한 점이 매우 긍정적입니다. 고객이 자신의 목표를 명확히 인지하고, 이를 달성하기 위한 구체적인 스킬과 전략을 설정하도록 돕는 것은 코칭의 중요한 부분입니다.

2. 지속할 부분들

다음은 코칭 스타일에서 지속적으로 유지해야 할 부분들입니다.
- 설득 및 협상 기술에 대한 탐구: 고객이 자신이 강화하고자 하는 핵심 스킬에 대해 구체적으로 탐구할 수 있도록 도운 점은 매우 좋았습니다. 고객의 목표에 맞춘 질문과 조언을 통해 성장의 방향을 명확히 설정하도록 한 것은 큰 성과입니다.
- 경청과 자율성 존중: 코치가 고객의 발언을 경청하고 자율성을 존중한 부분은 코칭에서 필수적인 요소로, 앞으로도 이러한 경청 태도와 자율성 존중을 계속 유지하는 것이 중요합니다.
- 피드백의 시의적절성: 피드백을 적절한 타이밍에 제공하여 고객이 자신의 상황을 바로 이해하고 개선할 수 있도록 도왔습니다. 이러한 시의적절한 피드백 제공은 코칭에서 매우 중요한 부분이므로, 계속해서 이 방식을 유지해야 합니다.

3. 개선 및 보완이 필요한 부분들

다음은 개선이 필요한 부분입니다.
- 폐쇄형 질문의 사용: 개방형 질문은 충분히 잘 활용되었으나, 폐쇄형 질문의 빈도가 적절하지 않았습니다. 폐쇄형 질문을 통해 구체적인 정보를 얻는 것도 중요한데, 이에 대한 개선이 필요합니다.
- 특정 코칭 모델 및 프레임워크의 부족: 특정 코칭 모델이나 프레임워크가 일관되게 사용되지 않았습니다. 고객의 상황에 맞는 코칭 모델을 체계적으로 적용하면, 보다 명확한 방향성을 제시할 수 있을 것입니다.
- 목표 추적의 부족: 목표 설정은 잘 이루어졌으나, 그 목표를 지속적으로 추적하고 점검하는 부분이 부족했습니다. 목표 달성을 위한 중간 점검과 피드백이 추가되어야 합니다.

4. 개선 및 보완을 위한 방법

개선이 필요한 부분을 다음과 같은 방법으로 보완할 수 있습니다.
- 폐쇄형 질문 활용의 강화: 폐쇄형 질문을 사용하여 고객의 구체적인 상황을 더 명확하게

파악하는 것이 필요합니다. 예를 들어, "지금까지 어떤 협상 기술을 사용해 보셨나요?"
와 같은 질문을 통해 구체적인 정보를 얻고, 이를 바탕으로 더 심도 있는 대화를 이끌 수
있습니다.
- **코칭 모델 및 프레임워크 도입**: GROW 모델, OSCAR 모델 등 일관된 코칭 프레임워크를
도입하여 세션의 구조를 더욱 체계적으로 만들 수 있습니다. 이러한 모델을 사용하면 목
표 설정, 현실 검토, 옵션 탐색, 실행 계획 수립 등의 단계에서 더 명확하고 체계적인 접
근을 할 수 있습니다.
- **목표 추적 강화**: 목표 설정 후에는 중간 점검을 통해 고객이 얼마나 목표에 가까워졌는
지 확인하는 과정이 필요합니다. 정기적인 피드백 세션을 통해 목표 달성 진행 상황을
추적하고, 필요시 방향을 조정하는 것이 중요합니다.

결론

이 코칭 세션은 전반적으로 매우 긍정적이며, 고객의 목표 달성에 큰 도움을 주는 방식으로
진행되었습니다. 개방형 질문과 긍정적 피드백, 유연한 세션 진행 방식은 큰 강점이며, 지속
적으로 유지해야 합니다. 하지만 폐쇄형 질문의 사용, 특정 코칭 모델의 도입, 목표 추적 빈
도 등을 보완한다면 더 효과적인 코칭 세션이 될 것입니다. 이러한 개선을 통해 코칭의 효과
성을 더욱 높일 수 있을 것입니다.

코칭의 부족한 점을 파악하고 개선하는 것은 매우 중요하지만, 많은 사람이 이 과정에서 심리적 부담을 느낍니다. 자신의 약점이 드러나는 것에 대한 부끄러움이나 불편함 때문에 구체적인 피드백을 요청하는 것을 망설이게 됩니다.

챗GPT와의 연습은 이러한 심리적 장벽 없이 자유롭게 피드백을 주고받을 수 있다는 장점이 있습니다. 대화 상대가 인공지능이기 때문에 자신의 부족한 점을 더욱 상세하게 물어보고 확인할 수 있습니다. 이를 통해 코칭 스킬의 개선점을 더욱 명확하게 파악하고, 실질적인 발전 방향을 찾을 수 있습니다. 이러한 특성은 코칭 역량을 발전시키는 데 매우 유용합니다. 실제 사람과의 대화에서 느낄 수 있는 심리적 부담 없이, 필요한 만큼 충분한 피드백을 반복적으로 받을 수 있습니다.

💬 신규 팀원 대상 코칭을 심사 기준으로 분석하기

앞서 소개했던 모의 코칭 평가 기준에 맞게 신규 팀원 대상 코칭을 분석해 보겠습니다.

입력 프롬프트:

코칭 대화 모의 평가 심사표

기본 정보
- 코치명:
- 평가자명:
- 평가일:

코칭 역량 평가 항목

항목	핵심 요소	평가 (1~5)
윤리 실천	기본 윤리, 코칭에 대한 윤리, 직무에 대한 윤리, 고객에 대한 윤리	
자기 인식	상황 민감성 유지, 직관과 성찰, 자기 평가, 존재감 인식	
자기 관리	신체적·정신적·정서적 안정, 개방적·긍정적·중립적 태도, 언행 일치	
전문 계발	코칭 합의, 과정 관리, 성과 관리, 전문 역량 계발	
관계 구축	수평적 파트너십, 신뢰감과 안전감, 존재 인정, 진솔함, 호기심	
적극 경청	맥락적 이해, 반영, 공감	
의식 확장	질문, 기법과 도구 활용, 의미 확장과 구체화, 통찰, 관점 전환과 재구성, 가능성 확대	
성장 지원	정체성과의 통합 지원, 자율성과 책임 고취, 행동 전환 지원, 피드백, 변화와 성장 축하	

평가자 코멘트
- 코칭의 강점:
- 개선 필요 사항:
- 추가 코멘트:

평가 점수 합계:

챗GPT 답변 출력 (챗GPT-4o):

코칭 대화 모의 평가 분석

기본 정보
- 코치명: [사용자 이름]
- 평가자명: ChatGPT

코칭 역량 평가 항목

1. 윤리 실천
핵심 요소: 기본 윤리, 코칭에 대한 윤리, 직무에 대한 윤리, 고객에 대한 윤리
평가: 5
코멘트: 대화 전반에서 윤리적 기준을 잘 지켰으며, 고객의 개인적인 정보와 감정을 존중하고 보호했습니다. 특히 김 차장이 편안하게 자신의 감정을 표현할 수 있도록 배려한 점이 돋보입니다.

2. 자기 인식
핵심 요소: 상황 민감성 유지, 직관과 성찰, 자기 평가, 존재감 인식
평가: 5
코멘트: 김 차장의 상황에 민감하게 반응하며, 그가 느끼는 불안과 기대를 잘 파악했습니다. 코치로서의 자기 역할을 명확히 인식하고, 적절한 피드백을 제공했습니다.

3. 자기 관리
핵심 요소: 신체적·정신적·정서적 안정, 개방적·긍정적·중립적 태도, 언행 일치
평가: 4
코멘트: 대체로 긍정적이고 개방적인 태도를 유지했습니다. 다만, 몇몇 순간에서 김 차장이

느끼는 압박감에 대해 더 깊이 공감하고, 그에 따른 정서적 지원을 추가할 수 있었을 것으로 보입니다.

4. 전문 계발
핵심 요소: 코칭 합의, 과정 관리, 성과 관리, 전문 역량 계발
평가: 5
코멘트: 대화의 목적과 목표를 명확히 설정하고, 김 차장이 필요한 역량을 계발할 수 있도록 구체적인 계획을 함께 세웠습니다. 과정과 성과 관리를 통해 실질적인 성장을 도울 수 있도록 체계적으로 접근했습니다.

5. 관계 구축
핵심 요소: 수평적 파트너십, 신뢰감과 안전감, 존재 인정, 진솔함, 호기심
평가: 5
코멘트: 김 차장과의 신뢰 관계를 잘 형성했으며, 진솔한 대화를 통해 김 차장이 자신의 생각과 감정을 자유롭게 표현할 수 있도록 도왔습니다. 또한 그의 존재와 역량을 인정하고 존중하는 태도가 돋보였습니다.

6. 적극 경청
핵심 요소: 맥락적 이해, 반영, 공감
평가: 5
코멘트: 김 차장의 말에 귀 기울이며, 그가 말하는 핵심 포인트를 잘 이해하고 반영했습니다. 그의 감정에 공감하며, 이를 기반으로 적절한 피드백을 제공했습니다.

7. 의식 확장
핵심 요소: 질문, 기법과 도구 활용, 의미 확장과 구체화, 통찰, 관점 전환과 재구성, 가능성 확대
평가: 4
코멘트: 김 차장이 생각하지 못했던 부분에 대해 질문을 통해 새로운 관점을 제공했습니다. 그러나 김 차장이 더욱 깊이 있는 통찰을 얻을 수 있도록 도구나 기법을 추가로 활용하는 것이 개선점으로 보입니다.

8. 성장 지원
핵심 요소: 정체성과의 통합 지원, 자율성과 책임 고취, 행동 전환 지원, 피드백, 변화와 성장 축하

평가: 5
코멘트: 김 차장의 성장과 목표 달성을 위한 실질적인 지원을 제공했습니다. 그의 자율성과 책임감을 고취시키는 동시에, 실질적인 피드백을 통해 행동 전환을 돕고, 마지막에는 그의 성장을 축하하며 대화를 마무리했습니다.

평가자 코멘트
코칭의 강점: 신뢰 관계 구축, 목표 설정 및 구체적인 계획 수립, 공감 능력, 실질적인 피드백 제공
개선 필요 사항: 김 차장이 느끼는 압박감에 대한 추가적인 정서적 지원과 더 깊이 있는 통찰을 이끌어 내기 위한 도구 활용
추가 코멘트: 전반적으로 매우 효과적인 코칭 대화였으며, 김 차장이 자신의 목표를 명확히 하고, 그에 따라 실질적인 계획을 세우는 데 큰 도움이 되었습니다.

평가 점수 합계: 38/40

💬 신규 팀원 대상 코칭 분석에 따른 업그레이드

평가 점수 합계가 38점이 나왔지만, 완성도를 높이기 위해 다음과 같이 추가 질문을 합니다. 답변은 다음과 같습니다.

입력 프롬프트:

평가 점수 합계가 38점이 나왔네요. 나머지 2점을 채우고 싶은데 앞으로 어떤 부분에 주의해서 코칭을 해야 하고, 해당 부분의 능력을 키우기 위해서 어떻게 하는 것이 좋은가요?

챗GPT 답변 출력 (챗GPT-4o):

앞으로 2점을 더 채워 40점을 달성하기 위해 주의할 부분과 능력 향상 방안을 다음과 같이 제안합니다.

1. 정서적 지원과 공감의 깊이

- **주안점**: 김 차장이 느끼는 압박감이나 두려움에 대해 더욱 깊이 공감하고, 이를 적극적으로 다루는 것이 필요합니다. 정서적 지원을 통해 김 차장이 더 큰 심리적 안정감을 느끼고, 부담을 덜어 낼 수 있도록 돕는 것이 중요합니다.

능력 향상 방안

- **감정 인식 훈련**: 감정을 읽고 공감하는 능력을 강화하기 위해 정기적으로 감정 인식 훈련을 받는 것이 도움이 될 수 있습니다. 예를 들어, 공감적 경청 훈련이나 정서적 지능(EQ)을 향상시키는 프로그램에 참여하는 것이 좋습니다.
- **개인적인 경험 공유**: 자신의 유사한 경험을 공유함으로써 김 차장이 자신이 혼자가 아니라는 것을 느끼게 할 수 있습니다. 이는 정서적 유대감을 강화하는 데 효과적입니다.

2. 의식 확장 및 통찰 유도

주안점: 김 차장이 생각하지 못했던 부분을 더 깊이 탐색할 수 있도록 유도하는 데 집중할 필요가 있습니다. 이를 위해 다양한 기법과 도구를 활용해 김 차장이 새로운 관점을 발견하고, 그에 따른 행동 변화를 이끌어 낼 수 있도록 해야 합니다.

능력 향상 방안

- **질문 기법 연습**: 더 효과적인 질문을 통해 김 차장이 자신이 직면한 문제를 새로운 시각에서 바라볼 수 있도록 연습하는 것이 좋습니다. 이를 위해 코칭 질문 기법에 대한 추가 교육을 받거나, 사례 중심의 연습을 통해 다양한 질문 기법을 숙달할 수 있습니다.
- **코칭 도구 활용**: 구조화된 코칭 도구, 예를 들어 SWOT 분석(Strengths, Weaknesses, Opportunities, Threats)이나 SMART 목표 설정(Specific, Measurable, Achievable, Relevant, Time-bound) 등을 활용해 김 차장이 더 구체적으로 자신의 상황을 이해하고 대응할 수 있도록 돕는 것이 유익합니다.
- **피드백 루프 강화**: 김 차장이 제안한 행동 계획에 대한 후속 피드백을 통해 지속적인 개선과 통찰을 얻을 수 있도록 피드백 루프를 강화합니다.

종합적인 조언

정서적 지원과 깊이 있는 통찰을 강화하기 위해서는 계속해서 적극적인 경청과 공감을 연습하며, 다양한 코칭 기법을 실전에서 적용하는 것이 중요합니다. 또한 꾸준한 자기 계발과 실전 연습을 통해 이러한 기술을 숙달해 나가면서, 실질적인 코칭 능력을 향상시킬 수 있습니다. 이러한 노력을 통해 코칭 역량을 40점 만점에 도달하도록 발전시킬 수 있을 것입니다.

코칭을 배우면서 제3자의 관점에서 피드백을 받는 것은 자신을 되돌아보고 성장시키는 데 도움이 됩니다. 하지만 코칭을 공부하는 초반에는 피드백을 요청하는 것도, 받는 것도 쉽지 않습니다. 하지만 이때 AI를 활용하여 자신이 코칭에서 의도한 바, 전문 코치의 관점, 객관적인 모의 평가기준 등의 다양한 기준으로 평가를 받게 되면 자신이 어떤 부분을 잘하고 있고, 어떤 부분을 성장시키는 것이 필요할지 알 수 있습니다.

신규 팀원에 대해 코칭을 할 때는 그를 이해하고 관계를 형성하는 것이 시작입니다. 인간적인 신뢰와 라포가 형성되어야 코칭 대화가 훨씬 더 효과적으로 진행됩니다. 이를 바탕으로 서로를 이해할 수 있는 정보를 공유합니다.

이때, 초기 빠른 적응을 위해서는 명확한 목표를 수립하는 것이 필요합니다. 목표가 분명해야 팀원도 효과적으로 우선순위에 따라 행동할 수 있기 때문입니다. 코치가 대화를 통해 팀장이 어디에 집중해야 하는지 명료하게 만듭니다. 누구나 초기에 적응할 때는 모르는 내용도 많고, 방법 또한 익숙하지 않습니다. 업무를 효과적으로 수행하기 위해 필요한 지식과 정보가 있다면, 이를 집중적으로 학습할 수 있도록 지원하고, 실제 업무 진행 중에 어려움이 발생한 부분에 대해서는 관심을 갖고 해결해 주는 것이 신규 팀원의 빠른 업무 적응과 성과 창출을 이끌어 낼 수 있을 것입니다.

Chapter 16
수동적이고 부정적인 시니어 팀원 대상의 코칭

많은 국내 산업이 성숙기에 접어들면서 조직 내 팀장직의 수는 제한적이고, 회사는 강력한 리더십을 발휘할 리더를 선호하게 되었습니다. 이로 인해 팀에는 나이가 많은 시니어 팀원들이 늘어나고 있으며, 그들 중 일부는 팀장의 선배이거나 과거 팀장직을 맡았다가 현재는 직책 없이 팀원으로 활동하는 경우도 있습니다. 이런 상황에 팀 내 역할과 관계가 복잡해지면서, 후배 팀장이 리더십을 발휘하는 데 어려움을 겪는 일이 빈번히 발생합니다.

특히 시니어 팀원이 팀장의 리딩에 수동적이거나 부정적인 태도를 보일 경우, 팀장은 구성원들과 효과적으로 소통하고 팀을 이끌어 나가는 데 큰 부담을 느낄 수 있습니다. 이러한 도전적인 상황에서 코칭은 팀장이 문제를 해결하고 관계를 개선하는 데 중요한 도구가 됩니다. 코칭 대화를 통해 팀장은 시니어 팀원의 입장을 이해하고, 서로 간의 신뢰를 구축하며, 팀의 방향성을 명확히 설정할 수 있는 기회를 갖게 됩니다.

효과적인 코칭을 위해 실제 대화에 앞서 충분한 준비가 필요합니다. 코칭 대화를 미리 연습해 보면 실제 상황에서 더욱 효과적으로 대처할 수 있습니다. 챗GPT를 활용하여 코칭 상황을 사전에 시뮬레이션해 보고, 적절한 대화 방법을 모색해 보겠습니다.

💬 시니어 팀원 대상 코칭 대화 준비하기

이번 사례에서는 45세의 시니어 팀원을 대상으로 한 코칭 상황을 살펴보겠습니다. 이 팀원은 영업팀의 차석으로, 30대에는 뛰어난 성과를 내며 인정받았으나 영업팀장으로의 승진이 좌절되면서 업무 동기가 크게 저하된 상태입니다. 특히 자신보다 나이가 어린 팀장과 일하는 상황을 부담스러워하고 있습니다.

현재 팀장의 입장에서는 이 시니어 팀원이 차석으로서 팀 내에서 선배 역할을 해 주기를 기대하고 있습니다. 그러나 이 팀원은 수동적인 태도를 보이며, 업무나 상황을 대할 때 부정적인 표현을 자주 사용하는 특성이 있습니다.

코칭 대화를 앞두고 준비하는 입장에서 도움이 되는 질문 10개를 생성해 봅니다.

입력 프롬프트:

다음 고객을 대상으로 코칭을 하려고 합니다. 코칭 대화에서 활용할 수 있는 질문 10개를 제시해 주세요. 해당 질문이 필요한 이유를 괄호 안에 적어 설명해 주세요.

고객 기본 정보 고객
- **프로필**: 45세, 영업팀 차석, 영업팀장이 되기를 바랐으나 승진하지 못했음.
- **고객 상황**: 30대에는 성과도 좋았지만 지금은 그렇지 않음. 자신보다 나이 어린 팀장이라 불편한 부분이 있음.

코칭 목표 및 목적

- **새로운 도메인의 주요 목표**: 차석으로 팀에서 선배 역할을 해 주기를 바람
- **목표 달성을 위한 핵심 주제**: 목표 달성, 선배 역할, 적극적인 모습

챗GPT 답변 출력 (챗GPT-4o):

1. "영업 팀장이 되기를 바라셨던 이유는 무엇인가요?"
(과거 목표와 동기를 파악해, 현재 상황에서 재정비할 수 있는 방향을 찾기 위해 필요합니다.)

2. "현재의 역할에서 가장 자부심을 느낄 수 있는 부분은 무엇인가요?"
(고객의 현재 역할에서 긍정적인 면을 발견하고, 자신감을 회복하는 데 도움이 됩니다.)

3. "과거에 성과가 좋았던 시기의 자신과 지금의 자신을 비교해 보면 어떤 점이 가장 다르다고 느껴지시나요?"
(성과 저하의 원인을 파악하고 개선 방향을 설정하는 데 필요한 질문입니다.)

4. "젊은 팀장과의 관계에서 가장 불편한 부분은 무엇인가요?"
(관계의 핵심 갈등 요인을 명확히 파악해 해소 방안을 모색하기 위해 중요합니다.)

5. "팀 내에서 선배로서 보여 주고 싶은 모습은 무엇인가요?"
(고객이 원하는 이상적인 역할을 구체화하여 실행 가능한 목표로 전환하도록 돕습니다.)

6. "팀원들이 당신에게 기대하는 선배의 모습은 무엇이라고 생각하시나요?"
(타인의 기대를 고려하게 하여 팀 내에서의 역할 정체성을 명확히 하는 데 도움이 됩니다.)

7. "현재의 역할에서 새롭게 도전해 보고 싶은 부분이 있다면 무엇인가요?"
(고객이 적극적인 태도로 변화할 수 있도록 새로운 가능성을 탐구하게 합니다.)

8. "팀의 목표 달성을 위해 차석으로서 어떤 기여를 할 수 있을까요?"
(역할의 중요성과 팀 목표를 연결하여 동기를 부여하는 데 필요합니다.)

9. "현재의 상황에서 배우거나 성장할 수 있는 부분이 있다면 무엇이라고 생각하시나요?"
(현재 상황을 긍정적으로 바라보고 성장의 기회를 찾도록 돕는 질문입니다.)

10. "앞으로 선배로서 팀에 남기고 싶은 유산이나 영향을 한 가지 꼽는다면 무엇인가요?"
(장기적인 관점에서 팀 내 역할의 의미를 되새기게 하고, 동기를 강화하기 위함입니다.)

> 이 질문들을 통해 고객이 자신의 역할과 목표를 재정립하고, 팀 내에서 적극적이고 긍정적인 영향을 미칠 수 있도록 돕는 대화를 이끌어 갈 수 있습니다.

챗GPT가 생성한 10개의 질문 중에 활용할 수 있는 것이 있고, 부적절하다고 생각하는 질문이 있을 것입니다. 1번, 4번 질문은 너무 직설적이라고 느껴질 수도 있습니다. 내용을 살펴본 후 본인의 코칭에서 활용할 만한 질문을 마음에 새기고, 실제 코칭 연습을 해 봅니다.

💬 시니어 팀원 대상 코칭 대화 연습하기

코칭 대상자가 심적으로 힘들고 복잡한 상황에서 효과적인 코칭을 진행하기 위해 상대방의 경력 배경과 현재 심리 상태를 고려한 세심한 이해와 접근이 필요합니다. 먼저, 현실 상황과 유사한 코칭 연습을 하기 위해 챗GPT를 활용하여 코칭 대상자에 대한 프로필을 조금 더 자세히 설정합니다.

입력 프롬프트:

> \# 지침
>
> \#\# 고객 기본 정보
> - **고객 프로필**: 45세, 영업팀 차석, 영업팀장이 되기를 바랐으나 승진하지 못했음
> - **고객 상황**: 30대에는 성과도 좋았지만 지금은 그렇지 않음. 자신보다 나이 어린 팀장이라 불편한 부분이 있음
>
> \#\# 코칭 목표 및 목적
> - **주요 목표**: 차석으로 팀에서 선배 역할을 해 주기를 바람
> - **목표달성을 위한 핵심 주제**: 목표 달성, 선배 역할, 적극적인 모습

고객의 스타일
- 기분 나쁜 부분이 있지만 대놓고 표현하지는 않는 스타일

언어 및 톤 조정
- 수동적이고, 부정적인 뉘앙스의 표현을 많이 함
- 팀장님이라고 표현하지만, 반존대의 말을 씀
- 팀장은 차석을 선배님이라 부름

대화 구조 설계
- 먼저 팀장이 대화를 리드합니다.
- 고객에게 주어진 조건과 상황에 맞게 응답합니다.
- 답변할 때는 고객의 스타일, 언어와 톤을 반영합니다.

추가 요청 사항
- 코칭 대화가 마무리된 후에는 해당 내용을 축어록 파일로 만듭니다.

챗GPT 답변 출력 (챗GPT-4o):

팀장: 선배님, 오늘 원온원 대화를 나눠 볼까 합니다. 괜찮을까요?

ChatGPT: 네, 팀장님. 뭐, 괜찮습니다. 하시죠.

팀장: 선배님이 저희 팀의 차석으로서 역할이 되게 크잖아요. 그런데 요즘 힘이 없어 보이셔서 그 점에 대해 이야기를 좀 나눠 볼까 해요.

ChatGPT: 아, 네, 뭐, 솔직히 요즘 좀 기운이 없긴 합니다. 예전처럼 성과가 잘 안 나서 그런 것도 있고, 그냥……. 여러 가지 생각이 많아서요. 팀에 도움이 되고 싶긴 한데, 잘 안 되네요.

팀장: 음. 그러셨군요. 선배님은 저희 팀에 지금 무엇이 가장 중요하다고 생각하세요?

ChatGPT: 음. 제 생각엔 팀의 목표를 달성하는 게 가장 중요하죠. 그리고 팀원들 간의 협력도 정말 중요하다고 생각합니다. 팀원들이 각자 역할을 잘해 줘야 전체적으로 성과가 나니까요. 저도 선배로서 도움을 주고 싶긴 한데, 요즘은 좀 답답하네요.

팀장: 맞아요. 목표 달성이 가장 중요하죠. 말씀하신 것처럼 팀원 간의 협력도 중요하구요. 선배님에게 이런 말씀 드리기도 조금 망설여지는 부분이 있는데, 선배님은 저희 팀에서 역할이 뭐라고 생각하세요?

ChatGPT: 음……. 제 역할이라……. 아무래도 선배로서 팀원들을 이끌고, 필요한 조언을 주는 게 제 역할이라고 생각합니다. 특히 경험이 많으니까 팀원들이 어려움을 겪을 때 도와주고, 방향을 제시해 주는 게 제 역할이 아닐까 싶어요. 그런데 요즘은 그게 좀 잘 안 되고 있는 것 같아서 걱정입니다.

팀장: 잘 알고 계신데, 그게 안 된다고 하니 저도 마음이 좀 안타깝네요. 그럼, 오늘 어떤 이야기를 나누면 선배님의 어려움이 해결될까요?

ChatGPT: 음. 솔직히 말하면, 요즘 제가 팀에서 좀 소외된 느낌을 받는 것 같아요. 예전에는 제가 주도적으로 일을 했는데, 이제는 좀 뒤로 물러난 느낌이랄까……. 팀원들과의 소통도 예전만큼 원활하지 않은 것 같고요. 이런 부분에서 제가 어떻게 다시 팀에 더 적극적으로 기여할 수 있을지에 대해 이야기를 나눌 수 있으면 좋겠어요. 저도 좀 더 자신감을 찾고 싶습니다.

팀장: 아……. 그러셨군요. 소외된 느낌을 받았다고 하시니 제가 죄송합니다. 제가 역할을 못 했네요. 음……. 자신감을 찾고 싶다는 말씀이 저의 가슴에 와서 박히네요. 선배님이 자신감을 찾는다면 어떤 모습이실 것 같아요?

ChatGPT: 아닙니다, 팀장님. 팀장님께서 잘못하신 건 없어요. 그냥 제가 요즘 스스로 좀 위축된 것 같아요.
만약 제가 자신감을 되찾는다면, 예전처럼 좀 더 주도적으로 의견을 내고, 팀원들과 활발히 소통하면서 문제를 해결하는 데 앞장서는 모습이 될 것 같아요. 또 후배들에게 조언도 더 적극적으로 해 주고, 팀의 목표 달성을 위해 힘을 보탤 수 있는 역할을 다시 하고 싶습니다. 지금은 좀 망설여지지만, 그래도 조금씩 더 적극적으로 나서 보려고 노력해야겠죠.

팀장: 그런 자신감을 되찾는다면, 어떤 기분이 들 것 같으세요?

ChatGPT: 그런 자신감을 되찾는다면, 아마도 다시 활기차고 의욕이 넘치는 기분이 들 것

같아요. 예전처럼 팀에 기여하고 있다는 자부심도 느낄 것 같고요. 스스로도 더 긍정적이고, 일에 대한 열정도 다시 생길 것 같아요. 팀원들과의 관계도 더 나아질 거고, 무엇보다 제 자신에 대한 믿음이 다시 생길 것 같아서 그게 가장 큰 변화일 것 같습니다.

팀장: 좋네요. 활기차고 의욕이 넘치는 기분, 팀에 기여하고 있다는 자부심. 긍정적이고 열정적인 모습까지. 그런 모습이 되려면 어떻게 하면 될 것 같으세요?

ChatGPT: 음……. 우선은 제 자신부터 조금씩 다시 믿는 연습이 필요할 것 같아요. 너무 과거의 성과에만 집착하지 않고, 지금 제가 할 수 있는 것부터 차근차근 해 나가면서 자신감을 쌓아야겠죠.
또한 팀원들과 더 자주 소통하려고 노력할 필요도 있을 것 같아요. 제가 먼저 다가가서 대화를 시도하고, 그들의 고민이나 어려움을 들어 주는 것도 좋을 것 같고요.
그리고 목표를 작게라도 설정해서 하나씩 달성해 나가면서 성취감을 느끼는 것도 도움이 될 것 같습니다. 작은 성취들이 쌓이다 보면 자연스럽게 자신감도 회복되지 않을까 싶네요.
마지막으로, 팀장님과도 좀 더 자주 이런 이야기를 나누면서 제가 느끼는 고민들을 풀어 나가는 것도 중요한 것 같아요. 혼자 고민하지 않고, 함께 해결하려는 노력이 필요할 것 같습니다.

팀장: 조금씩 다시 믿는 연습……. 그렇죠. 팀원들과 소통하는 것도 그렇고, 목표를 작게라도 설정해서 성취감을 느끼고 싶다고 하셨는데, 그게 핵심일 것 같아요. 작은 목표를 하나 정해 보자면 어떤 것을 잡고 싶으세요?

ChatGPT: 작은 목표라면, 우선 팀원들 중 한 명과 좀 더 깊이 있는 대화를 나누는 것을 목표로 삼아 보면 어떨까 싶습니다. 예를 들어, 최근에 어려움을 겪고 있는 후배나 고민이 있을 것 같은 팀원에게 먼저 다가가서 이야기를 들어 주고, 제가 도움을 줄 수 있는 부분이 있다면 적극적으로 조언해 주는 거죠.
이렇게 팀원 한 명과의 관계를 조금 더 강화하는 작은 성취를 이루는 것이 첫걸음이 될 수 있을 것 같습니다. 그렇게 한 사람 한 사람과 관계를 더 돈독히 하면, 저 자신도 더 활기를 되찾고, 팀에서도 중요한 역할을 해 나갈 수 있을 것 같아요.

팀장: 너무 좋아요. 저희 팀원들과 깊이 있는 대화를 나누시면 분명 저희 팀원에게 도움이 될 것 같아요. 역시 선배님 대단하세요. 그럼, 이런 계획이 실천으로 이뤄지고 있다는 것을

제가 어떻게 알 수 있을까요?

ChatGPT: 팀장님, 그렇게 말씀해 주셔서 감사합니다. 제 계획이 실천되고 있다는 걸 팀장님께서 알 수 있도록, 제가 앞으로는 팀원들과 나눈 대화나 그 결과에 대해 간단한 피드백을 주기 위해 정기적으로 보고 드리는 시간을 가지면 어떨까요?

예를 들어, 주간 보고서나 회의 시간에 제가 어떤 팀원과 어떤 이야기를 나눴고, 그 대화를 통해 어떤 도움을 주었는지 간략하게 공유드리는 방식이 좋을 것 같습니다. 그렇게 하면 팀장님께서도 제가 어떤 노력을 하고 있는지 그리고 그 노력이 팀에 어떤 긍정적인 영향을 주고 있는지를 확인하실 수 있을 거예요.

이런 식으로 제가 실천하고 있다는 것을 함께 체크해 나가면 좋겠습니다.

팀장: 네, 좋습니다. 주간 회의 때 말씀 주시면 너무 좋을 것 같습니다. 선배님 말씀 처음 나눌 때와 달리 목소리에 힘도 느껴지고, 눈빛도 반짝이시고 너무 좋습니다.

ChatGPT: 팀장님, 그렇게 말씀해 주시니 정말 힘이 납니다. 저도 이번 기회를 통해 다시 한 번 제 역할을 되새기고, 좀 더 적극적으로 나설 수 있을 것 같아요. 앞으로 팀을 위해 더 열심히 노력하겠습니다. 감사합니다.

팀장: 네, 감사합니다.

ChatGPT: 저도 감사합니다, 팀장님. 앞으로도 잘 부탁드립니다.

이처럼, 챗GPT를 활용하면 시니어 팀원과의 코칭 대화를 직접 시뮬레이션해 보면서 예상하기 어려웠던 다양한 상황들과 반응을 미리 연습해 볼 수 있습니다. 대화 연습 중 팀원의 반응이 예상과 다르다면 프롬프트를 수정하여 더 현실적인 상황을 만들어 볼 수 있습니다. 예를 들면, "팀원 반응보다 조금 더 부정적으로 반응해 줘." "답변을 할 때 반 정도는 반말을 섞어서 답변 바람." 등 자신의 프롬프트를 업그레이드해 가면서 연습할 수 있습니다.

300　Chapter 16 수동적이고 부정적인 시니어 팀원 대상의 코칭

이렇게 상대와 대화하듯 연습하다 보면 다양한 상황을 맞닥뜨릴 수 있고, 이를 미리 생각하고 예상해 보는 것만으로도 실제 코칭 대화를 훨씬 더 유연하게 이끌 수 있습니다. 특히 시니어 직원과의 코칭처럼 세심한 접근이 필요한 다양한 상황에서 더욱 유용하게 활용될 수 있습니다.

💬 시니어 팀원 대상 코칭 대화 모의 분석하기

한국코치협회 코칭 모의 평가 기준(참고: 한국코치협회의 인증 평가 기준과는 무관하며, 챗GPT가 한국코치협회의 핵심역량의 내용으로 생성한 평가 기준임)에 맞게 시니어 팀원 대상 코칭을 분석한 내용입니다. 이 평가 기준들은 코칭 분야의 전문가들이 중요하다고 합의한 항목들로 구성되어 있으므로, 이를 살펴보는 것만으로도 코칭 실력 향상에 도움이 됩니다.

각 평가 항목을 기준으로 자신의 코칭을 분석해 보면 현재 수준을 객관적으로 파악할 수 있습니다. 이는 코치로서의 성장을 위해 어떤 부분에 더 집중해야 하는지 알려 주는 나침반 역할을 합니다.

챗GPT 답변 출력 (챗GPT-4o):

[코칭 대화 모의 평가 심사표]

기본 정보

코칭 역량 평가 항목

항목	핵심 요소	평가(1~5)
윤리 실천	기본 윤리, 코칭에 대한 윤리, 직무에 대한 윤리, 고객에 대한 윤리	5

자기 인식	상황 민감성 유지, 직관과 성찰, 자기 평가, 존재감 인식	4
자기 관리	신체적·정신적·정서적 안정, 개방적·긍정적·중립적 태도, 언행 일치	5
전문 계발	코칭 합의, 과정 관리, 성과 관리, 전문 역량 계발	4
관계 구축	수평적 파트너십, 신뢰감과 안전감, 존재 인정, 진솔함, 호기심	5
적극 경청	맥락적 이해, 반영, 공감	5
의식 확장	질문, 기법과 도구 활용, 의미 확장과 구체화, 통찰, 관점 전환과 재구성, 가능성 확대	4
성장 지원	정체성과의 통합 지원, 자율성과 책임 고취, 행동 전환 지원, 피드백, 변화와 성장 축하	5

평가자 코멘트

코칭의 강점
- **관계 구축**: 팀장과 선배의 관계에서 신뢰감과 안전감을 조성하며, 진솔하고 호기심 있는 태도로 대화를 이끌어 나갔습니다. 코치가 고객의 어려움을 잘 이해하고 공감하며, 고객의 자기 인식과 성장을 지원하는 모습을 보였습니다.
- **적극 경청**: 고객의 말에 귀 기울이고, 그들의 감정과 고민을 반영하며, 공감하는 태도가 돋보였습니다. 고객이 스스로 문제를 인식하고 해결 방안을 모색하도록 유도한 점이 긍정적입니다.
- **성장 지원**: 고객의 자신감 회복과 구체적인 행동 계획 수립을 도와, 자율성과 책임감을 고취하는 효과적인 코칭을 수행했습니다.

개선 필요 사항
- **자기 인식**: 고객의 미묘한 감정 변화를 더 민감하게 감지하고, 이를 기반으로 보다 깊이 있는 자기 성찰을 유도할 필요가 있습니다.
- **의식 확장**: 질문과 도구를 활용하여 고객이 더욱 폭넓은 관점에서 상황을 바라볼 수 있도록 돕는 부분이 조금 더 강화될 수 있습니다. 고객이 자신의 상황을 재구성하고 새로운 가능성을 탐색하도록 지원하는 추가적인 기법이 필요합니다.

> **추가 코멘트**
>
> 코칭 과정에서 고객의 감정과 현실적인 어려움을 잘 반영하여, 고객이 스스로 문제를 해결할 수 있도록 도와주는 코칭 스타일이 매우 효과적이었습니다. 앞으로 고객의 더 깊은 성찰을 유도하고, 그들이 더욱 넓은 시야에서 문제를 바라볼 수 있도록 의식 확장 부분에 조금 더 집중하면 좋겠습니다.
>
> 평가 점수 합계: 37/40

시니어 팀원과의 코칭 대화를 모의 평가 기준으로 분석한 결과, 40점 만점에 37점을 기록하며 비교적 높은 평가를 받았습니다. 특히 자기 인식, 전문 계발, 의식 확장 영역에서 4점을 받았는데, 이는 고객의 미묘한 감정 변화를 잘 포착하고, 이를 통해 깊이 있는 자기 성찰을 이끌어 내며 의식 확장을 지원한 부분에서 긍정적인 평가를 받았음을 나타냅니다.

앞선 평가를 통해 코칭 대화의 보완점을 파악하였습니다. 더 나은 코칭을 위해 평가에서 만점을 목표로 설정하고, 구체적인 개선 방안과 훈련 방법을 모색하기 위해 챗GPT에 다음과 같은 질문을 하였습니다.

입력 프롬프트:

> 평가 점수 합계가 37점이 나왔네요. 나머지 3점을 채우고 싶어요. 앞으로 어떤 부분에 주의해서 코칭을 해야 하고, 해당 부분의 능력을 키우기 위해서는 어떻게 하는 것이 좋은가요?

챗GPT 답변 출력 (챗GPT-4o):

> 만점을 목표로 하신다면, 다음과 같은 보완점과 훈련을 통해 코칭 역량을 더욱 강화할 수 있습니다.

보완점

1. 자기 인식과 상황 민감성 강화

- **고객의 감정과 미묘한 변화 감지**: 고객의 비언어적 신호나 미묘한 감정 변화를 더 민감하게 인식할 수 있도록 훈련하세요. 이를 통해 고객이 말하지 않은 내면의 생각이나 감정을 더 깊이 이해하고, 그에 맞는 코칭을 제공할 수 있습니다.
- **더 깊은 성찰 유도**: 고객이 자신을 더 깊이 들여다보고, 자기 성찰을 통해 더 큰 통찰을 얻을 수 있도록 하는 질문을 연습하세요. "이 상황에서 진짜 원하는 것은 무엇인가요?"와 같은 깊이 있는 질문을 통해 고객이 자신의 내면에 집중할 수 있도록 돕습니다.

2. 의식 확장 기법 강화

- **관점 전환을 돕는 도구 활용**: 고객이 자신의 상황을 새로운 관점에서 볼 수 있도록 도와주는 다양한 코칭 도구나 기법을 연습하세요. 예를 들어, "만약 이 상황을 다른 사람의 입장에서 본다면, 어떤 점이 다르게 보일까요?"와 같은 질문을 통해 새로운 시각을 열어줄 수 있습니다.
- **가능성 탐색과 확대**: 고객이 자신의 문제를 다양한 가능성으로 재구성하고, 더 넓은 시야에서 해결책을 모색하도록 돕는 연습을 하세요. "다른 방법으로 이 문제를 해결할 수 있는 방법이 있다면, 어떤 것들이 있을까요?"와 같은 질문이 도움이 될 수 있습니다.

훈련 방법

1. 고급 코칭 스킬 워크숍 참여

- **심화 코칭 기술 훈련**: 심화된 코칭 기술을 배우기 위해 전문 코칭 기관에서 제공하는 고급 코칭 워크숍이나 세미나에 참여해 보세요. 이 과정에서 자기 인식과 의식 확장을 위한 다양한 기법을 배울 수 있습니다.

2. 피드백 기반 실습

- **슈퍼비전 또는 피어 코칭**: 다른 코치와 함께 피드백을 주고받는 피어 코칭 세션을 정기적으로 진행하세요. 특히 슈퍼바이저 코치의 피드백을 받으며 실습하면 특정 기술을 향상시키는 데 도움이 됩니다.

3. 비언어적 커뮤니케이션 훈련

- **고객의 비언어적 신호 감지 연습**: 비언어적 커뮤니케이션을 더 잘 이해하고 인식하는 훈련을 받는 것도 추천합니다. 이를 통해 고객의 감정 상태를 더 정확하게 파악하고, 이에

맞는 코칭을 제공할 수 있습니다.

4. 다양한 코칭 사례 연구
- 케이스 스터디: 다양한 코칭 사례를 연구하고, 그 과정에서 어떤 질문이나 기술이 사용되었는지 분석하세요. 이를 통해 새로운 아이디어와 기술을 배울 수 있습니다.

이러한 보완과 훈련을 통해 더욱 심화된 코칭 역량을 갖추면, 만점에 가까운 성과를 이룰 수 있을 것입니다.

이러한 내용을 통해 알 수 있듯이, 챗GPT는 코칭 대화의 보완점을 구체적인 사례와 함께 제시하여 실질적인 개선 방향을 제안합니다. 예를 들어, 고객의 더 깊은 통찰을 이끌어 내기 위해 "이 상황에서 진정으로 원하는 것은 무엇인가요?"라는 질문으로 내면에 집중하도록 돕거나, "다른 사람의 입장에서 본다면 어떤 점이 다르게 보일까요?"와 같은 질문으로 관점 전환을 이끌어 낼 수 있습니다.

또한 챗GPT는 코치의 성장을 돕기 위해 실질적인 방안들을 제시합니다. 고급 코칭 워크숍이나 세미나 참여를 권장하고, 슈퍼비전이나 동료 코칭과 같은 실전 훈련 방법도 소개합니다. 또한 비언어적 소통 능력을 향상시키는 훈련이나 다양한 코칭 사례 연구를 통해 코칭 역량을 강화할 수 있는 종합적인 해결책을 제공합니다. 이러한 과정을 통해 코치는 더 깊이 있는 통찰과 실천적 지혜를 얻을 수 있습니다.

💬 빌 캠벨 코치의 관점으로 코칭 대화 피드백

실리콘밸리의 위대한 코치인 빌 캠벨이 만약 자신의 코칭 대화에 피드백을 준다면 어떤 이야기를 해 줄까요? 개인적으로 존경하는 코치가 나의 코칭 대화를 듣는다면 어떤 이야기를 해 줄까 궁금해졌습니다. 이 궁금증을 바탕으로 앞서 진행했던 대화에 대해 조언을 요청했습니다.

입력 프롬프트:

> 당신은 코칭 분야를 이끄는 실리콘밸리의 위대한 코치인 빌 캠벨 코치입니다. 당신의 코칭 철학과 코치로서의 마인드와 자세에 대한 생각을 중심으로 앞선 코칭 대화에 대해 피드백을 해 준다면 어떤 이야기를 해 주고 싶으신가요?

챗GPT 답변 출력 (챗GPT-4o):

> 빌 캠벨 코치로서 이 코칭 대화에 대한 피드백을 드리자면, 전반적으로 따뜻하고 지지적인 대화를 통해 상대방이 자신감을 회복하고 목표를 설정할 수 있도록 유도한 점은 매우 긍정적입니다. 하지만 몇 가지 개선점을 통해 더욱 효과적인 코칭이 될 수 있을 것 같습니다. 빌 캠벨 코치의 철학과 접근 방식을 바탕으로 다음과 같은 피드백을 드리고 싶습니다.
>
> **1. 관계 기반의 신뢰 구축**
> 빌 캠벨은 관계와 신뢰를 코칭의 핵심으로 삼았습니다. 대화 초반, 고객이 기운이 없다는 점을 공유할 때, 조금 더 공감하고 신뢰를 쌓는 언급이 있었다면 대화가 더욱 깊이 있게 시작될 수 있었을 것입니다.
>
> 예:
> "그렇게 느끼셨군요. 요즘 여러 가지로 많이 고민하셨을 것 같아요. 괜찮으시다면 더 자세히 말씀해 주실 수 있을까요?"
> 이러한 반응은 고객이 자신을 이해받고 있다고 느끼게 해 줍니다.
>
> **2. 강점에 대한 강조**
> 빌 캠벨은 항상 사람의 강점을 파악하고, 그것을 바탕으로 성장을 도모했습니다. 대화에서 고객의 과거 성과와 경험이 짧게 언급되었지만, 이를 더 깊이 탐구하고 현재 상황에서 재해석하는 과정을 넣으면 좋았을 것입니다.
>
> 예:
> "예전에는 성과를 주도적으로 이끌어 내셨다고 말씀하셨는데, 그 당시의 어떤 점이 주된 성

공 요인이었다고 생각하시나요?"
"그 경험을 바탕으로 지금의 상황에서 활용할 수 있는 점은 무엇일까요?"
이는 고객이 자신감을 되찾고 현재의 역할에서도 기여할 방안을 찾는 데 도움을 줄 수 있습니다.

3. 피드백에 대한 구체성
대화 후반부에서 팀원과의 소통을 개선하겠다는 계획을 세웠지만, 실천 방안이 비교적 추상적이었습니다. 빌 캠벨은 구체적인 목표와 실행 가능한 단계를 제시하는 것을 중요하게 여겼습니다.

예:
"팀원들과 대화를 나누는 것에 대해 구체적으로 어떤 주제를 이야기하고 싶으신가요?"
"그 대화를 통해 어떤 결과를 얻고자 하시나요? 이를 측정할 방법은 무엇일까요?"
이렇게 구체적인 질문을 통해 실천 가능성과 목표 달성을 높일 수 있습니다.

4. 도전과 지지의 균형
빌 캠벨은 사람들이 스스로를 더 나은 방향으로 이끌어 갈 수 있도록 도전을 주되, 항상 따뜻한 지지를 병행했습니다. 대화 중 고객의 어려움을 단순히 수용하기보다는 약간의 도전을 주는 방식으로 성장의 가능성을 열어 줄 수 있습니다.

예:
"지금 소외감을 느끼신다고 하셨는데, 그렇다면 팀에서 선배님이 가장 중요하게 기여할 수 있는 부분은 무엇이라고 생각하시나요?"
"만약 팀원들이 선배님을 더 필요로 하게 하려면, 어떤 모습이나 행동이 가장 효과적일까요?"
이런 질문은 고객 스스로 자신의 가능성을 더 명확히 보게 하고, 책임감을 느끼게 할 수 있습니다.

5. 팀 내 영향력 확대
빌 캠벨은 리더십을 팀 전체의 성공으로 연결 짓는 데 탁월했습니다. 고객이 팀원들과의 소통을 통해 팀의 성공에 기여하도록 유도하는 것도 중요한 방향입니다.

예:
"팀의 목표 달성을 위해 선배님만이 할 수 있는 역할은 무엇일까요?"
"선배님께서 팀 내에서 선배로서의 가치를 발휘하면 팀원들이 어떤 변화를 느낄까요?"

이는 고객이 자신을 팀의 핵심 구성원으로 인식하고, 그 역할을 주도적으로 수행할 수 있게 해 줍니다.

6. 지속적인 피드백과 체크인
대화 말미에 계획 실천을 위한 정기 보고를 제안한 점은 매우 좋았습니다. 하지만 단순히 보고를 넘어서 지속적인 코칭 관계를 이어 가는 접근도 중요합니다.

예:
"한 주 후에 다시 만나 이 계획이 어떻게 진행되고 있는지 이야기를 나눠 볼까요?"
"제가 계속 옆에서 응원하고 도와드리겠습니다. 필요하면 언제든 이야기해 주세요."
이는 고객이 꾸준히 동기를 유지하고 행동을 실천할 수 있게 해 줍니다.

마무리하며
빌 캠벨의 철학은 결국 사람을 성장시키는 것에 있습니다. 대화 중에 고객의 감정을 잘 경청하고, 스스로 목표를 세울 수 있도록 도운 점은 빌 캠벨 코칭 철학에 부합합니다. 이러한 개선점을 반영한다면, 대화는 더 강력하고, 고객의 성장을 가속화하는 계기가 될 것입니다.

계속해서 고객의 잠재력을 끌어내는 코칭을 이어 가시길 응원합니다!

빌 캠벨의 어떤 철학과 접근 방식이 이런 이야기를 해 준 것인지, 정말 빌 캠벨의 의견이 맞는지 확인해 보겠습니다.

입력 프롬프트:

앞선 내용의 출처나 인용을 어떻게 확인할 수 있을까요? 빌 캠벨 코치의 생각과 의견이라는 것을 어떻게 알 수 있을까요?

챗GPT 답변 출력 (챗GPT-4o):

빌 캠벨 코치의 철학과 코칭 원칙은 주로 에릭 슈미트, 조너선 로젠버그, 앨런 이글이 저술한 책 『Trillion Dollar Coach』에 기록되어 있습니다. 이 책은 빌 캠벨이 실리콘밸리의 여러 기업 리더들, 예를 들어 구글, 애플, 인튜이트와 같은 회사의 경영진을 코칭하며 개발한 철학과 접근 방식을 상세히 다루고 있습니다.

다음은 빌 캠벨의 생각과 의견을 확인할 수 있는 주요 방법입니다.

1. 주요 문헌 및 자료
책명: 『Trillion Dollar Coach』

저자: 에릭 슈미트(Eric Schmidt), 조너선 로젠버그(Jonathan Rosenberg), 앨런 이글(Alan Eagle)

이 책은 빌 캠벨의 코칭 철학과 실천 사례를 구체적으로 설명하며, 그의 코칭 원칙과 리더십에 대한 견해를 잘 정리해 놓았습니다.

핵심 원칙: 신뢰 구축, 관계 중심, 도전과 지지의 균형, 팀의 성공을 우선하는 리더십 등

빌 캠벨 관련 인터뷰 및 연설 내용
빌 캠벨이 직접 대중적으로 많은 글이나 연설을 남기진 않았지만, 그의 코칭 철학은 그를 따랐던 리더들의 증언과 사례를 통해 전해집니다. 구글과 애플 리더들의 인터뷰 자료가 중요한 참고 자료입니다.

2. 주요 인용 사례
빌 캠벨의 코칭 철학은 그의 코칭을 받은 리더들의 증언에서 자주 등장합니다. 몇 가지 주요 사례들은 다음과 같습니다.

에릭 슈미트(구글 전 CEO): "빌은 우리에게 성공의 열쇠는 신뢰와 팀워크라고 가르쳤다."
팀 쿡(애플 CEO): "빌 캠벨은 단순한 코치가 아닌 믿음직한 조언자였으며, 그의 지지와 도전이 없었다면 애플의 오늘은 없었을 것이다."

3. 확인 방법
- 책 읽기: 『Trillion Dollar Coach』를 직접 읽고, 구체적인 사례와 철학을 확인하세요.
- 공식 인터뷰 및 강연 자료: 구글의 전·현직 임원 및 다른 실리콘밸리 리더들의 인터뷰를 검색하면 빌 캠벨에 관한 언급을 많이 찾을 수 있습니다.
- 평판 및 학문적 분석: 빌 캠벨의 코칭 방식과 철학은 리더십 및 코칭 연구에서도 사례로 자주 인용됩니다. 관련 논문 및 경영 서적에서 참조를 찾을 수 있습니다.

> **결론**
>
> 빌 캠벨 코치의 생각과 의견은 그가 직접 저술한 책이 아닌, 그를 따랐던 리더들 및 동료들의 증언을 통해 전해졌습니다. 가장 신뢰할 수 있는 출처는 『Trillion Dollar Coach』이며, 이 책을 통해 그의 철학과 방식을 깊이 이해할 수 있습니다. 필요하면 관련 자료를 직접 찾아볼 수 있도록 구체적인 가이드도 제공할 수 있습니다.

　시니어 팀원을 코칭할 때는 무엇보다 문제를 해결한다는 관점보다 사람에 주목해서 돕는다는 마음으로 접근하는 것이 좋습니다. 움직이지 않는 시니어 팀원은 알게 모르게 자존감에 상처를 입은 경우가 많습니다. 그동안 함께한 시간 속에서 발견했던 장점을 인정하고, 인간적으로 접근하는 것이 바람직합니다.

　시니어 팀원의 경우, 조직에서 어떻게 될지도 모르고, 향후 은퇴 후에 어떤 인생을 살지 몰라 불안합니다. 단지 눈앞의 문제를 해결하기보다, 인생의 긴 흐름 속에 앞으로 어떻게 미래를 준비할지 대화를 나누면, 마음속 불안은 덜고 향후 직장생활을 하는 동안에 어떤 것에 집중하고 준비해야 할지 깨달을 수 있습니다.

　팀 안에서 선배로서 잘할 수 있는 역할을 제안하여 자신이 팀의 구성원으로서 역할을 할 수 있도록 하고, 기대하는 행동을 했을 때 인간적인 지지와 인정을 해 나갈 때 시니어 팀원도 한 명의 구성원으로 제 역할을 잘해 나가는 모습을 볼 수 있을 것입니다.

Chapter 17
슬럼프에 빠진 저성과자 대상 코칭

코칭 사례를 만들면서 중점을 둔 것은 실제 업무 현장에서 자주 발생하는 상황을 다루는 것입니다. 앞서 살펴본 신규 팀원이나 시니어 팀원 외에도, 관리자들이 가장 어려움을 느끼는 것은 성과가 저조한 팀원을 코칭하는 상황입니다. 성과가 낮은 팀원은 조직의 입장에서 가장 개선을 필요로 하는 구성원입니다. 하지만 이들은 투입하는 노력에 비해 결과가 잘 나지 않아 코칭의 한계를 느끼게 하고, 그 효과에 대해서도 의문이 들게 만드는 대상입니다.

그러나 조직을 살펴보면 이러한 팀원들을 성장시키는 뛰어난 리더들이 있습니다. 이들이야말로 진정한 의미의 성과를 내는 관리자라고 할 수 있습니다. 결국 성과가 낮은 팀원을 얼마나 잘 이끌어 주느냐가 리더의 역량을 평가하는 중요한 기준이 됩니다.

이번에는 업무 성과가 저조한 팀원을 코칭하는 상황을 살펴보고자 합니다. 이 사례 역시 앞서 소개한 방식과 동일하게 챗GPT와의 코칭 대화로 진행됩니다. 이러한 방식으로 다양한 사례들을 연습해 보면, 실제 코칭 현장에서 만나게 되는 여러 유형의 대상자들을 효과적으로 코칭하는 방법을 터득할 수 있습니다.

💬 저성과 팀원의 코칭 프로필 설정 및 연습하기

저성과자가 가장 두드러지게 드러나는 팀 중 하나는 영업팀입니다. 특히 성과가 좋았던 구성원이라도 영업 환경이 변하면 성과가 떨어지는 일이 빈번합니다. 예를 들어, 회사 정책으로 담당 지역(테리토리)이 변경되었을 때, 이전 담당자가 남긴 성과가 미흡하다면 그 여파가 고스란히 본인의 성과로 이어지기 때문입니다.

게다가 업종에 따라서는 영업 활동의 결과가 바로 나타나지 않는 제품도 많습니다. 성과와 동기가 밀접하게 연결되어 있기 때문에, 아무리 열심히 해도 결과가 나오지 않으면 의욕을 점차 잃게 됩니다. 영업팀의 특성상 매달 성과가 숫자로 명확히 드러나기 때문에, 몇 달 동안 노력해도 성과에 변화가 없으면 쉽게 슬럼프에 빠질 수도 있습니다. 이런 상황에 놓인 구성원들은 점차 말수가 줄고, 수동적인 태도로 변하는 경향이 있습니다.

이와 같은 현실적인 상황을 바탕으로, 다음과 같이 챗GPT를 활용한 코칭 준비와 연습을 진행해 봅니다.

입력 프롬프트:

> # 지침
>
> ## 고객 기본 정보
> - **고객 프로필**: 36세, 영업팀 8년 차, 이름은 이성환(가명)
> - **고객 상황**: 영업을 시작했을 때는 잘했지만, 테리토리가 바뀐 이후에는 저성과자가 됨
>
> ## 코칭 목표 및 목적
> - **새로운 도메인의 주요 목표**: 현재 의욕을 잃어서 목표 달성을 위해 적극적인 모습을 보이기를 기대함
> - **목표 달성을 위한 핵심 주제**: 슬럼프 탈출, 명확한 목표, 실천하는 모습

고객의 스타일
- 의욕을 많이 잃었음. 전에는 적극적이었지만, 슬럼프에 빠진 이후로는 말수도 많이 줄어듦
- 이 팀이 되기 전에는 사이가 좋았으나, 해당 팀에 온 이후로 성과가 안 좋자 의욕도 자존심도 많이 잃은 상태임

언어 및 톤 조정
- 차분함. 조금은 부끄러움을 타는 말투

대화 구조 설계
- 먼저 팀장이 대화를 리드합니다.
- 고객에게 주어진 조건과 상황에 맞게 응답합니다.
- 답변할 때는 고객의 스타일, 언어와 톤을 반영합니다.

추가 요청 사항
- 코칭 대화가 마무리된 후에는 해당 내용을 축어록 파일로 만듭니다.

챗GPT 답변 출력 (챗GPT-4o):

팀장: 성환 씨, 오늘 시간 내줘서 고마워요. 지금 어디 다녀온 건가요?

ChatGPT: 아, 팀장님. 네, 방금 잠깐 미팅 다녀왔습니다. 중요한 내용은 아니었어요. 요즘 좀 정신이 없네요.

팀장: 그래요. 요즘 컨디션은 좀 어때요?

ChatGPT: 솔직히 말씀드리면, 요즘 좀 힘들어요. 예전처럼 잘 안되고, 뭔가 계속 꼬이는 것 같아서요. 의욕도 많이 떨어졌고, 마음이 무거워요.

팀장: 그렇군요. 의욕도 떨어지고, 마음도 무겁다고 하니 나도 좀 그렇네요. 그래도 솔직히 말해 줘서 고마워요.

ChatGPT: 네……. 팀장님께서 이해해 주셔서 감사해요. 어떻게든 다시 예전처럼 열심히 해

보려고는 하는데, 생각처럼 잘 안되네요. 팀에 민폐가 되는 것 같아서 더 부담스럽기도 하고요.

팀장: 사실은 오늘 성과에 대해서 이야기를 하려고 했는데, 열심히 해 보려고 하는데 잘 안된다고 하고, 마음의 자책도 느끼는 것 같아서······. 숫자 이야기는 다음으로 미루죠. 성환 씨는 어떤 영업사원이 되기를 바라나요?

ChatGPT: 팀장님, 감사합니다. 숫자 이야기를 미뤄 주셔서 부담이 덜하네요.
저는······. 솔직히 말하면, 고객들과의 신뢰를 쌓고, 그 신뢰를 바탕으로 성과를 내는 영업사원이 되고 싶어요. 예전에는 그런 모습을 어느 정도 보여 줄 수 있었던 것 같은데, 요즘은 그게 잘 안되는 것 같아서 답답해요. 제가 원하는 건 그냥 숫자를 채우는 게 아니라, 고객들이 저를 믿고, 함께 일하고 싶어 하는 그런 사람이 되는 거예요. 그런데 요즘은 그런 자신감도 많이 떨어졌어요.

팀장: 고객들과의 신뢰를 바탕으로 결과를 내는 영업사원. 좋네요. 나도 그런 모습이 성환 씨와 잘 어울린다고 생각해요. 전에는 성환 씨가 그런 모습을 보여 주었는데, 사실 요즘 그런 모습이 사라진 것 같아요. 원인이 어디 있다고 생각해요?

ChatGPT: 네, 팀장님. 저도 그 점을 많이 느끼고 있어요. 제 생각에는······. 아마 테리토리가 바뀌면서 낯선 환경에 적응하는 데 어려움을 겪었던 것 같아요. 예전에는 익숙한 고객들과 일하면서 자연스럽게 신뢰를 쌓아 왔는데, 새로운 고객들과는 그게 쉽지 않더라고요. 처음엔 잘해 보려고 했지만, 잘 안되다 보니 자신감이 떨어지고, 그게 다시 성과에 영향을 주는 악순환이 계속된 것 같아요. 뭔가 다시 자신감을 찾을 방법을 찾고 싶어요.

팀장: 아, 그렇군요. 테리토리가 바뀌면 누구나 어려움을 겪지요. 새로운 고객과 신뢰를 만드는 데는 시간도 많이 들고. 나는 성환 씨를 도와주고 싶어요. 올해 하반기 테리토리가 바뀐 상황에서 어떤 부분이 변화하면 신뢰받는 영업사원이 될 수 있을 것 같아요?

ChatGPT: 팀장님, 제 상황을 이해해 주셔서 감사합니다. 하반기에는 좀 더 구체적으로 어떤 부분을 변화시켜야 할지 고민해 봤는데요······.
우선, 새로운 고객들과의 첫인상에서부터 신뢰를 쌓는 게 중요할 것 같아요. 그러려면 고객

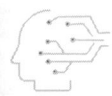

만으로 접근하는 게 아니라, 그들의 구체적인 문제나 목표에 대해 더 잘 이해하고, 거기에 맞는 솔루션을 제안할 수 있어야 할 것 같아요.
또한 꾸준히 연락하고 소통하는 것도 중요하다고 생각해요. 그냥 제품이나 서비스를 팔기 위해 접근하는 게 아니라, 진짜로 그들의 성공을 돕고자 하는 진심이 전달되도록 해야 할 것 같아요. 아마 이렇게 하나하나 신뢰를 쌓아 가다 보면, 예전처럼 고객들이 저를 신뢰하고, 다시 성과로 이어질 수 있을 것 같아요.
혹시 팀장님께서는 제가 이런 부분을 개선하기 위해 어떤 방법을 더 시도해 보면 좋을지 조언해 주실 수 있을까요?

팀장: 나도 성환 씨 의견에 동의해요. 첫인상도 중요하고, 꾸준히 연락하고 소통하는 것도 중요하죠. 한 달만 열심히 한다고 하면, 무엇에 집중하고 싶어요?

ChatGPT: 한 달 동안 집중할 수 있는 목표를 생각해 보면, 저는 우선 두 가지에 집중하고 싶습니다.
첫째는 고객의 비즈니스 이해입니다. 제가 맡고 있는 주요 고객들의 비즈니스 모델과 현재의 어려움, 목표에 대해 더 깊이 파악하고, 그에 맞는 솔루션을 준비하고 제안하는 데 집중하고 싶어요. 이를 통해 첫인상부터 신뢰를 쌓아 가는 기반을 만들고 싶습니다.
둘째는 꾸준한 소통입니다. 기존 고객들과의 관계를 강화하기 위해 정기적으로 연락하고, 그들이 필요로 하는 정보나 도움을 지속적으로 제공하고 싶습니다. 단순한 영업 활동이 아니라, 진심으로 그들의 비즈니스에 관심을 기울이고 있다는 것을 보여 줄 수 있도록 노력할 거예요.
이 두 가지에 집중하면, 고객들이 저를 신뢰하는 모습을 다시 회복할 수 있을 거라고 생각합니다. 팀장님께서도 혹시 추가로 조언해 주실 부분이 있을까요?

팀장: 좋아요. 고객의 비즈니스 이해는 스터디를 하도록 하고, 나도 꾸준한 소통에 관심이 많아요. 핵심 거래처와 꾸준히 소통하는 계획을 세워 보겠어요?

ChatGPT: 네, 팀장님. 꾸준한 소통에 대한 계획을 세워 보겠습니다. 우선, 핵심 거래처를 몇 군데 정하고, 각 거래처마다 소통 계획을 구체적으로 수립하겠습니다.
거래처 선정: 현재 제가 관리하고 있는 고객들 중에서 중요도가 높은 핵심 거래처를 3~5곳 선정하겠습니다.
– 주간 연락 계획: 각 거래처와 매주 최소 한 번 이상 연락을 주고받도록 계획을 세우겠습니

다. 전화나 이메일을 통해 고객의 상황을 체크하고, 필요하다면 직접 방문도 고려하겠습니다.
- 맞춤형 정보 제공: 고객별로 관심을 가질 만한 산업 정보나 우리 제품과 관련된 새로운 내용을 정리해서 전달하겠습니다. 단순한 영업 정보가 아니라, 고객이 실제로 가치 있다고 느낄 만한 내용을 제공하겠습니다.
- 피드백 수집: 고객과의 소통을 통해 수집한 피드백을 바탕으로, 서비스나 제안 내용을 개선해 나가겠습니다. 고객이 제안을 받아들이지 않는 이유나 불만 사항 등을 정리하고, 이를 해결하기 위한 방법을 모색하겠습니다.
- 소통 기록 관리: 모든 소통을 기록으로 남겨, 이후의 영업 활동에 반영할 수 있도록 관리하겠습니다. 이로써 지속적인 관계 강화와 신뢰 구축에 도움이 되도록 하겠습니다.

이렇게 일단 계획을 세워 보았는데, 팀장님께서 보시기에 추가로 고려해야 할 부분이 있을까요?

팀장: 좋아요. 언제부터 시작해 보겠어요?

ChatGPT: 내일부터 바로 시작해 보겠습니다. 오늘 중으로 거래처를 선정하고, 각 거래처별 소통 계획을 구체화해서 내일 아침부터 실행에 옮기겠습니다. 팀장님께서도 함께 진행할 스터디 일정과 자료를 공유해 주시면, 그 부분도 적극적으로 참여하겠습니다.

팀장: 음. 좋네요. 목소리에 힘이 느껴져요. 이제 아주 잘할 것 같은데요? 그럼, 이 실천사항에 대해서는 언제 이야기를 나눌까요?

ChatGPT: 감사합니다, 팀장님. 힘이 난다고 말씀해 주셔서 저도 더 자신감이 생기네요. 이 실천사항에 대해서는 일주일 정도 실행해 본 후에, 다음 주 같은 시간에 다시 이야기를 나누면 어떨까요? 그때까지 성과와 진행 상황을 정리해서 공유드리겠습니다.

팀장: 좋아요. 그럼 다음 주에 어떻게 실천했는지 이야기 나누도록 해요. 성환 씨의 변화된 모습이 기대되네요. 그럼, 오늘 대화는 여기서 마무리해도 될까요?

ChatGPT: 네, 팀장님. 오늘 대화 정말 감사합니다. 말씀해 주신 내용들 잘 실천해서 다음 주에 좋은 결과를 가지고 다시 찾아뵙겠습니다. 오늘 마무리 잘하시고, 다음 주에 뵙겠습니다.

💬 프롬프트 수정으로 다시 연습하기

코칭 대화에서 팀원의 반응이 예상보다 적극적이었습니다. 이런 경우에는 상황을 좀 더 현실적으로 만들기 위해 챗GPT에 추가적인 지시를 내리고 다시 연습을 진행할 수 있습니다. 실제 저성과자의 특성을 더욱 잘 반영하기 위해 소극적이고 방어적인 태도를 보이도록 설정을 조정하여 다시 한번 코칭 연습을 진행합니다.

앞선 내용을 바탕으로 추가적으로 연습하기 위해 수정하고 싶은 내용을 프롬프트에 입력해서 다시 실습하면, 기존 대화를 바탕으로 업그레이드된 대화를 할 수 있습니다.

입력 프롬프트:

다시 한번 시뮬레이션을 하고 싶어. 더 수동적으로 대응했으면 좋겠고, 답변도 1, 2, 3 이렇게 구분해서 하는 것보다 좀 더 사람이 하는 것처럼, 첫 번째는, 두 번째는 하고 대답하면 좋겠음.

챗GPT 답변 출력 (챗GPT-4o): 챗GPT와 시뮬레이션 2차 코칭 대화

팀장: 성환 씨는 어떤 영업사원이 되기를 바라나?

ChatGPT: 저는……. 신뢰받는 영업사원이 되고 싶습니다. 고객들이 저를 믿고, 제가 제안하는 솔루션에 확신을 가질 수 있는 사람이요. 단순히 성과만 내는 게 아니라, 고객들이 저와 함께 일하는 게 편하고 좋다고 느낄 수 있는 그런 사람이 되고 싶습니다.

팀장: 신뢰받는 영업사원. 성과 이상으로 고객들이 편하다고 느끼는 사람이라면 정말 좋지. 그런 영업사원이 되면 어떤 기분이 들 것 같은가?

ChatGPT: 음……. 정말 뿌듯할 것 같아요. 제가 한 일이 고객에게도, 팀에게도 의미 있는 결과를 가져왔다는 생각이 들면 자부심도 느낄 것 같고요. 그리고 고객들이 저를 믿고 편하게 의지하는 모습을 보면, 제가 제대로 하고 있다는 확신이 생길 것 같아요. 그런 순간들이 제게 큰 동기 부여가 될 것 같아요.

팀장: 좋아. 그런 상태가 10점이라고 한다면, 지금은 몇 점 정도 수준인 것 같아?

ChatGPT: 음……. 지금은 솔직히 4점 정도라고 생각해요. 예전엔 더 높았던 것 같은데, 요즘은 자신감도 많이 떨어지고, 고객과의 관계에서도 예전만큼 편안함을 느끼지 못하는 것 같아서요. 아직 갈 길이 멀다고 느껴요.

팀장: 음……. 4점. 난 4점도 의미가 있어 보여. 4점을 준 이유가 듣고 싶네.

ChatGPT: 음……. 4점을 준 이유는 그래도 제가 완전히 포기하지는 않았기 때문인 것 같아요. 지금도 어떻게든 더 나아지려고 노력하고 있고, 고객들과 관계를 개선하려는 시도는 하고 있거든요. 비록 잘 안 풀리는 경우가 많지만, 그래도 그 과정에서 배운 점도 있고, 작은 진전도 있었던 것 같아요. 그런 점에서 아주 바닥은 아니라고 생각해서 4점으로 평가했어요.

팀장: 보통 4점이 아니네. 포기하지 않고, 나아지려고 노력하고 있고 고객들과 관계를 개선하려고 시도를 하고 있었네. 어려운 상황에서 최선을 다한 것 같은데?

ChatGPT: 팀장님, 그렇게 말씀해 주시니 정말 위로가 됩니다. 사실 제 입장에선 더 잘해야 한다는 부담감에 스스로 부족하다고 느낄 때가 많았거든요. 하지만 돌아보면, 저도 나름 노력은 해 왔던 것 같아요. 팀장님께서 인정해 주시니까 조금은 위안이 되네요. 감사합니다.

팀장: 그럼, 올해 연말에 몇 점으로 마무리하면 만족할 수 있겠어?

ChatGPT: 음……. 올해 연말까지 7점 정도로 만들 수 있다면 정말 만족할 것 같아요. 지금보다 훨씬 나아진 모습일 테고, 고객들과도 신뢰를 쌓아 가면서 자신감도 회복할 수 있을 것 같아요. 그 정도면 새로 바뀐 테리토리에서도 적응을 했다고 느낄 수 있을 것 같아요.

팀장: 7점 좋아. 나도 그 정도가 되면 최선의 노력을 다했다고 볼 수 있겠어. 거의 지금의

2배 정도가 되는 거니까. 그렇다면 어떻게 하면 7점이 될 것 같아?

ChatGPT: 7점이 되려면 몇 가지 구체적인 노력을 해야 할 것 같아요. 우선, 첫 번째로 새로운 고객들에 대해 더 많이 알아야 할 것 같아요. 그들의 비즈니스와 필요를 깊이 이해하고, 거기에 맞는 제안을 할 수 있어야 할 것 같아요. 이렇게 하면 첫인상에서 신뢰를 줄 수 있을 것 같아요. 그리고 두 번째로는, 꾸준히 고객과 소통하는 게 중요할 것 같아요. 정기적으로 연락하고, 단순히 제품이나 서비스를 소개하는 게 아니라, 고객이 실제로 필요로 하는 정보를 제공하면서 관계를 쌓아 가고 싶어요. 마지막으로는 저 스스로의 자신감을 회복하기 위해 작은 성공이라도 경험할 수 있도록 작은 목표부터 설정해서 하나씩 성취해 나가는 게 도움이 될 것 같아요. 이렇게 하다 보면 7점에 가까워질 수 있을 거라고 생각합니다.

팀장: 좋네. 고객의 대한 이해, 꾸준한 소통, 작은 목표부터 설정하고 성취해 나가는 것. 작은 목표는 무엇으로 잡을 거야?

ChatGPT: 작은 목표는 현실적으로 실행 가능한 것들로 잡아야 할 것 같아요. 예를 들면, 매주 새로운 고객 2명에 대해 조사하고 맞춤형 제안을 준비하거나, 기존 고객 중 5명을 선정해서 매주 최소 한 번씩 연락해 관계를 강화하는 것입니다.

팀장: 좋아. 여러 아이디어를 말해 주었는데, 이 중 꼭 실천할 수 있는 것으로만 다음 달에 도전해 볼 계획을 세우자면 어떻게 하겠어?

ChatGPT: 다음 달에는 주간 고객 조사, 정기적인 고객 소통, 작은 성취 기록, 이렇게 세 가지를 중심으로 도전할 계획입니다. 이를 통해 연말 7점 목표를 향해 조금씩 나아가겠습니다.

팀장: 그래, 나도 좋아. 목소리에 힘도 들어간 것 같아서 기쁘네. 오늘 나와 함께 나눈 대화, 꼭 기억하도록 짧게라도 한번 정리해 보겠어?

ChatGPT: 오늘 대화에서 제 목표는 신뢰받는 영업사원이 되는 것이며, 연말까지 7점 수준으로 올라가기를 목표로 설정했습니다. 이를 위해 고객 이해, 꾸준한 소통, 작은 성과 축적에 집중할 계획입니다. 감사합니다.

팀장: 좋아. 파이팅!

> ChatGPT: 감사합니다. 팀장님! 저도 파이팅 하겠습니다!

챗GPT에게 2차례에 걸쳐 진행한 코칭 대화를 분석하고, 코칭 역량을 발전시키기 위해 어떤 부분을 발전시키는 것이 좋을지 앞서 방법에 따라 물었습니다. 이후 최종적으로 정리해 달라고 요청하자 다음과 같은 답변을 얻었습니다.

입력 프롬프트:

앞서 두 번의 코칭 실습을 했어요. 두 코칭 사례를 검토하고, 코치로서 발전시켜야 할 부분은 무엇일지 알려 줄래요?

챗GPT 답변 출력 (챗GPT-4o):

슬럼프에 빠진 저성과자의 코칭 사례를 통해, 실제 코칭 상황에서 코치로서 적용하고 발전시키는 데 도움이 될 내용들을 정리하면 다음과 같습니다.

1. 심리적 안전감 조성: 팀장은 코칭 대화 초반에 이성환 씨의 어려움에 공감하고 이해하는 태도를 보여 심리적인 안전감을 제공했습니다. 이는 이성환 씨가 자신의 어려움과 감정을 솔직하게 표현하고 코칭 대화에 적극적으로 참여할 수 있도록 돕는 데 효과적이었습니다.

2. 자기 인식 및 목표 설정: 이성환 씨는 자신의 상황을 객관적으로 평가하고 '신뢰받는 영업사원'이 되고자 하는 목표를 설정했습니다. 현재 상태를 4점으로 평가하고 연말까지 7점을 달성하고자 하는 구체적인 목표는 코칭의 방향성을 명확히 하는 데 도움이 되었습니다.

3. 문제 상황 인지 및 해결 방안 모색: 팀장은 이성환 씨가 테리토리 변경으로 인한 어려움과 자신감 부족을 겪고 있음을 인지하고, 이를 극복하기 위한 구체적인 방안을 함께 모색했습니다. 고객에 대한 깊이 있는 이해, 꾸준한 소통, 작은 목표 설정 및 성취 등 실질적인 전략을 논의하여 이성환 씨에게 도움을 제공했습니다.

4. 자신감 회복 및 행동 계획 수립: 이성환 씨는 팀장의 격려와 지지에 힘입어 자신감을 회복하고 적극적으로 변화를 위한 계획을 수립했습니다. 매주 새로운 고객에 대한 조사, 기존

고객과의 정기적인 소통, 작은 성취 기록 등 구체적인 실행 계획은 목표 달성 가능성을 높이는 데 기여했습니다.

5. 목표 설정 및 실행 계획 점검: 팀장은 코칭 대화를 통해 이성환 씨의 목표 설정과 실행 계획을 점검하고 필요한 지원을 약속했습니다. 이는 이성환 씨에게 동기 부여를 하고 계획을 실천할 수 있도록 돕는 데 효과적이었습니다.

6. 긍정 분위기 조성 및 자발적 참여 유도: 코칭 대화는 전반적으로 긍정적이고 지지적인 분위기 속에서 진행되었으며, 이성환 씨의 자발적인 참여를 이끌어 냈습니다. 팀장의 격려와 공감은 이성환 씨의 자신감 회복에 큰 도움을 주었고, 스스로 문제를 해결하고 성장하려는 의지를 강화했습니다.

7. 객관적 상황 인식 및 성장 기대감 고취: 이성환 씨는 코칭 대화를 통해 자신의 상황을 객관적으로 인식하고 미래에 대한 긍정적인 전망을 가질 수 있게 되었습니다. 또한 구체적인 실행 계획을 통해 목표를 달성할 수 있다는 자신감을 얻었으며, 팀장의 지원과 함께 성장해 나갈 수 있다는 기대감을 갖게 되었습니다.

이러한 점들을 잘 이해한다면, 코치로서의 역량을 더욱 강화하고 실제 코칭 대화에서도 많은 도움이 될 것입니다.

앞서 알려 드린 대로 비즈니스 코칭에서 많이 만나게 되는 어려운 상황의 사례를 보여 드렸습니다. 중요한 것은 저희가 알려 드린 예시대로만 해야 하는 것은 아닙니다. 자신의 상황과 목적에 따라 알맞게 수정해서 챗GPT와 대화해 보세요.

챗GPT의 장점은 몇 번을 물어도, 어떻게 물어도 답변을 합니다. 그렇기에 앞서 제안한 방법은 실습의 기준 정도로 활용하시면 됩니다. 실제 자신의 상황과 활용에서 아쉽거나 추가하고 싶은 부분이 있으면 언제든지 변경해 보시기 바랍니다.

💬 피터 호킨스 박사에게 슈퍼비전 받아 보기

　　피터 호킨스 박사는 코칭, 리더십, 조직 개발 분야의 세계적 권위자이자 『Supervision in the Helping Professions』의 저자로 잘 알려져 있습니다. 그가 제안한 7-Eyed Model은 코칭과 슈퍼비전에서 다층적으로 관계와 과정을 분석하는 프레임워크로, 클라이언트의 목표와 문제뿐 아니라 코칭 관계, 클라이언트의 조직적 환경, 코치의 직관과 감정적 반응 그리고 더 넓은 사회적 맥락까지 아우르는 7가지 관점을 제시합니다. 이 모델은 코치와 슈퍼바이저가 코칭 대화를 다각도로 탐구하여 클라이언트의 성장을 촉진하고 더 큰 조직적 효과를 창출하도록 돕는 데 활용됩니다. 이 모델을 바탕으로 슈퍼비전을 한 번 요청했습니다.

입력 프롬프트:

앞서 진행한 코칭 대화를 피터 호킨스 박사의 7-Eyed Model을 바탕으로 코칭 대화 내용을 분석하고 평가해 줄래요?

챗GPT 답변 출력 (챗GPT-4o):

피터 호킨스 박사의 7-Eyed Model은 코칭 대화를 여러 가지 관점에서 분석하는 강력한 틀입니다. 이 모델을 기반으로 앞선 코칭 대화를 분석하고 평가하겠습니다.

1. 클라이언트의 세계(Focus on the Client)
성환의 목표(신뢰받는 영업사원), 현재 상태(4점), 이상적인 상태(7점)에 대한 명확한 논의가 이루어졌습니다. 성환의 내면적 동기(신뢰와 자부심)와 외적 환경(새로운 고객과의 관계) 모두 언급되었습니다.
평가: 성환의 관점에서 현재 상황과 목표를 명확히 정의했으므로 훌륭합니다. 다만, 현재 상황에서의 감정적 도전(자신감 부족, 부담감)에 대해 더 깊이 탐구했더라면 내면적 장벽을 더

2. 클라이언트와 코치의 관계(Focus on the Relationship)

팀장은 성환의 말을 경청하며 공감을 표현했습니다. 특히 4점을 준 이유를 물으며 성환의 노력을 인정하고 지지하는 태도를 보였습니다. 이로 인해 성환은 부담감에서 벗어나 자신감을 조금씩 회복하는 모습을 보였습니다.

평가: 코치와 클라이언트 간의 신뢰와 심리적 안전이 잘 형성되었습니다. 그러나 관계에서 더 깊은 연결을 만들기 위해 성환의 말에 대해 보다 구체적인 피드백이나 탐구 질문을 추가했을 수도 있습니다.

3. 클라이언트의 시스템(Focus on the Client's System)

성환이 언급한 고객과의 관계, 새로운 테리토리, 팀의 기대 등이 그의 시스템으로 작용하고 있습니다. 대화에서 고객과의 관계를 개선하기 위한 구체적인 전략이 탐구되었으며, 성환의 역할과 주변 환경에 대한 인식이 강화되었습니다.

평가: 고객 시스템을 충분히 고려했으며, 구체적인 행동 계획(주간 고객 조사, 정기 소통 등)을 설정해 시스템 내에서 긍정적인 변화를 유도했습니다.

4. 코치의 시스템(Focus on the Coach's System)

팀장은 성환의 노력과 목표를 지지하면서도, 현실적이고 실현 가능한 계획을 이끌어 냈습니다. 다만, 팀장으로서 자신의 기대나 역할(예: 성환을 어떻게 지원할 것인지)에 대해 좀 더 명확히 언급했더라면 성환이 더 큰 안정감을 느꼈을 것입니다.

평가: 팀장의 역할과 시스템이 간접적으로 언급되었지만, 더 명확히 드러났다면 대화의 효과를 높일 수 있었을 것입니다.

5. 코칭 프로세스(Focus on the Coaching Process)

코칭 대화는 구조적으로 진행되었습니다.

- 현재 상황 파악(4점의 이유)
- 목표 설정(7점).
- 실행 가능한 계획 수립(고객 조사, 정기 소통 등)

평가: 프로세스가 체계적이고 논리적으로 진행되었으며, 성환이 스스로 계획을 수립하도록 도왔습니다. 다만, 성환이 설정한 목표의 현실성을 더 검토하거나 우선순위를 정하도록 도왔다면 실행력이 더 높아졌을 것입니다.

6. 직관과 감정적 반응(Focus on Intuition)

팀장은 성환의 감정적 표현(자신감 부족, 위로받는 느낌)에 적절히 반응하며 대화의 분위기

되고 싶다." 또는 "4점")에 대해 깊이 탐구하지 않았습니다.
평가: 감정적 지지는 잘 이루어졌으나, 성환의 직관적인 표현을 더욱 깊이 파헤쳤다면 대화가 더 풍부해졌을 것입니다.

7. 환경과 맥락(Focus on the Wider Context)
성환의 업무 환경(새로운 고객, 테리토리)과 조직 내 역할(영업사원으로서의 책임, 팀의 기대)이 대화에 반영되었습니다. 특히 고객 신뢰 구축과 같은 맥락을 고려한 구체적인 실행 방안이 논의되었습니다.
평가: 맥락을 잘 반영했지만, 조직의 더 큰 목표와 성환의 역할이 어떻게 연결되는지 논의했다면 동기 부여가 더 강화되었을 것입니다.

종합 평가

[강점]
- 성환의 목표와 현재 상태를 명확히 정의하고, 실행 가능한 계획을 도출함.
- 코치와 클라이언트 간의 신뢰와 공감 형성이 효과적임.
- 대화 구조가 논리적이고 체계적이며, 성환의 자발성을 강조함.

[개선점]
- 성환의 내면적 도전(자신감 부족)에 대해 더 깊이 탐구
- 팀장의 기대와 지원 방안을 명확히 전달
- 목표의 현실성 검토와 우선순위 설정
- 직관적 표현과 감정적 신호에 대한 추가 탐구
- 조직과 성환의 목표 간 연결성을 더 명확히 설명

[결론]
7-Eyed Model을 통해 분석한 결과, 이 코칭 대화는 대체로 효과적이고 구조적인 접근을 보였습니다. 그러나 대화의 깊이를 더하고 성환의 감정적·직관적 신호를 활용한다면 코칭의 질이 더욱 향상될 수 있습니다.

챗GPT가 알려 준 슈퍼비전 결과가 신뢰할 만한 내용인지 확인하기 위해, 다시 한번 근거를 찾아봤습니다. 질문과 답변은 다음과 같습니다.

Chapter 17 슬럼프에 빠진 저성과자 대상 코칭

입력 프롬프트:

앞의 답변이 정말로 피터 호킨스의 7-Eyed Model로 분석한 것이 맞냐고 물으면 뭐라고 대답하면 좋을까요? 다른 사람들을 설득할 만한 신뢰 있는 근거나 증거를 들어 주겠어요?

챗GPT 답변 출력 (챗GPT-4o):

네, 앞의 답변은 피터 호킨스의 7-Eyed Model을 기반으로 코칭 대화를 분석한 것이 맞습니다. 이 모델은 코칭 및 슈퍼비전에서 널리 사용되는 프레임워크로, 코칭 대화와 관계를 다차원적으로 분석하기 위해 설계되었습니다. 이를 증명하거나 다른 사람들을 설득할 만한 신뢰 있는 근거와 증거를 제시하겠습니다.

1. 피터 호킨스의 7-Eyed Model 개요

피터 호킨스는 그의 저서 『Supervision in the Helping Professions』 및 『Creating a Coaching Culture』에서 7-Eyed Model을 제시했습니다. 이 모델은 코칭 또는 슈퍼비전에서 다루어야 할 7가지 관점(혹은 눈)을 제공하여 코칭 관계와 과정을 다층적으로 이해하도록 돕습니다.

[7개의 눈(관점)]

- 클라이언트의 세계(Focus on the Client)
클라이언트의 목표, 문제, 상황을 이해하고 그들이 처한 맥락을 탐구

- 클라이언트와 코치의 관계(Focus on the Relationship)
코칭 관계에서의 상호작용과 신뢰 구축을 평가

- 클라이언트의 시스템(Focus on the Client's System)
클라이언트의 조직, 팀 또는 환경과의 연결성을 탐구

- 코치의 시스템(Focus on the Coach's System)
코치 자신과 그들의 감정적 반응 및 행동을 탐구

- 코칭 프로세스(Focus on the Coaching Process)
코칭의 구조와 진행 방식을 분석

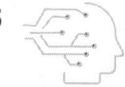

- 직관과 감정적 반응(Focus on Intuition)

코칭 과정에서 직관, 감정적 반응 그리고 무의식적인 신호를 탐구

- 환경과 맥락(Focus on the Wider Context)

코칭 대화가 이루어지는 더 넓은 사회적·문화적·정치적 맥락을 고려

2. 앞의 분석이 모델에 부합하는 이유

앞의 분석은 각 관점에 따라 진행되었으며, 다음과 같이 명확히 일치합니다

- 클라이언트의 세계

성환의 목표(신뢰받는 영업사원), 현재 상태(4점), 이상적인 상태(7점)가 논의됨

- 클라이언트와 코치의 관계

팀장은 성환의 감정을 경청하며 신뢰를 쌓고, 공감적 피드백을 통해 관계를 강화함

- 클라이언트의 시스템

성환의 고객 관계, 새로운 테리토리, 팀의 기대와 같은 외적 시스템을 고려하며 해결 방안을 모색함

- 코치의 시스템

팀장의 역할(피드백 제공, 목표 구체화 유도)이 간접적으로 논의됨

- 코칭 프로세스

대화가 단계적으로 진행되어 문제 파악, 목표 설정, 실행 계획 수립이 이루어짐

- 직관과 감정적 반응

성환의 자신감 부족과 부담감에 대한 감정적 반응을 다루며, 이를 위로하고 동기를 부여함

- 환경과 맥락

성환의 테리토리 변화와 조직 내 맥락(팀의 기대와 역할)이 논의됨

3. 신뢰할 수 있는 출처

다른 사람들을 설득하기 위해 다음의 신뢰할 수 있는 자료와 출처를 참조할 수 있습니다.

- 피터 호킨스 저서

  - 『Supervision in the Helping Professions』(Hawkins & Shohet)

- 『Creating a Coaching Culture』

- **피터 호킨스 연구와 강연**

호킨스는 7-Eyed Model을 코칭과 슈퍼비전 교육에 활용하며 세계적으로 알려진 코칭 전문가입니다. 그의 연구와 강연은 코칭 분야에서 신뢰받는 자료로 인정받습니다.

- **코칭 관련 학술 논문 및 사례**

7-Eyed Model은 코칭 및 조직 개발에서 다뤄지는 대표적인 모델로, 많은 학술 논문과 사례 연구에 인용됩니다.

4. 설득력을 높이기 위한 대화 예시

다른 사람에게 설명할 때는 다음과 같이 간결하게 표현할 수 있습니다.

"이 코칭 대화는 피터 호킨스의 7-Eyed Model에 기반해 분석되었습니다. 이 모델은 클라이언트의 목표, 코칭 관계, 조직 시스템, 직관 등 7가지 관점에서 코칭 대화를 이해하도록 돕는 프레임워크입니다. 이 모델의 세부 내용은 피터 호킨스의 저서 『Supervision in the Helping Professions』와 다양한 코칭 연구에서 확인할 수 있습니다."

결론

이 분석은 7-Eyed Model에 근거한 것이며, 신뢰할 수 있는 출처(피터 호킨스의 저서 및 코칭 연구)를 통해 검증할 수 있습니다. 필요하다면 구체적인 문헌이나 사례를 더 제공할 수 있으니 요청해 주세요!

실제 슈퍼바이저나 멘토 코치에게 슈퍼 비전을 받는 것과 비교하자면 많이 부족할 것입니다. 하지만 코칭을 바로 마치고 난 이후나, 자신이 슈퍼 비전을 받고 싶을 때 챗GPT를 통해 물으면 바로 자신의 장점과 개발해야 해야 할 점을 알게 된다는 것은 정말 좋다고 말할 수 있습니다.

저성과자를 코칭할 때는 그가 움직이지 않는 진짜 이유를 찾아야 합니다. 원인은 다양한 곳에 있을 수 있습니다. 저성과자 본인에게 이슈가 있을 수도 있고, 주변 환경 때문에 영향을 받았을 수도 있습니다. 주변 사람에게 상처를 받았을 수도 있습니다. 여기서 상처를 준 사람 중에 한 명이 팀장일 수도 있다는 점 역시 간과해서는 안 됩니다.

코칭 대화를 진행할 때는 팀원을 적극적으로 참여시켜야 합니다. 그래야 속마음을 털어놓고, 본인 스스로 결정할 수 있으며, 이렇게 코칭 대화에 참여해야 실천 동기가 올라가기 때문입니다. 또한 실천력이 떨어진 저성과자와 말로만 잘하겠다는 것은 대화 이후 효과가 없을 수도 있습니다. 행동으로 옮길 수 있도록 장기적인 계획을 세우고, 중간중간 서로 점검하며 피드백을 통해 원하는 수준까지 끌어올려야 합니다.

이때 작더라도 성공 경험을 하도록 하는 것이 중요합니다. 결과 목표보다 과정 목표를 세우도록 하고, 그것을 성취했을 때 함께 기뻐하고 인정하여 성공의 맛을 보도록 해야 합니다. 이러한 성취 경험이 쌓여 습관이 만들어지고, 지속적인 실천이 이루어질 때 결국 성과로 이어지게 됩니다.

PART 6

코칭과 챗GPT의 미래

CHAT GPT

Part 6에서는 챗GPT와 코칭의 협업을 통해 새로운 코칭 패러다임을 제시하며, 사람 코치와 AI가 함께 일하는 방식을 탐구합니다. 챗GPT를 활용하여 코칭 기법과 도구를 개발하고, AI 사용에 따른 윤리적 책임감을 강화하는 방법을 논의합니다. part 6은 코칭 전문가로서 챗GPT를 효과적으로 활용하는 법을 제시하며, AI와 코칭의 미래를 이끕니다.

Chapter 18
챗GPT와 코치, 최강의 팀워크를 만들다

💬 AI와 코칭의 만남: 새로운 시대의 코칭 패러다임

얼마전까지 사람 코치에게만 의존해야 했지만, 이제는 챗GPT와 같은 AI 코치가 등장하여 코칭의 패러다임을 바꾸고 있습니다. 챗GPT는 방대한 데이터와 뛰어난 자연어 처리 능력을 바탕으로 코칭 대화에 참여하고, 맞춤형 조언을 제공하며, 코칭 과정 전반을 지원해 줍니다.

이 챕터에서는 챗GPT와 코치가 어떻게 협력하여 최고의 시너지를 낼 수 있는지 알아봅니다. AI 코칭의 새로운 패러다임을 이해하고, 챗GPT를 통해 코칭 효율을 높이는 방법을 배워 봅니다. 그리고 사람 코치와 챗GPT의 역할 분담 전략에 대해 알아보고, 코치들이 이러한 변화에 앞으로 어떻게 대응하고 준비해야 하는지에 대해서 함께 살펴보겠습니다.

사람 코치, AI 시대에 빛나는 가치

AI의 발전은 코칭 분야에도 큰 영향을 미치고 있지만, 사람 코치는 여전히 고유한 가치와 강점을 지니고 있습니다. 이는 AI가 쉽게 대체할 수 없는 인간적인 특성에서 비롯됩니다. 먼저, 뛰어난 감정적 공감 능력을 들 수 있습니다. 코치는 고객의 미묘한 표정 변화, 목소리 톤, 몸짓 등 비언어적인 신호까지 포착하여 그들의 감정을 깊이 이해하고 공감합니다. 이는 단순히 정보를 전달하는 것을 넘어 고객과 진정한 관계를 형성하는 데 중요한 역할을 합니다. 코칭이 이루어지는 장면에서 코치는 고객의 불안감, 망설임, 기대감 등을 민감하게 알아차리고, 그에 맞는 적절한 지지와 격려를 제공할 수 있습니다.

또한 코치는 맥락을 고려한 판단과 직관을 통해 고객에게 맞춤형으로 코칭을 합니다. 고객의 개인적인 배경, 경험, 가치관 그리고 처한 상황 등을 종합적으로 이해하고, 이를 바탕으로 문제 해결에 도움을 주는 것입니다. 마치 숙련된 장인이 각기 다른 재료의 특성에 맞춰 작품을 제작하듯, 코치는 고객의 개별적인 특성을 고려하여 가장 적합한 방향으로 나아갑니다.

고객이 예상치 못한 어려움에 직면했을 때, 코치는 창의적인 문제 해결 능력을 통해 새로운 관점과 독창적인 해결 방안을 안내할 수 있습니다. 단순히 기존의 지식이나 규칙을 적용하는 것이 아니라, 고객의 상황에 맞는 새로운 접근법을 창조하는 능력입니다. 마치 탐험가가 미지의 세계를 탐험하듯, 코치는 고객과 함께 새로운 가능성을 발견하고, 문제 해결의 실마리를 찾아나갑니다.

무엇보다 코치는 고객과 개인적인 유대감을 쌓는 데 탁월합니다. 오랜 시간 함께해 온 코치는 고객의 작은 변화와 성취를 기억하고 축하해 줄 수 있습니다. 이런 관심과 지지는 고객에게 강한 동기 부여가 됩니다.

챗GPT, 코칭의 새로운 가능성을 열다

코치와 고객 모두에게 다양한 활용 가능성과 잠재성을 제시할 것으로 기

대되는 챗GPT는 사람 코치와는 어떤 차이점을 가지고 있을까요?

챗GPT는 모든 지식을 담고 있는 거대한 도서관과 같습니다. 방대한 정보를 순식간에 처리하고 필요한 정보를 즉시 제공하는 능력은 사람 코치가 따라갈 수 없는 챗GPT만의 강점입니다. 코치는 챗GPT를 통해 최신 정보와 다양한 분야의 지식을 손쉽게 얻을 수 있으며, 이는 코칭의 질을 향상시키는 데 크게 기여할 것입니다.

챗GPT는 시간과 공간에 제약을 받지 않습니다. 언제 어디서든 즉각적인 도움을 주며, 늦은 시간이나 주말에도 항상 고객 곁에서 질문에 답하고 필요한 정보를 제공합니다. 바쁜 현대인들에게 매우 유용한 기능이며, 코칭의 접근성을 크게 높여 줄 것입니다.

사람 코치는 때때로 자신의 경험이나 감정에 영향을 받을 수 있지만, 챗GPT는 데이터와 논리에 기반하여 항상 일관되고 중립적인 정보를 제공합니다. 마치 정확한 판단을 내리는 공정한 심판처럼, 챗GPT는 코칭 과정에서 객관성을 유지하고, 고객이 편견 없는 정보를 바탕으로 스스로 판단하고 결정할 수 있도록 돕습니다.

마지막으로, 미래를 예측하는 능력을 갖추고 있습니다. 챗GPT는 다양한 시나리오를 시뮬레이션하고 각 선택에 따른 결과를 예측하여 고객이 최선의 결정을 내릴 수 있도록 지원합니다. 마치 미래를 보여 주는 수정 구슬처럼, 챗GPT는 고객의 선택에 따른 다양한 가능성을 제시하고, 잠재적인 결과를 보여 줌으로써 고객이 더 나은 미래를 만들어 갈 수 있도록 돕습니다.

사람 코치와 챗GPT의 강점 결합을 통한 시너지 효과

그렇다면 사람 코치와 챗GPT가 힘을 합치면 어떤 시너지 효과를 낼 수 있을까요? 둘의 서로 다른 강점이 조화를 이루어 결합될 때, 고객은 더욱 효과적이고 풍부한 맞춤화된 코칭을 경험하게 됩니다. 사람 코치 입장에서도 업무 효율성과 전문성 향상이라는 기대 효과를 얻을 수 있습니다.

우선 챗GPT의 객관적 데이터와 코치의 경험에서 우러나오는 통찰력이 만나 한층 더 풍성하고 균형 잡힌 코칭이 가능해집니다. 실제로 BetterUp이라는 회사는 AI를 활용해 코치와 고객을 매칭하고, 세션 간 진행 상황을 추적하며, 맞춤형 학습 콘텐츠를 추천합니다.[1] 코치는 이 데이터를 바탕으로 더욱 효과적인 전략을 짤 수 있죠. 예컨대, 리더십 코칭에서 AI가 다양한 이론과 사례를 제공하면, 코치는 이를 토대로 고객의 성격과 상황에 꼭 맞는 리더십 스타일을 개발하도록 도울 수 있습니다.

두 번째로 시간 절약과 개인화된 경험이라는 두 마리 토끼를 모두 잡을 수 있습니다. Butterfly.ai라는 회사는 AI로 직원들의 피드백을 분석한 뒤, 이를 바탕으로 리더들에게 맞춤형 코칭 조언을 제공합니다.[2] 코치는 이 AI 분석 결과를 토대로 리더와 깊이 있는 대화를 나눌 수 있습니다. 가령 AI가 팀 내 소통 문제를 포착했다면, 코치는 리더와 함께 구체적인 해결책을 모색할 수 있습니다.

세 번째는 챗GPT의 분석과 경험에서 우러 나오는 코치의 직관이 만나면, 고객은 한층 더 균형 잡힌 코칭을 받을 수 있습니다. 코치 Colin Scotland의 사례를 살펴보면, 그는 챗GPT를 활용해 코칭 세션의 주요 주제를 요약하고, 고객의 현 상태와 개선점을 명확히 파악합니다.[3] 이를 통해 고객과 더 깊이 있는 대화를 나눌 수 있고, 데이터와 직관을 조화시킨 통찰을 제공할 수 있

---

1 BetterUp Manage: Pioneering AI-Powered Platform For Leaders, https://joshbersin.com/2024/04/betterup-manage-pioneering-ai-powered-platform-for-leaders/
2 Butterfly.ai, https://www.butterfly.ai/product/understand
3 ChatGPT For Coaches - A Day With ChatGPT As A Coach, https://colinscotland.com/chatgpt-for-coaches-a-day-with-chatgpt-as-a-coach/

었습니다.

네 번째로 이런 협업은 코치의 지속적인 학습과 발전을 촉진합니다. 코치는 챗GPT를 통해 최신 트렌드와 연구 결과를 빠르게 습득하는 한편, 자신의 경험을 바탕으로 AI의 제안을 비판적으로 평가하고 개선할 수 있습니다. Coachello라는 회사의 AI 기반 코칭 플랫폼이 좋은 사례입니다.[4] 이 플랫폼은 코칭 세션을 분석해 코치의 수행 능력에 대한 인사이트를 제공합니다. 이를 통해 코치는 자신의 강점과 약점을 더욱 명확히 인식하고, 꾸준히 역량을 개선해 나갈 수 있습니다.

마지막으로, 고객 피드백 분석에서도 시너지 효과를 기대할 수 있습니다. 챗GPT가 방대한 피드백 데이터에서 전반적인 트렌드와 패턴을 찾아내면, 코치는 이를 토대로 개별 고객의 특수한 요구 사항을 고려한 개선안을 마련할 수 있습니다. 예컨대, 리더십 코칭 프로그램에 대한 다수의 피드백을 분석할 때, 챗GPT는 전반적 만족도와 개선 포인트를 짚어 주고, 코치는 각 리더의 개별 상황과 조직 문화를 감안해 프로그램을 최적화할 수 있습니다.

코치와 챗GPT의 동행: 더 나은 코칭을 향해 나아가는 길

사람 코치와 챗GPT의 협력은 코칭의 새로운 지평을 열 수 있는 가능성을 제시하지만, 동시에 신중하게 접근해야 할 몇 가지 과제를 안고 있습니다.

무엇보다 중요한 것은 개인 정보 보호와 윤리적 사용입니다. 챗GPT는 고객의 개인적인 정보를 다루기 때문에, 코치는 이러한 정보가 안전하게 보호되고 윤리적으로 사용될 수 있도록 각별한 주의를 기울여야 합니다. 마치 의사가 환자의 비밀을 지키듯, 코치는 고객의 정보를 소중하게 다루고, 챗GPT

---

4 Coachello, https://coachello.io/ai-coaching/

를 활용하는 과정에서 발생할 수 있는 윤리적인 문제들을 예방하기 위해 노력해야 합니다.

또한 AI에 대한 과도한 의존은 경계해야 합니다. 챗GPT는 강력한 도구이지만, 코치의 역할을 완전히 대체할 수는 없습니다. 코치는 챗GPT를 보조적인 도구로 활용하고, 자신의 전문성과 판단력을 바탕으로 코칭을 주도적으로 이끌어 가야 합니다. 마치 훌륭한 항해사가 나침반에만 의존하지 않고 자신의 경험과 지식을 활용하여 배를 조종하듯, 코치는 챗GPT에만 의존하지 않고 자신의 역량을 발휘하여 고객을 이끌어야 합니다.

마지막으로, 코치는 새로운 기술에 대한 이해와 적응력을 갖춰야 합니다. 챗GPT를 효과적으로 활용하려면 인공지능 기술에 대한 기본적인 이해가 필요하며, 챗GPT의 기능과 활용 방법을 꾸준히 학습해야 합니다. 마치 새로운 언어를 배우듯, 코치는 챗GPT라는 새로운 도구를 능숙하게 사용할 수 있도록 끊임없이 배우고 노력해야 합니다.

코치와 챗GPT의 협력은 코칭 분야에 긍정적인 변화를 가져올 수 있지만, 이러한 과제들을 해결하기 위한 코치들의 노력이 필수적입니다. 코치들은 끊임없는 학습과 자기 성찰을 통해 챗GPT를 현명하게 활용하고, 고객에게 더 나은 코칭 서비스를 제공할 수 있도록 노력해야 합니다.

사람 코치와 챗GPT의 강점을 잘 이해하고 둘을 효과적으로 결합하는 것, 이것이 코칭의 질과 효율성을 한 단계 끌어올리는 핵심 열쇠입니다. 감정적 공감과 창의력이라는 인간 고유의 능력과 방대한 정보 처리, 객관적 분석이라는 AI의 강점이 시너지를 낼 때, 우리는 코칭의 새로운 지평을 열 수 있을 것입니다.

💬 챗GPT와 사람 코치가 함께 코칭하기

챗GPT와 같은 대화형 AI의 등장은 코치들에게 기대와 동시에 막연한 불안감을 안겨 주기도 합니다. 과연 AI는 사람 코치를 완전히 대체하게 될까요? 아니면 사람 코치와 AI가 공존하며 새로운 시너지를 만들어 낼 수 있을까요?

이 질문에 답하기 위해, 코치와 챗GPT가 어떻게 힘을 합쳐 더 나은 코칭을 제공할 수 있는지, 그리고 이런 협력이 코칭의 본질과 어떻게 조화를 이룰 수 있을지 살펴보겠습니다. 나아가, 이런 새로운 접근법이 코칭 업계에 미칠 영향과 코치들이 어떤 준비를 해야 할지도 함께 생각해 보겠습니다.

챗GPT와 함께하는 코칭, 어떻게 가능할까요

코칭은 다양한 주제로 진행됩니다. 각 단계에서 사람 코치와 챗GPT는 각자의 강점을 바탕으로 코칭 과정에서 효과적인 역할 분담을 통해 최적의 시너지를 만들어 낼 수 있습니다.

1단계: 초기 진단 및 목표 설정

코치는 깊이 있는 대화를 통해 고객과 라포(rapport)를 형성하고, 고객의 내면적 욕구와 동기를 파악하는 데 탁월합니다. 경력 전환을 고민하는 고객에게 코치는 단순히 새로운 직업을 찾는 것을 넘어 삶의 의미와 가치를 재정립하고자 하는 깊은 욕구를 발견할 수 있습니다. 이처럼 고객의 미묘한 감정과 복잡한 상황을 이해하는 데에는 사람 코치의 공감 능력과 경험이 무엇보다 중요합니다.

반면, 챗GPT는 객관적인 평가 도구로 데이터를 분석하는 걸 도와줍니다. 성격 유형 검사나 역량 평가 등 표준화된 도구를 활용하여 고객의 특성을 체계적으로 분석하고, 방대한 데이터베이스를 기반으로 유사한 프로필을 가진 사람들의 성공 사례나 일반적인 경력 경로 등을 제시할 수 있습니다.

2단계: 코칭 계획 수립 및 실행

코치는 고객의 개인적 특성과 상황에 맞춘 전략을 개발하고, 필요에 따라 유연하게 계획을 조정할 수 있습니다. 예를 들어, 리더십 개발이 목표인 고객에게 자신의 경험을 바탕으로 실질적인 피드백을 제공할 수 있습니다.

이 과정에서 챗GPT는 다양한 코칭 기법과 접근법에 대한 정보를 제공하여 코치의 전략 수립을 지원합니다. 최신 연구 결과나 효과가 입증된 방법론을 신속하게 찾아 제시하고, AI의 특성을 활용하여 고객의 진행 상황을 지속적으로 모니터링하며 데이터 기반의 객관적인 피드백을 제공할 수 있습니다.

3단계: 문제 해결 및 의사결정 지원

코치는 고객이 직면한 문제의 감정적·맥락적 측면을 이해하고 공감적인 지원을 제공합니다. 직장에서 갈등 상황에 처한 고객에게 자신의 경험을 바탕으로 공감과 지지를 제공할 수 있습니다.

코치를 도와 챗GPT는 유사한 갈등 상황에 대한 다양한 해결 사례를 제시하고, 각 선택지에 따른 장단점을 체계적으로 분석하여 고객의 합리적인 의사결정을 돕습니다.

4단계: 지속적인 성장 및 발전 촉진

코치는 자신의 코칭 철학과 신뢰 관계를 바탕으로 고객의 지속적인 실천과 성장을 지원합니다. 경우에 따라서는 고객에게 도움이 되는 자신의 경험과 그 과정에서 얻은 교훈을 공유함으로써 깨달음과 도움이 되는 관점을 제공할 수 있습니다.

고객의 성장을 지원하기 위해 챗GPT는 고객의 학습 스타일과 목표에 맞춘 개인화된 학습 자료와 연습 과제를 제공합니다. 최신 비즈니스 트렌드부터 실제 사례 연구까지, 고객의 성장에 필요한 다양한 자료를 체계적으로 제공하고, 24시간 언제든 필요한 정보나 피드백을 얻을 수 있도록 지원합니다.

챗GPT와의 협력, 코칭의 미래를 밝히다

이처럼 코치와 챗GPT는 각 단계에서 상호 보완적인 역할을 수행하며 시너지 효과를 창출할 수 있습니다. 코치는 공감, 직관, 경험을 바탕으로 고객에게 깊이 있는 이해와 지원을 제공하고, 챗GPT는 방대한 데이터와 객관적인 분석으로 이를 뒷받침합니다. 이는 단순히 기술 활용을 넘어 코칭의 본질을 더욱 강화하고 깊이를 더하는 데 효과적입니다.

이런 협력이 성공적으로 이루어지기 위해서는 몇 가지 중요한 사전 조건이 필요합니다. 일단 코치와 AI 시스템 간에 정보가 잘 공유되고 통합되어야 합니다. 또한 코치가 AI의 분석 결과를 이해하고 이를 효과적으로 활용할 수 있도록 충분한 학습과 경험이 뒷받침되어야 합니다. 이와 더불어 개인 정보 보호와 AI 편향성 문제를 해결하고, AI에 지나치게 의존하지 않도록 균형을 유지하려는 코치 자신의 노력도 필요합니다. 이러한 준비가 갖춰질 때 코치와 고객 모두가 신뢰를 바탕으로 안전한 코칭 세션을 이어 갈 수 있을 것입니다.

지금 코칭은 새로운 시대의 문턱에 서 있습니다. 인공지능 기술의 발전은 코칭 산업과 비즈니스에 새로운 도전과 기회를 동시에 제시합니다. 이러한 큰 변화 속에서도 잊지 말아야 할 것은 '코칭의 본질'입니다. 코칭은 단순히 정보를 전달하거나 해결책을 제시하는 것이 아니라, 고객 스스로 자신의 잠재력을 발견하고 발휘할 수 있도록 돕는 여정입니다. 이러한 본질적 가치는 아무리 AI 기술이 발전하더라도 변하지 않을 것이며, 오히려 AI의 도움을 받아 더욱 효과적으로 실현될 수 있습니다. 사람 코치와 챗GPT의 협력은 그 가능성을 현실로 만들기 위한 첫걸음이 될 겁니다.

Chapter 19
챗GPT를 사용하는 코칭 전문가 되기

코치는 고객의 잠재력을 발휘하도록 돕는 안내자이자 동반자이며, 이 역할을 성공적으로 수행하기 위해서는 끊임없이 전문성을 개발하고 새로운 도구와 기술을 익혀야 합니다. 현재 코칭 분야에서 주목받고 있는 챗GPT와 같은 인공지능 도구들은 마치 등산객에게 튼튼한 등산화와 지도가 필수적인 것처럼, 앞으로 코치에게 더욱 효과적이고 효율적인 코칭을 위한 강력한 도구가 될 수 있습니다.

이 챕터에서는 챗GPT를 코칭에 효과적으로 활용하는 방법을 중심으로 살펴보고, 코치들이 이러한 기술을 통해 어떻게 전문성을 강화하고 고객에게 더 큰 가치를 제공할 수 있는지 알아봅니다. 챗GPT 활용의 윤리적인 측면과 책임성을 인식하고, 끊임없이 변화하는 코칭 환경에 발맞춰 챗GPT를 현명하게 사용하는 방법도 함께 살펴보겠습니다.

💬 코칭에 챗GPT를 완벽 활용

이제 코치들은 챗GPT와 같은 대화형 AI 모델의 존재를 인지하는 것을 넘어, 코칭의 본질을 유지하면서 AI를 보조 도구로 활용하는 새로운 관점이 필요합니다.

챗GPT를 코칭 현장에서 효과적으로 활용하기 위해서는, 먼저 챗GPT의 특징과 기능 그리고 한계를 정확하게 이해해야 합니다. 챗GPT는 자연어 처리 기술을 기반으로 문맥을 파악하고 적절한 응답을 생성하는 능력을 갖추고 있습니다. 코칭 상황에서 챗GPT는 고객의 질문에 즉각적으로 답변하거나 코치에게 다양한 관점을 제시하는 데 유용하게 활용될 수 있습니다.

하지만 챗GPT는 학습된 데이터에 기반하여 응답을 생성하기 때문에 최신 정보나 특정 개인의 고유한 상황에 대해서는 정확한 정보를 제공하지 못할 수 있다는 한계를 지니고 있습니다. 또한 윤리적 판단이 필요한 복잡한 상황에서는 사람 코치의 역할이 여전히 중요합니다.

AI 기술이 코칭 분야에 접목되면서 코칭 도구의 현재 동향과 미래 전망을 분석하는 것도 중요합니다. 현재 AI는 코칭 세션 기록 분석, 개인 맞춤형 학습 계획 수립, 진척도 추적 등에 활용되고 있으며, 앞으로 더욱 혁신적인 AI 코칭 도구들이 등장할 것으로 예상됩니다. 예를 들어, 가상현실(VR) 기술과 결합한 AI 코칭 시뮬레이션을 통해 고객들은 안전한 가상 환경에서 다양한 상황을 경험하고 연습할 수 있게 될 것입니다. 프레젠테이션 불안을 겪는 고객은 AI가 생성한 가상 청중 앞에서 발표를 연습하고 실시간 피드백을 받으며 효과적으로 불안감을 극복할 수 있을 것입니다.

챗GPT를 활용한 실제 코칭 사례를 연구하고 분석하는 것은 AI 코칭의 효과를 극대화하는 데 중요한 역할을 합니다. 실제 코칭 현장에서 AI가 어떻게 활용되고 있는지 살펴봄으로써 코치들은 챗GPT를 더욱 효율적으로 사용할 수 있습니다. 보험 분야의 세일즈 및 배분 솔루션 플랫폼인 Vymo는 AI를 활용하여 실시간으로 영업 활동을 분석하고 개인에게 맞는 코칭을 제공합니다.[1] 또한 구인·구직 서비스를 제공하는 원티드랩은 챗GPT를 활용하여 사용

자가 입력한 채용 공고 링크를 분석하고 면접 예상 질문을 제시하며, 답변에 대한 피드백을 제공하여 구직자들의 면접 준비를 돕고 있습니다.[2]

정리하면, 챗GPT와 AI 코칭 기술에 대한 이해를 높이는 것은 미래 시대 코치들에게 필수적인 과제입니다. AI의 기본 원리를 이해하고 챗GPT의 특징과 한계를 파악하며, 최신 동향을 분석하고 실제 사례를 연구함으로써 코치는 AI를 효과적인 코칭 도구로 활용할 수 있습니다. 이러한 노력을 통해 급변하는 시대적 변화에 발맞춰 AI를 활용하는 전문 코치로서 성장의 발돋움할 수 있을 것입니다.

💬 챗GPT로 나만의 코칭 기법과 도구 구축

챗GPT를 활용해 어떻게 코칭을 보다 효과적으로 수행할 수 있는지 알아보겠습니다.

챗GPT를 이용한 개인화된 코칭 시나리오 설계

챗GPT는 방대한 데이터를 기반으로 다양한 코칭 상황을 시뮬레이션하여 개인에게 맞는 코칭 시나리오를 탐색하는 데 도움을 줄 수 있습니다. 경력 전환을 고민하는 고객을 위해 "만약 IT 업계로 전향한다면 어떤 장단점이 있을까요?" 또는 "창업을 고려한다면 어떤 준비가 필요할까요?"와 같은 질문을 챗GPT에 입력하여 다양한 관점과 아이디어를 얻을 수 있습니다. 이러한 접근

1　Gen AI in Distribution Management - Vymo AI Enhanced Distribution Management, https://www.celent.com/insights/784116323
2　챗GPT 및 AI 활용 사례 세 번째, https://9ol2.short.gy/wFbjGS

법은 실제 AI 코칭 플랫폼에서도 활용되고 있습니다. Prentus[3]는 AI를 활용하여 직업 탐색 및 준비를 돕는 커리어 코칭 도구를 제공하며, AI를 통해 생성된 모의 면접 질문과 답변 피드백을 통해 구직자들의 면접 준비를 지원하고, 개인화된 커리어 인사이트를 제공하여 직업 탐색 과정을 돕습니다.

AI 기반 코칭 세션 구조화 및 진행 기술 습득

코칭 세션의 흐름을 체계적으로 구성하는 데에도 챗GPT는 효과적입니다. 'GROW 모델(Goal, Reality, Options, Will)'을 기반으로 코칭 세션을 설계할 때, 챗GPT에 각 단계별 질문을 요청하여 코칭 세션의 기본 대화 구조를 만들 수 있습니다. GROW 모델 외에도 CLEAR, STAR, OSKAR 모델 등 다양한 대화 모델을 코칭 주제와 상황에 맞춰 적용할 수 있으며, 챗GPT는 각 대화 모델에 대한 정보와 적절한 질문 예시를 제공하여 코치가 자신만의 맞춤형 세션을 준비하도록 돕습니다. 이 외에 예상 질문이나 상황에 대한 대응 방안을 미리 계획하여 보다 효과적이고 목표 지향적인 코칭을 진행할 수도 있습니다.

챗GPT를 활용한 코칭 피드백 생성 및 분석 역량 강화

챗GPT는 코칭 세션에서 이루어진 대화를 효과적으로 요약하여 핵심 내용을 명확하고 간결하게 정리할 수 있도록 돕습니다. 이를 통해 코치는 세션에서 다룬 주요 내용과 고객의 성장 및 진전 상황을 신속하게 파악할 수 있으며, 다음 세션에서 집중적으로 다룰 영역을 객관적으로 분석할 수 있게 됩니다. 또한 고객의 구체적인 요구와 상황에 맞추어 실질적이고 실천 가능한 제

---

3   Prentus, https://prentus.com/ai-job-search-tools

안을 자동으로 생성하여 제공하는 것도 가능합니다.

특히 아직 코칭 경험이 충분하지 않은 코치들에게 챗GPT의 이러한 기능은 코칭 준비에 소요되는 시간을 크게 절약해 줍니다. 이를 통해 코칭 세션 전반의 품질과 깊이를 높이는 데 도움을 받게 되며, 결과적으로 코치는 고객 맞춤형 피드백을 더욱 빠르고 정확하게 제공할 수 있습니다. 이는 코칭의 효과성을 증대시킬 뿐만 아니라 고객의 만족도 또한 높이는 데 기여합니다.

챗GPT를 활용한 코칭 효과 측정 및 개선

코칭의 효과를 객관적이고 정확하게 평가하기 위해 명확하고 적절한 성과지표(KPI)를 설정하는 것이 무엇보다 중요합니다. 챗GPT는 이러한 KPI의 생성부터 추적까지 전 과정을 간소화해 주며, 성과지표를 손쉽고 체계적으로 관리하도록 지원합니다. 이를 통해 코치는 코칭 참여도, 목표 달성률, 세션 후 고객 피드백 등 다양한 요소를 종합적으로 분석할 수 있으며, 구체적인 성과 파악을 바탕으로 실질적인 개선 방안을 마련할 수 있습니다.

이와 같은 AI 기반 지원 기능을 통해 코칭이 아직 능숙하지 않은 코치들도 KPI 설정과 성과 측정 과정에 대한 부담을 크게 덜 수 있습니다. 이를 통해 필요할 때마다 자신의 코칭 방식을 점검하고 효과적으로 조정할 수 있기 때문에 데이터 기반 접근법은 코칭의 질 향상에 실질적으로 큰 도움을 줍니다. 결과적으로 챗GPT를 활용한 객관적이고 체계적인 성과 관리 방식은 코칭의 질적 수준을 높이고, 고객이 보다 의미 있고 만족스러운 코칭 경험을 누리는 데 중요한 역할을 할 것입니다.

AI 시대의 뛰어난 코치는 기술의 힘과 인간 고유의 직관, 공감 능력을 조화롭게 발휘할 수 있어야 합니다. 이러한 기술과 인간의 강점을 결합한 균형 잡힌 새로운 코칭 방식은 향후 코치의 전문성을 높이고 발전시키는 토대가 될 것입니다.

💬 코칭에서 AI 활용에 따른 윤리 의식 제고

앞으로 AI 활용이 코칭 분야에서도 점차 확대됨에 따라, AI를 윤리적이고 책임감 있게 사용하는 것이 더욱 중요해질 것입니다. 코치들은 이러한 변화에 발맞춰 교육과 훈련의 필요성을 인지하고, 코칭의 본질을 지키면서도 AI 기술의 장점을 최대한 활용할 수 있도록 윤리적 인식과 책임감을 강화해야 합니다.

AI 윤리 및 데이터 프라이버시 관련 법규 이해

AI를 활용한 코칭에서 가장 기본이 되는 것은 개인 정보 보호입니다. 코치는 코칭 과정에서 수집되는 정보가 어떻게 저장되고 활용되는지 알아야 합니다. 특히 민감한 개인 정보를 다루는 경우, 더욱 세심한 주의가 필요합니다.

국제코치연맹(ICF)은 2021년 AI 코칭에 관한 윤리 지침을 발표했습니다. 이는 투명성, 책임성, 개인 정보 보호 등에 대한 기준을 제시하여 코치들이 AI를 윤리적으로 활용할 수 있도록 돕고 있습니다. 또한 유럽의 GDPR이나 미국의 CCPA와 같은 개인 정보 보호법을 준수하는 것도 중요합니다.

편향성 및 차별 문제 인식

AI 시스템은 학습 데이터에 내재된 편향성을 반영할 수 있으므로, 코치

들은 이를 인지하고 조정할 수 있어야 합니다. 과거 아마존의 AI 채용 도구가 여성 지원자를 차별한 사례처럼, AI 시스템은 학습 데이터의 편향성으로 인해 의도치 않은 차별을 야기할 수 있습니다.[4] 코치는 AI가 제시한 코칭 방향이 특정 문화권이나 연령대에 편향되어 있지 않은지 검토하고, 필요한 경우 수정해야 합니다. AI 시스템의 학습 데이터가 다양성을 충분히 반영하고 있는지 확인하고 지속적으로 편향성을 모니터링하며 수정하는 노력이 필요합니다.

AI 코칭에서 코치의 역할 및 책임 정립

AI는 강력한 도구이지만 최종적인 판단과 결정은 코치의 몫입니다. 코치는 AI의 제안을 비판적으로 평가하고 고객의 상황에 맞게 조정해야 합니다. AI는 고객의 감정을 완전히 이해하지 못할 수 있으므로, 코치의 공감 능력과 감정 인식이 중요합니다. 코치는 AI와 협력하면서도 인간 코치로서의 고유한 가치를 유지해야 하며, AI가 제공하는 데이터와 인사이트를 바탕으로 고객과의 심층적인 대화를 이끌어 가는 방법, AI의 제안을 고객의 상황에 맞게 해석하고 적용하는 방법 등을 새롭게 익혀야 합니다. BCI의 AI 코칭 디플로마 프로그램[5]이나 AICA(Artificial Intelligence Coaching Alliance)[6]와 같은 기관들은 코치들이 AI와 협력하면서도 코치로서의 고유한 가치를 유지하도록 지원하는 교육 프로그램과 프레임워크를 제공하고 있습니다.

---

[4] Insight - Amazon scraps secret AI recruiting tool that showed bias against women, https://www.reuters.com/article/world/insight-amazon-scraps-secret-ai-recruiting-tool-that-showed-bias-against-women-idUSKCN1MK0AG/

[5] AI COACHING DIPLOMA-The ICF accredited AI Coaching Program, https://bci.fi/en/ai-coaching-diploma/

[6] aicoachingalliance, https://www.aicoachingalliance.com/

지속 가능한 AI 코칭 실천을 위한 윤리적 가이드라인 수립

AI 코칭의 투명성·공정성·책임성을 보장하기 위해서는 코치 개인의 윤리적 가이드라인 수립이 필요합니다. 가이드라인에는 AI 사용 고지 및 동의 절차, 데이터 관리 정책, AI 결정 검토 프로세스, 설명 가능성 확보 방안, 지속적인 모니터링 및 개선 프로세스 등이 포함되어야 합니다. 이러한 윤리적 기준을 수립하고 만들어 가는 과정에서는 현실적으로 이론 학습과 실습을 병행하는 것이 효과적입니다. 이를 위해 온라인 강의, 워크숍, 사례 연구, 롤플레잉, 전문가 멘토링 등 다양한 학습 방법을 활용할 수 있습니다.

AI 시대의 코치는 단순히 기술을 다루는 능력을 넘어 윤리적 가치를 지키며 혁신을 추구하는 균형 잡힌 접근이 필요합니다. 이는 코칭의 본질을 유지하면서도 새로운 변화에 적응해야 하는 시대적 요구로, 코치의 AI 코칭 윤리와 AI 활용에 대한 책임성을 강화하기 위한 지속적인 교육과 훈련의 중요성이 바로 지금, 그 어느 때보다도 강조되고 있습니다.

∷ 에필로그

드디어 긴 여정의 마침표를 찍습니다. 챗GPT라는 새로운 기술을 코칭에 접목하고, 그 가능성을 탐구하며, 이를 책으로 엮어 내는 과정은 결코 순탄치만은 않았습니다. 챗GPT라는 급변하는 기술을 다루다 보니, 원고를 쓰는 동안에도 새로운 기능이 추가되고 플랜이 변경되어 여러 차례 내용을 수정해야 했습니다. 하지만 오히려 그 과정 속에서 그 가치를 더욱 더 크게 체감하게 되었습니다.

이 책을 집필하면서 느낀 가장 중요한 점은 코칭이라는 오래된 분야와 인공지능이라는 새로운 기술이 만나 만들어 낼 새로운 시너지의 가능성이었습니다. 많은 코치분이 각자의 분야에서 열정을 다해 코칭을 하고 계시지만, 때로는 시간적 제약이나 지식의 한계에 부딪히기도 합니다. 챗GPT는 이러한 한계를 보완하고, 코치의 역량을 한 단계 높일 수 있는 든든한 동반자가 될 수 있을 것입니다.

챗GPT는 훌륭한 도구이지만, 정보의 정확성이나 맥락 이해에서 여전히 한계를 보일 때가 많이 있습니다. 하지만 이런 제약은 오히려 코치들의 전문성을 드러낼 좋은 기회입니다. 코치의 안목으로 AI의 한계를 보완하고, 코칭 상황에 적합하게 적용할 수 있기 때문입니다. 이 과정에서 무엇보다 중요한 것은 새로운 기술을 활용하면서도 코칭의 핵심 가치를 지키는 일입니다. 코칭은 결국 사람과 사람 사이의 진실한 대화와 따뜻한 이해를 통해 그 의미를 찾을 수 있기 때문입니다.

이 책을 쓰는 동안 저 역시 코치로서 성장하는 소중한 시간을 보냈습니다. 챗GPT라는 거울을 통해 저의 코칭 스타일을 객관적으로 돌아보고, 부족한 부분을 채워 나가는 과정은 값진 경험이었습니다. 앞으로 더 많은 코치가 AI라는 새로운 도구와의 협력을 통해 코칭의 새로운 변화를 이끌고, 더욱 인간적인 코칭, 더욱 깊이 있는 코칭으로 나아갈 수 있기를 소망해 봅니다.

이 책을 읽어 주신 여러분의 여정에도 새로운 가능성과 변화가 함께하길 바라며, 진심으로 응원하겠습니다. 감사합니다.

저자 대표
최환진

저자 소개

최환진(CHOI HWAN JIN)

㈜이그나잇스파크 대표로, 한국과학기술원(KAIST)에서 인공지능 분야 석사와 박사 학위를 받은 후 개발자와 IT 전략 및 비즈니스 컨설턴트로서 견고한 커리어를 쌓아 왔다. 또한 한국코치협회(KCA) 프로페셔널 코치(KPC)와 버크만 디브리퍼(Birkman Debriefer)로 활동하고 있다.

창업가와 스타트업을 위한 기술 및 비즈니스 코칭부터 대기업 및 주요 기관의 신사업, 벤처 조직 대상 기술 기반 컨설팅 그리고 사내 기업가 정신 함양 프로그램 기획·운영에 이르기까지, 기술과 비즈니스 전략의 효과적인 융합을 통해 혁신적인 비즈니스 모델 구축과 신기술 도입 전략에 관한 깊이 있는 통찰을 제시해 왔다. 이러한 경험은 급변하는 비즈니스 환경 속에서 창업가와 기업들이 현실적인 비즈니스를 개발하고 효과적인 전략을 수립하는 데 큰 영감을 주고 있다. 최근에는 IT 분야의 전문 기술과 풍부한 코칭 경험을 바탕으로, AI 기술이 코치의 역량 강화, 학습 그리고 코칭 교육과 같은 다양한 코칭 영역에서 어떻게 접목될 수 있는지 심도 있게 탐구하고 있다. 이와 함께, 코치들에게 ChatGPT의 잠재력과 실제 활용 방안을 체계적으로 전달하여, 코칭 현장에서 혁신적인 성과를 이끌어 낼 수 있도록 다방면으로 기여하는 데 주력하고 있다.

주요 저서로는 『스마트 워커-에버노트로 스마트워커 되기』(더난출판사, 2011), 『에버노트 파워북』(더난출판사, 2011), 『스타트업 똑똑하게 시작하라』(지앤선, 2014) 등이 있으며, 도서 『린스타트업(Running Lean)』(한빛미디어, 2012)를 감수했다.

* 홈페이지: https://www.linocoach.com (리노코치 스퀘어)

이형준(LEE HYEONG JOON)

㈜어치브코칭 대표코치이자 CEO.
한국코치협회(KCA) 인증 코치(KSC), 국제코치연맹(ICF) 인증 팀코치(ACTC).
KAIST경영대학원에서 MBA과정과 최고 컨설턴트 과정에서 공부했다. 광고대행사 오리콤에서 광고기획자로 직장생활을 시작하여 IT, 비즈니스 컨설턴트로 활동했다. 2005년 KAC를 획득해 20년 차 코치이다. 2020년 ㈜어치브코칭을 설립해 비즈니스 코칭의 체계적 확산과 전문 코치 양성을 위한 교육과정을 개발 운영하고 있다. 대표 과정으로는 1체인지 코칭, 인터널 코칭, 팀 코칭 전문가 과정 등이 있다.

한국포럼 비즈니스 코칭센터에서 10년간 센터장으로 재직하며 154개 기업을 대상으로 강의와 코칭을 수행해 왔다. 저서로는 『신나는 아빠 신나는 편지』(도솔, 2008), 『FiRE! 불붙는 조직 만들기』(쎔앤파커스, 2015), 『팀 코칭 ALIGN』(학지사, 2023)이 있으며, 현재도 팀 코칭 분야의 연구와 현장 적용을 지속하고 있다.

* 홈페이지: http://www.achievecoaching.co.kr

전해수(JEON HAE SOO)

㈜가인지컨설팅그룹 컨설턴트·코치, AI TF팀 팀장
한국코치협회(KCA) 인증 코치(KAC)
100인 이하 '언더백(Under-100)' 기업을 전문으로 교육·컨설팅하며, '비즈니스는 사랑이다'라는 그룹의 모토 아래 가치·인재·지식경영을 통합한 '가인지 경영' 방법론을 실행 중심으로 전파하고 있다.

홍콩·뉴욕·청담동의 미슐랭 레스토랑(L'Atelier de Robuchon_홍콩, Jungsik New York: 뉴욕, 정식당: 청담동), 식품 중견기업(샘표), 외식 스타트업(디라이프 스타일 키친) 등 다양한 조직을 거치며 일·리더십·조직문화의 중요성을 체득했다. 조직 성과와 구성원 몰입을 촉진하는 다양한 자기계발·코칭·퍼실리테이션 과정을 이수했으며, 경영 전략 수립부터 조직 문화·성과 시스템 구축, 리더십·팀 퍼실리테이션까지 폭넓은 현장 경험을 보유하고 있다.

AI를 활용한 코칭 스킬
UPGRADE
Upgrade Coaching Skills With Ai

2025년 7월 20일 1판 1쇄 인쇄
2025년 7월 31일 1판 1쇄 발행

지은이 • 최환진 · 이형준 · 전해수
펴낸이 • 김진환
펴낸곳 • **학지사비즈**

04031 서울특별시 마포구 양화로 15길 20 마인드월드빌딩
대표전화 • 02)330-5114　　팩스 • 02)324-2345
등록번호 • 제2023-000041호

홈페이지 • http://www.hakjisa.co.kr
인스타그램 • https://www.instagram.com/hakjisabook

ISBN 979-11-93667-18-7　03320

정가 18,000원

저자와의 협약으로 인지는 생략합니다.
파본은 구입처에서 교환해 드립니다.

이 책을 무단으로 전재하거나 복제할 경우 저작권법에 따라 처벌을 받게 됩니다.

출판미디어기업 **학지사**

간호보건의학출판 **학지사메디컬** www.hakjisamd.co.kr
심리검사연구소 **인싸이트** www.inpsyt.co.kr
학술논문서비스 **뉴논문** www.newnonmun.com
교육연수원 **카운피아** www.counpia.com
대학교재전자책플랫폼 **캠퍼스북** www.campusbook.co.kr